KB104471

상징의 심리학

상징의 심리학

Psychology of symbols

융 심리학으로 바라본 십우도의 세계

최명희 지음

자유문고

머리말

그냥 사는 것과 잘 사는 것의 차이는 무엇일까? 그냥 사는 것은 그야말로 자기 자신이 누구인지 알지 못하고 살아가는 것이고, 잘 사는 것은 자기 자신이 누구인지 알고 살아가는 것이다. 그것은 눈이 있으나 보지 못하여 막연한 상상을 현실로 착각하며 사는 것과, 눈으로 사물을 보고 정확하게 인식하며 사는 것의 차이다.

불행히도 대부분의 우리는 '나'가 누구인지 모르고 있다는 사실을 인정하지 않을 수 없을 것이다. 우리가 알고 있는 정신이란 기껏해야 개별의식이 인식하고 있는 개인적인 성향 정도다. 그러나 그것만으로는 진정한 '나'를 알 수가 없다. 왜냐하면 '나'를 구성하고 '나'를 운영하고 있는 정신이란 그 정도의 범위를 훨씬 넘어서 있기 때문이다.

의식은 기껏해야 정신으로부터 탄생한 하나의 기능이다. 의식이 자식이라면 우리가 알지 못하는 정신인 무의식은 의식을 낳은 어머니다. 우리가 의식만을 정신이라고 알고 있다면, 자신의 어머니를 알지 못하는 고아나 마찬가지다. 고아는 언제나 어머니에 대한 사무친 그리움을 가진다. 그러한 정신의 그리움이 종교와 철학의 바탕이 되고, 십우도十牛圖가 탄생하는 근원이 된다.

정신의 원대한 크기를 융은 바다에 비유하고, 불교는 허공에 비유한다. 이것은 우리로 하여금 정신의 무의식적 측면이 개별의식으로는 상상할 수도 없는 크기를 갖고 있음을 추측하게 한다. 깨달음을 얻은 모든 사람들이 무아無我의식의 중요성을 말하는 이유도 바로 여기에 있다. 무아의식은 분리된 정신을 전체성으로 통합하기 때문이다.

융에 의하면, 인간에게 내재된 종교성은 사람을 압도할 수 있을 만큼의 세력을 가진 무의식이다. 종교가 인간의 가장 강력한 가치에 관련되어 있는 것도 그러한 정신의 구조에 기인한다는 것이다. 그러므로 종교는 바로 '나'라는 존재의 본질에 뿌리를 두고 있고, 그 존재의 근원을 발견하는 일이 바로 종교의 궁극적 목표가 된다.

십우도는 표면적으로는 분명하게 종교의 옷을 입고 있지만, 본질적으로 심리학이다. 왜냐하면 십우도의 본질은 '진정한 나'를 탐구하기 위한 기본적 준비과정을 열 개의 단계로 나누어 그리고 있기 때문이다. 십우도는 내가 어떻게 나를 만나고, 어떻게 나를 길들이고, 어떻게 나를 초월하는지를 보여주는 명료한 안내서다.

이것을 융의 비유로 말한다면, 신화적 영웅이 스스로 무의식으로 침하하여, 자연 그대로의 정신에 새로운 질서를 만들어내는 일이다. 새로운 질서는 의식이 최고의 발달단계에 이르렀을 때 일어난다. 최고의 의식성은 자아의식이 아니라 무아의식이다.

융은 가장 궁극적인 진리를 인간이 잘 살 수 있도록 돕는 것에 있다고 보았다. 그가 무의식의 상징에 깊은 관심을 가진 이유도 바로 거기에 있었다고 적고 있다. 십우도와 같은 상징적 언어들이 보여주는 것은, 그것이 그만큼 우리의 정신과 밀접한 관련이 있다는 것을 의미한다. 깨달음의 길을 먼저 걸었던 부처와 조사들, 그리고 위대한 선각자들의 마음 또한 이와 같을 것이다.

그러므로 잘 살기 위하여, 제대로 살기 위하여, 이 삶의 고통을 헛되게 만들지 않기 위하여 우리는 나 자신이 누구인지를 아는 궁극적인 일에 귀를 기울이지 않을 수 없다.

제1장 십우도는 상징의 심리학이다

제2장 십우도와 심리 이야기

살피는 글

십우도에 대한 이해와 해석의 문제

늘 그러하듯이, 해석의 문제는 글의 종류와 내용을 떠나 참으로 어려운 작업이다. 그것이 단순히 글자를 옮겨놓는다고 되는 것이 아니기 때문이다. 글을 쓴 사람의 사상에 대해, 혹은 그 사람이 말하고자 하는 핵심적 내용을 손상시키지 않기 위해서는 글에 대한 전체적 이해가 전제되어야 한다. 이것이 바탕이 되지 않고서는 의도와 상관없이 원본의 뜻을 왜곡시킬 가능성이 커진다.

일반적으로, 뛰어난 성적으로 문과를 공부한 사람이라 할지라도 이과계열의 책을 그냥 이해하기란 쉽지 않다. 지식의 세계도 이러한데 경험의 세계에 대한 번역과 해설이 큰 난제를 가지는 것은 너무도 당연하다. 특히나 정신의 최고 인식이라 불리는 깨달음의 세계는 고유한 정신세계의 열림이기 때문에 가장 독창적인 분야다. 그러므로 본질을 훼손하지 않고 번역과 해설 작업을 고스란히 해낸다는 것은 참으로 어려운 일인 것이다. 상징으로 이루어진 십우도十牛圖의 해석 또한 가장 까다로운 작업 중의 하나이다.

또 하나의 문제는 우리글이 아닌 한문漢文인 경우다. 다른 글자들도 그렇긴 하지만 특히나 한문은 한 글자에 다양한 의미가 함축되어 있다. 이것은 번역자가 하나의 단어 해석에 어떤 의미를 선택하느냐에 따라 문장은 엄청난 차이를 만들 수밖에 없다는 것을 말해준다.

십우도十牛圖는 달리 심우도尋牛圖라고도 한다. '심尋'자를 사전에서 찾아보면, '찾다, 캐묻다, 탐구하다, 연구하다, 쓰다, 사용하다, 치다, 토벌하다, 첨가하다, 거듭하다, 생각하다, 높다, 길다, 깊다, 미치다, 이르다, 길, 발(길이의 단위), 자(길이를 재는 기구), 여덟 자, 보통, 평소, 갑자기, 이윽고, 얼마 되지 아니하여' 등 무려 30여 개 가까운 뜻이 있다.

그러므로 어떤 단어를 선택하느냐에 따라 그 뜻이 완전히 달라질 수 있다는 것이다. 즉 해석하는 사람이 십우도를 어떤 관점으로 바라보느냐에 따라 그 해석은 천차만별이 된다는 것이다. 물론 이것에 이의를 제기하는 사람들은 '이미 훌륭한 분들이 해놓았던 풀이들을 그대로 보면 된다'고 할 것이다. 그리고 어쩌면 그런 이유 때문에 기존의 십우도 해석들이 천편일률적인 것인지도 모른다. 물론 정확한 해석이 있다면 얼마든지 그것을 우선으로 해나가야 한다. 그러나 앞뒤 문맥이나 과정이 자연스럽게 연결되지 않는 것들은 언제나 있기 마련이다. 그런 점에서 이 책 『상징의 심리학』의 해석은 기존의 그것들과는 그 양상이 전체적으로 많이 다를 수 있다는 점을 미리 말해두고자 한다.

말한 것처럼, 십우도十牛圖는 심우도尋牛圖라고도 한다. 십우도가 마음을 탐구하는 단계적 과정과 구조에 중점을 두었다면, 심우도는 마음을 탐구하는 그 자체에 중점을 두고 있다고 보인다. 그런 의미에서 십우도가 더 구체적이고 적극적인 느낌이다.

십우도를 해석해 나가는 데 있어서 가장 우선적으로 중점에 주는 것은 곽암화상의 십우도 게송이다. 왜냐하면 서문이나 화답은 게송을 보고 후대에 붙인 것이라고 알려지기 때문이다. 우선 일반적으로 익히 알려진 십우도의 해석을 인용한 후, 그것이 자연스럽게 연결되지 않는다고 느낀 문장들은 그 이유들을 찾으면서 다시 해석을 시도해 나가고자 한다.

십우도는 심리학의 정수精髓다

십우도는 연속적으로 일어나는 정신의 변환과정을 상징적으로 담고 있다. 소를 찾아 세상을 버렸던 주체가 소를 찾고, 소를 길들이고, 소도 나도 없음을 경험한 후 세상으로 다시 돌아오는 순환이 그 대미大尾를 장식한다. 그런데 세상으로 돌아오는 이 마지막 장면에 대한 일반적 해석은, 깨달음을 얻은 부처가 세상에 존재하는 수많은 다른 중생들을 구제하기 위해서라는 것이다.

이러한 해석은 부처를 존재로 볼 때 일어나게 된다. 부처가 존재로 해석되면 다른 존재들은 중생이 되고, 중생은 구원의 대상이 된다. 불교에서 중생 구원이 목표인 믿음의 종교로서의 부분적 역할이 나타나기도 하는 이유가 바로 여기에 있다.

그러나 중생을 외부적 존재가 아니라 자기 내면의 원시적 성질로 본다면 그것은 부처를 기능으로 보는 것이다. 이것은 정신의 중심인 부처(무아의식)에 의해서 내면의 중생으로 있는 무의식의 내용들을 밝히는 것을 말한다. 즉 심리학적으로 말한다면 그것은 무의식의 의식화다. 그러므로 십우도의 마지막에 대한 해석은 아주 중요해진다. 왜냐하면 부처를 존재로 본다면 부처는 종교적 범주에 한정되기 때문이다. 그렇지 않고 부처를 정신의 기능으로 본다면 부처는 정신 본질이다.

부처를 존재로 볼 것인지 기능으로 볼 것인지가 아주 중요하다. 물론 인간의 정신 안에는 종교적이라고 말할 수 있는 아주 강력한 에너지가 존재한다고 융은 이미 밝히고 있다. 그렇기 때문에 세상에는 다양한 신들의 이름이 있고 그것은 인간에게 엄청난 영향력을 발휘하게 된다. 그러한 에너지는 정신 안에서 집단무의식으로 존재한다.

집단무의식은 '나'를 주체로 상정하지 않는 객관성[1]이다. 그런데 그것은 자체적으로 실현할 수 있는 에너지와 주도권도 가지고 있다. 이러한 집단무의식의 특성이 자아로 하여금 다른 존재로 받아들이게 하는 것이다. 예를 들어 원형에는 수호신의 상징성이 있다. 그것이 상(像, Bild)으로 드러날 때, 그것을 경험하는 자아의 상대의식이 그 상을 신적인 존재로 받아들이는 것이다. 이것이 바로 신앙심 깊은 불교도들이 부처의 상像을 만나고, 기독교인들은 예수의 상을 경험하게 되는 이유다.[2]

아뢰야식을 철학적으로 논구했던 우리의 자랑스러운 선조인 원

1 융 지음, 한국융연구원 C.G. 융 저작 번역위원회 옮김, 『원형과 무의식』, 솔출판사, 2002, p.129. 〔이하 각주에서는 저자, 옮긴이, 출판사, 연도는 생략하고 책명과 해당 쪽수만 나타냄. 참고문헌에 모두 표기되어 있음.〕

2 『상징과 리비도』, p.75.

효元曉에게서도 이와 같은 말을 찾을 수 있다. 그는 『대승기신론소大乘起信論疏와 별기別記』를 통하여 종교적 깨달음을 추구하는 근원이 바로 아뢰야식이라고 말하고 있기 때문이다. 즉 깨달음에 대한 추구는 자아의식이 하는 것 같지만, 근원적으로는 집단무의식 혹은 원형이라고 말해지는 아뢰야식의 영향인 것이다.

그러나 그것은 본질적으로 정신의 작용이라는 점에 우리는 주목해야만 한다. 종교적 현상이 정신적 에너지의 실현이자 기능이라면 정신에 대한 올바른 이해는 필수적이다. 부처를 기능으로 본다는 것은 깨달음이 정신의 건강과 가장 밀접하고 직접적인 관련을 갖는다는 의미가 된다. 그러므로 부처에 대한 탐구는 곧 정신에 대한 탐구다. 그것은 바로 존재에 대한 본질적인 물음이다.

부처를 존재로 볼 것인지, 정신의 기능으로 볼 것인지는 이미 아주 먼 옛날부터 논쟁의 대상이 되어 왔다. 초기불교 이론에서는 부처를 존재로 해석했다. 그러나 불교학설에 정통하였고 불교의 핵심 사상에 중요한 영향을 끼친 나가르주나(龍樹)는 부처를 존재로 인식하는 것에 반기를 들었다. 왜냐하면 그에게 부처는 정신의 기능으로 경험되었기 때문이다. 그러므로 나가르주나에게 깨달음은 정신의 최고 인식이자 전체성의 실현이다. 이러한 나가르주나의 사상은 그 후 조사선에서 정점에 이른다.

십우도는 보명普明의 목우도牧牛圖와 곽암廓庵의 심우도尋牛圖, 이렇게 두 개가 있다. 보명의 그림에는 원상圓相이 마지막 한 번 나오는데 반해, 곽암의 그림에는 열 개의 그림 모두 원상 안에서 묘사된다. 원은 만다라(Mandala, 산스크리트어)의 상징이다. 만다라를 심리학적 용어로 표현하자면 내면의 중심을 향한 절대적 집중이다.[3]

십우도는 부처나 신을 대상화하지 않는다. 즉 부처나 신을 존재화하지 않는다는 말이다. 부처나 신을 존재로 인식하는 한, 진정한 '나로서의 나'는 정작 자신으로부터 소외된다. 왜냐하면 '나'는 형편없이 불완전한 나 자신을 버리고 완전한 존재인 '부처'가 되기를 원하기 때문이다. 이것이 바로 많은 이들이 '나'가 아닌 외부적 존재에게 위대한 부처를 투사하게 되는 이유다. 그러므로 십우도는 부처나 신의 상像들을 자기 안으로 투입投入할 때 경험하게 되는 만다라다.

융은 만다라의 중심을 정신적 인격의 중심이라고 말한다. 일반적인 만다라에는 그 중심에 부처의 상이 있다. 그러나 십우도의 만다라는 그 중심이 비어 있다. 이것은 중요한 의미를 부여한다. 즉 십우도의 만다라에서는 무아의식이 드러나는 과정을 상징적으로 묘사하고 있다는 것을 알게 해주는 것이다.

이것은 십우도가 부처를 존재로 보는 것이 아니라 정신의 기능으로 본다는 것을 나타낸다. 그러므로 만다라는 의식과 무의식으로 분리된 정신의 통합을 의미하는 단일성의 상징[4]이라는 융의 말에 동의하지 않을 수 없다. 또한 융은 만다라를 개성화의 상징[5]이라고

3 『인간의 상과 신의 상』, pp.142~143.

4 『꿈에 나타난 개성화 과정의 상징』, p.57 주석, p.125, p.40, p.121.

말한다.

융은 세계 곳곳에서 만다라를 발견했다. 만다라의 상징성에는 중심을 에워싸고 집중적으로 배열되는 형상과 순환을 나타내는 하나의 규칙성을 가지고 있어서 어디서나 그것을 분별할 수 있었다는 것이다. 이것은 만다라가 선험적 존재의 유형이라는 것을 말해준다. 그러한 선험적 유형을 융은 '원형(archetype)'이라고 불렀다.

원형은 뇌와 결부되어 있어서 정신의 특유한 구조적 성질이나 조건을 나타낸다. 즉 원형은 정신의 형식적 가능성을 담고 있는 것이다. 전 세계적으로 만다라가 나타나고 그것이 일정한 규칙성을 가질 수 있는 것도 바로 이러한 정신적 구조 때문이다. 성숙한 의식성에 이른 사람은 원형의 이러한 성질이나 특성을 인식할 수 있지만 그렇지 못할 경우에는 그것을 인식하지 못한다.[6]

이처럼 인간의 심혼에는 '온전한 인간(homo totus)'을 추구하는 과정이 존재하는 것이다. 심혼은 인간 정신의 모든 것을 생산하는 모태로서 정신의 중심이다. 인간의 정신은 심혼에 의해서 태어나고 심혼에 의해서 성장되어진다. 그러므로 심혼과 제대로 된 관계를 맺지 못하는 사람은 마음의 중심을 잃는다. 융이 심혼을 인간 인격의 가장 중요한 부분이라고 말하는 이유도 바로 여기에 있다.

십우도의 만다라 역시 정신의 중심에 의해서 표현되어진 심혼의 상징이다. 유포되어 있는 심혼의 결과물들은 우리가 심혼에 의해서

5 『원형과 무의식』, p.147.

6 『꿈에 나타난 개성화 과정의 상징』, p.280.

살아가고 있다는 것을 증명해주고 있는 셈이다. 현대인들 역시 개인의 환상과 꿈을 통해서 심혼의 상징들을 만나고 있다. 융은 그것을 임상적 경험을 통해서 수없이 확인했던 것이다.

십우도의 상징들은 개체가 자기 안에서 본성을 만나고, 자기 자신으로 돌아옴으로써 무아의 절대의식이 드러나는 과정을 그리고 있다. 무아의식을 융은 절대의식이라고 부른다. 무아의식은 불교의 부처이고, 융 심리학의 자기(Selbst)이며, 기독교의 그리스도다. 이렇듯 무아의식은 종족에 따라 종교에 따라 수많은 다른 이름이 붙여진다.

그런 의미에서 불교의 깨달음, 기독교의 구원, 그리고 십우도의 해탈 과정은 단순히 특정한 종교적 이론으로 남아서는 안 된다. 그것들은 비록 표현방식에 차이가 있을지라도 인간 정신의 근원을 나타내기 위한 하나의 방편들이라고 볼 수 있기 때문이다.

소를 찾는 일은 바로 정신의 중심을 찾는 일이다. 자기 자신이 누구인지를 알아내는 일은 비단 십우도에만 나타나는 특별한 것이라고 주장할 것은 없다. 그것이 비록 다른 형태를 취한다고 하더라도 궁극적인 진실은 하나다. 왜냐하면 그것은 정신의 창조적 요소이며, 무의식이 만들어내는 자연발생적 현상이기 때문이다.

십우도는 자아가 자아를 탐구하고, 자아가 자아를 초월하여, 무아가 정신의 중심이 되는 변환과정이다. 우리는 일반적으로 무아를 '나'가 없는 상태로 알고 있다. '나'가 없다고 하니 생각도 감정도 없는 상태라고 여긴다. 이러한 이유 때문에 많은 사람들이 마음의 작용들을 없애 조용하게 만드는 것에 집착한다.

그러나 그것은 크나큰 오해다. 이러한 오해가 만들어내는 위험이 바로 무기공無記空에 빠지는 것이다. 불교의 조사祖師들이 무기공의 위험에 대하여 끊임없이 경고하고 있는 것에서도 얼마나 많은 이들이 무아를 잘못 이해하고 있는지를 유추할 수 있다. 무기공은 주인이 자신의 집을 텅 비어놓는 것과 같다고 조사들은 말한다.

주인 없는 집에 도둑이 드는 것은 당연하다. 도둑이 남의 집에 침입하는 것은 그 집의 보물을 훔쳐가기 위한 것이다. 모든 마음 작용들은 근원에서 알려주는 소중한 자료들이다. 그러므로 자기 자신 안에 귀중한 자산이 있음을 알지 못하여 집을 비우는 일은 치명적인 어리석음이다.

무아를 아무 생각도 감정도 없다고 말하는 것은 그것이 절대의식이기 때문이다. 즉 자아의 상대의식은 인식주체로서 '나'가 있기 때문에 모든 것을 상대적으로 본다. 상대적으로 본다는 것은 인식주체의 관념에 의해서 대상은 읽혀지고 판단된다는 말이다. 그리고 그것은 그것이 만들어내는 관념만큼이나 제한적이다. 제한된 눈에는 제한된 세상만 보인다.

반면에 무아는 절대의식이기 때문에 인식주체를 상정하지 않는다. 그러므로 무아의식은 '나'라는 관념이 없다. 그렇기 때문에 무아의식은 절대적 객관성이 될 수 있는 것이다. 절대적 객관성이란 어떤 방해도 받지 않고 모든 것을 '있는 그대로' 인식한다. 이것이 바로 무아의식이 자아의 모든 움직임과 그 뿌리인 무의식까지를 관조할 수 있는 이유이다.

그러므로 부처buddha란 자신을 '있는 그대로' 이해하는 최고의 인식기능인 것이다. 위대한 불교학자이면서 깨달음의 스승인 나가르주나와 깨달음을 실현한 육조 혜능과 그의 제자들이 하나같이 부처라는 정신의 기능에 대해서 말한 이유를 우리는 여기서 알게 된다.

십우도는 인간정신이 어떻게 최고 인식에 도달하는지, 그 모든 과정을 담고 있다. 그러므로 십우도는 심리학의 정수라고 말해질 수 있는 것이다.

제1장

십우도는 상징의 심리학이다

1. 십우도는 왜 상징으로 쓰였을까?

십우도는 사람이 자신의 본성을 찾아가는 과정을 열 단계로 그린 그림이다. 십우도의 중심 상징인 소는 본성을 의미한다. 중국에는 십마도十馬圖라고 하여 말의 상징을 쓰기도 하고, 티벳에는 십상도十象圖라고 하여 코끼리의 상징을 쓰기도 한다. 소든 말이든 코끼리이든 본성을 모두 동물로 상징하는 공통점을 가진다.

뿐만 아니라 십우도의 전체 이야기는 모두 상징으로 되어 있다. 즉 소를 찾고, 소를 길들이고, 소도 없고 나도 없는 이러한 것들을 현실적으로 해석하는 사람은 없을 것이다. 하지만 그것이 왜 이러한 상징으로 드러나는지에 대한 정확한 인식이 없었던 것도 또한 사실이다.

그렇다면 십우도뿐만 아니라 세계적으로 널리 알려진 신화들이 왜 모두 상징으로 되어 있는지에 대한 의문을 우리는 가져볼 수 있다. 십우도나 신화 또는 경전들은 모두 인간 정신의 결과물들이다. 그러므로 그것이 왜 상징으로 표현될 수밖에 없었는지를 안다는 것은 정신의 구조를 이해하는 일이 될 것이다.

오랜 세월에 걸쳐 세계 신화와 연금술의 상징을 심리학적 의미로 연구하고 해석해낸 사람이 바로 칼 구스타프 융(Carl Gustav Jung,

1875~1961)이다. 그는 집단적 무의식의 심리학을 고대 그리스의 점성술과 연금술에서 발견했다. 또한 창조기원에 관한 신화나 연금술은 모두 원형이 외부로 투사된 결과들이었음을 그는 확인하게 된다.

융은 고대인들이 자기 내면의 원형을 밤하늘에 떠 있는 행성의 배열에 투사했고, 연금술사들은 원형을 물질적 화학결합방식에 투사했다고 보았다. 즉 고대인들은 정신적 신비를 행성의 배열을 통해서 알고자 했고, 연금술사들은 물질을 통해서 실현하려고 했던 것이다. 연금술의 표현방식이 심벌리즘symbolism이 된 이유를 바로 여기서 찾아낸다.

정신의 기본 골격은 원형에 의해서 구성된다. 원형은 인간의 정신 안에 내재되어 있는 '보편적인 마음의 성향'이다. 그러므로 그것은 가족이나 종족에 국한되지 않는 집단무의식(collective unconscious)이다. 집단무의식에는 태고적 이미지(primordial images)가 간직되어 있다. 이것을 그리스의 대표적 철학자인 플라톤은 '이데아'라고 했고, 중세문화의 선구자로 불리는 성 아우구스티누스는 원형(archetype)이라고 이름을 붙였다.

융은 이러한 원형을 세계 곳곳에서 확인하게 됨으로써 이와 같은 이론에 동의하게 된다. 왜냐하면 원형에는 일정한 형태가 있었고 그 내용이 전형적이었기 때문이다. 그래서 융은 원형을 집단무의식이라는 또 다른 이름으로 말한다. 즉 정신의 이러한 기본적인 공통원리를 강조하기 위한 것이다.

원형은 선험적으로 존재하는 정신이다. 선험적이라는 것은 개인의 태어남과 죽음에 관련되지 않는다는 것이다. 그러므로 원형은 본능적인 경향에 의해서 인도된다. 본능이 개인적 경험이나 교육에 의해서 만들어질 수 없는 것처럼, 원형 또한 그러하다. 원형은 의식하지 않는 한 그 자체를 알 수 없다. 하지만 원형을 의식할 수만 있다면 언제든지 드러날 가능성으로 존재하는 것이다.[7]

원형이나 집단무의식에 대한 이론은 불교 지식을 가진 사람이라면 누구나 쉽게 받아들일 수 있다. 왜냐하면 불교에는 종자種子의 바다로 표현되는 근본정신, 즉 아뢰야식阿賴耶識이 있기 때문이다. 아뢰야식 또한 그것의 기능에 따라 함장식含藏識과 이숙식異熟識이라는 별명을 가진다. 원형으로든 아뢰야식으로든 근본정신으로서 정신의 보편성이 동서고금을 막론하여 인식되어졌다는 점에서 이미 그것의 존재는 확인되고 있는 것이다.

그런데 이 원형에는 상징적으로 표현하고자 하는 성향이 있다. 원형이 만들어내는 상징적 표현은 시각적인 형태로 나타난다. 그렇기 때문에 개인은 꿈과 환상으로 원형을 경험하게 되는 것이다. 결국 원형의 집단적인 모티브가 세계 어느 곳에서나 비슷한 구조와 형태를 갖춘 종교적 신화를 탄생시킨 셈이다.

말하자면 상징은 원형의 언어이고 표현방식인 것이다. 이것이 바로 상징의 내용들은 초인간적인 것이 될 수밖에 없는 근거다. 인간중심의 자아의식으로는 초인간적으로 표현되는 상징의 의미를 제대로 이해할 수 없는 것은 너무도 당연하다. 융이 상징을 비의秘儀

7 『꿈에 나타난 개성화 과정의 상징』, p.280.

라고 하는 이유가 여기에 있다.

융에 의하면 원형은 상징의 창조기능(symbol-creating function)이다. 즉 인간은 원형에 의해서 상징적 환상을 품게 되고 상징적 사고를 하게 되는 것이다. 종교적 현상으로 나타나는 환영의 이미지들과 관념들이 모두 원형에서 나온다는 것이다.

원형의 동일한 형식성은 신화·민간전승·역사자료로 남아 있다.[8] 그것은 원형이 인간의 감정적, 정신적 행동양식·윤리관 형성 그리고 대인관계에까지 영향을 미친다는 것을 나타내고 있는 것이다.[9] 그러므로 정신의 전체적 양식을 안다면 누구라도 상징의 숨겨진 의미를 추측하고 발견해낼 수 있다는 것에는 의심의 여지가 없어 보인다.[10]

의식의 세계에서 볼 때, 신화의 세계는 지극히 비합리적인 내용들로 구성되어 있다. 그것은 의식이 우월하고 무의식이 열등하기 때문이 아니라, 의식과 무의식의 구조가 전적으로 다름에 의해서 구분되어지는 현상이다. 무의식 안에는 의식의 도덕적 세계에서 용납할 수 없는 비현실적인 것들이 있다. 비현실적인 내용들이 나약한 자아로 하여금 무의식의 세계와 충돌하게 하고 정신분열증이라는 수렁으로 내몰기도 한다.

이러한 불합리에도 불구하고 원형 안에 내포된 가능성을 외면할

8 『원형과 무의식』, p.96.

9 『상징과 리비도』, p.161.

10 『상징과 리비도』, p.25, 『인간과 상징』, p.348.

방법은 우리에게 없다는 것이 문제다. 왜냐하면 심혼이 보내는 신호들은 무의식과 분리되어 있는 의식의 일방성에 대한 경고이기 때문이다.[11] 즉 정신은 본래 의식과 무의식으로 구성되어 있다. 그러므로 의식만이 정신이라고 생각하고 무의식의 세계를 부정하고 산다는 것은 지극히 비정상일 수밖에 없다. 무의식의 내용이 그 어떠한 것을 담고 있든지 간에 의식은 그것을 인식하고 이해하며 수용해야 할 의무가 있는 것이다.

우리가 종교적 상상력을 무시할 수 없는 것도, 무시해서도 안 되는 이유도 그것이 정신의 근원적 작용이기 때문이다. 무의식의 내용이 의식세계의 도덕적 관점을 벗어난다고 할지라도, 본질적 의미는 전적으로 다를 수 있다는 것을 우리는 간과하지 말아야 한다.

자아의식의 이분법적 사고는 분리된 마음이다. 그러므로 자아의식의 주관적 특성으로는 원형의 상징이 내포하고 있는 숨겨진 의미를 제대로 발견할 수 없다. 자아의 초월이 필연적인 이유가 바로 여기에 있다. 원형의 상징성은 오직 무아의 절대의식에 의해서만 그 숨겨진 뜻이 드러날 수 있는 것이다.

융은 원형의 상징적 표현방식을 설명하기 위해 다음과 같은 사례를 들고 있다. 어떤 사람이 집에 불이 나서 아버지가 불길에 싸여 죽는 꿈을 꾼다. 그는 현실에서 실제로 고열에 시달리다 죽게 된다. 즉 꿈에 나타난 집은 자신의 몸을 상징하고 있었고 불은 그 자신의 몸에서 나는 고열이었던 것이다.

11 『상징과 리비도』, pp.22~27, pp.180~108.

원형은 그 자체가 지니고 있는 충동 사고형식으로 개체가 놓인 상황에 개입한다. 고대로부터 전해져 오는 꿈의 중요한 기능 중의 하나가 바로 미래에 대한 예언이었다. 원형에는 확실치 않지만 미지의 성질을 지니고 있고, 직관적 파악으로써 미래를 예견하는 능력이 있다. 그러한 까닭에 원형적 성질은 의식의 의도와는 전혀 다르게 나타나거나 의식적 의도를 방해하기도 한다.[12]

그러나 우리는 무의식이 왜 의식의 의도를 방해하는지, 무의식은 왜 상징성을 띠고 있는지를 알아야만 한다. 그것이 바로 정신에 대한 올바른 이해이고, 자기 자신에 대한 진정한 수용이며, 의식이 확장되는 길이기 때문이다.

1) 상징은 심혼의 상像들이다

융은 신화가 정신의 발현으로서 심혼의 본질을 나타낸다고 본다. 그러므로 신화적 상像들은 심혼의 상들이라는 것이다. 왜냐하면 그는 원시인들이 경험했던 그 상들이 현대인들의 꿈에서도 여전히 동일하게 나타나고 있다는 사실을 확인했기 때문이다.[13] 신화를 만들었던 원시인들은 외부와 내부의 문제를 구분할 수 있을 만큼 의식이 발달하지 못했었다. 의식발달이 미약한 그들에게 있어서는 내면의 일들조차도 곧 외부의 일들로 경험되었다는 것이다. 융은 이것이 원시인들로 하여금 신화를 만들게 한 근거로 본다.

12 『인간과 상징』, pp.83~85.

13 『원형과 무의식』, p.108.

즉 원시인들은 태양이 떠오르고 지는 것을 단순한 자연현상으로 보지 않고 심혼의 상상력에 의해서 경험된 신과 영웅의 숙명으로 인식했던 것이다. 그러므로 융은 신화를 심혼에 의해서 억제할 수 없었던 원시인들의 어떤 충동들에서 비롯되었다고 보는 것이다.[14] 신화가 상징으로 나타나는 이유를 융은 다음과 같이 설명하고 있다.

> 태양, 낙원의 나무, 어머니, 남근으로 나타나는 나무의 변화무쌍한 의미는 나무가 리비도의 상징일 뿐, 이것이나 저것 등의 구체적인 대상을 비유하는 것이 아니라는 사실에서 설명된다. 따라서 남근적 상징은 성기를 의미하는 것이 아니라, 리비도를 상징하는 것이다. 리비도 또한 비록 그것이 분명 그 자체로 나타난다 하더라도 결코 그 자체를 말하는 것은 아니고 리비도에 대한 상징을 묘사하고 있는 것이다.[15]

그러므로 신화는 인간이 의식적으로 만들어내는 작위적인 결과물이 아니다. 인간 내면으로부터 구성되어진 상징으로서 자연적인 현상인 것이다. 신화와 마찬가지로 꿈 또한 인간 정신의 무의식이 만들어내는 자연적인 현상이다.[16] 꿈에 대한 해석은 동서고금을 막론하고 인간의 활동과 그 족적을 같이 해왔다.

14 『상징과 리비도』, p.10.

15 『영웅과 어머니의 원형』, p.97.

16 『인간과 상징』, p.97.

이미 앞에서 거론된 바와 같이 무의식은 자아의식에 의해서 조종되어지지 않는 자율적 정신이다. 그렇기 때문에 무의식은 인간으로 하여금 신화를 만들게 하고, 깨달음과 영원한 구원을 추구하게 하며, 꿈을 통해 개인이 정신에 대한 관심을 가지도록 할 수 있는 것이다. 이것은 인간이 무의식의 정신을 배제하고 의식만으로 산다는 것은 불가능하다는 것을 깨우쳐준다.

꿈에 대한 해석이 여전히 유효한 이유도 바로 여기에 있는 것이다. 일반에게 널리 알려진 꿈의 해석도 꿈의 내용을 있는 그대로 해석하지 않는다. 다시 말해 우리 조상들은 나무에서 복숭아를 따는 꿈을 꾸거나 호랑이가 자신의 품에 들어온 꿈을 꾸었다면, 그것을 현실에서 복숭아를 따고 호랑이를 만날 것이라고 생각하는 경우는 드물다. 사람들은 꿈이 표현하는 사물과 내용이 어떤 것을 내포하고 있는지에 대해 관심을 갖는다.

융은 나무가 리비도를 나타내는 상징이라고 말한다. 융이 말하는 리비도는 프로이드가 말하는 성적 에너지보다 훨씬 더 포괄적 의미를 담고 있는 내적 에너지다. 내적 에너지는 단순한 동물적인 힘도 초월할 수 있는, 즉 육체적 존재를 영적 존재로 성숙하게 하는 힘이다. 십우도에도 나무와 태양이 출현한다. 그것들은 모두 정신적 에너지의 변환과정을 표현하고 있다. 처음에는 숲이 등장하지만 정신의 가장 정점에 이르면 태양이 하늘 높이 뜬다. 융의 설명을 더 들어보자.

상징은 알려진 어떤 사물에 대한 기호나 비유가 아니다. 상징은 거의, 혹은 전혀 알려지지 않는 사상事象만을 암시하려고 한다. 이런 상징들의 제3의 비교가 리비도인 것이다. 의미의 통일성은 오직 리비도 비유에 있다. 이 영역에서 사물의 고정된 의미는 끝이 난다. 거기서 유일한 실재성은 리비도인데, 우리는 리비도의 존재를 단지 우리의 실현(Bewirktsein)을 통해서 경험한다.…… 우리는 신화적 상징을 너무 구체적으로 받아들여서 매번 그곳으로 발을 들여놓을 때마다 신화들의 끝없는 모순에 놀란다. 그러나 우리는 그것이 상像으로 감싸여 있는 무의식의 창조력이라는 것을 늘상 잊어버린다.[17]

상징은 지성과 논리로 알 수 있는 의식적 세계의 언어가 아니다. 오히려 상징의 세계는 의식의 세계가 무시하고 외면해 왔던 정신의 세계다. 그러므로 의식의 세계에서는 전혀 알지 못하는 세계의 언어인 것이다. 조사들이 말하는 깨달음의 언어를 일반인들은 알지 못한다. 그러므로 조사들 앞에서 조사의 말을 들었던 동시대의 사람들도 조사들의 언어를 이해하지 못했다. 자아관념으로 무장된 사람들이 자아초월을 말하는 조사들의 언어를 이해할 수 없는 것은 당연하다.

융의 설명으로 이해하자면 조사들과 일반 사람들의 리비도의 위치가 달랐던 것이다. 일반인들의 중심적 사고가 자아라면 깨달음을 경험한 조사들의 중심적 사고는 무아다. 자아의식은 현상을 보는

17 『영웅과 어머니의 원형』, p.97.

반면에 무아의식은 본질을 본다. 그러므로 일반사람들에게 조사들의 언어는 상징처럼 되어버리는 것이다.

일반인들은 조사들의 말을 구체적으로 받아들이기 때문에 그들의 말이 늘 모순적으로 들릴 수밖에 없다. 마찬가지로 무의식의 세계는 언어의 논리적 체계가 아니라 상像이다. 그러므로 내부의 상像을 현실로 경험하는 원시인들이 만든 신화가 상징의 옷을 입고 있는 것은 당연하다.

2) 상징은 인간의 근원적인 마음(the original mind)이다

융은 원형이 상(이미지)이면서 동시에 정동(emotion)이라고 말한다. 정동이란 인간을 감정적으로 신체적으로 혹은 정신적으로 본능적 에너지와 연결하며, 자신을 위험상태에서 방어할 수 있게 한다. 말하자면 정동은 인간을 존재로서 가능하게 만드는 근원적 힘이다.

그러므로 융은 원형에 정동이 없고 상(이미지)만 존재한다면, 그 상은 언어상 유용할 뿐 아무런 효과가 없다고 말한다. 왜냐하면 정동이 없이 상像만 있다면, 원형은 인간을 지켜내고 움직이게 하는 신성한 힘(numinosity)으로서의 작용이 불가능하기 때문이다. 신성력은 인간을 움직이게 만드는 정신적 에너지이다. 그러므로 그것에 의해서 인간은 움직이고 결과를 만들어낸다.[18]

다시 말해 상징은 인간의 어떤 감정을 움직이게 하고, 정신적 에너지를 얻게 한다는 것이다. 이것은 원형이 정동을 통해서 살아있

18 『인간과 상징』, p.101.

는 개체와 통합적으로 연결된다는 것을 보여준다. 하지만 그렇다고 해서 그것이 기계적인 체계라는 말은 아니다. 기계적이라는 말은 누구나 조건이 주어지면 시스템 안에서 정확하게 규칙적으로 경험하게 된다는 의미다.

개체가 원형을 체험하게 되는 경우는, 그 개체를 둘러싸고 있는 전체적인 상황과 밀접한 관련을 가지고 있기는 하다. 그러나 그것이 같은 하나의 상이라고 할지라도 개인에 따라 그것이 의미하는 것은 다를 수 있다. 이것이 원형을 기계적인 체계 안으로 밀어 넣을 수는 없다고 하는 이유다.

또한 이것은 원형을 이해하기 위해서는 반드시 개인에 대한 이해가 우선되어야만 한다는 것을 보여준다. 왜냐하면 모든 개체는 개성 혹은 자성自性의 독자성을 가지고 있기 때문이다. 독자성, 즉 존재의 고유성이 원형을 기계적으로 배우거나 인위적인 해석을 할 수 없게 만드는 것이다.

상징은 인간의 근원적인 마음(the original mind)이다. 그러므로 상징을 이해한다는 것은 근원적인 마음을 이해하는 것이 된다. 모든 종교 안에서 표현되고 있는 비밀스러운 계시나 상징들은 심혼이 간직한 장엄한 상像들이라고 융은 말한다. 그러므로 십우도 역시 심혼이 나타내는 깨달음의 상태에서 상상으로 느끼거나 나타나는 상들을 관찰觀察 가능한 형체形體로 묘사된 것이라고 보는 것이 옳을 것이다.

……전해진 상이 아름다울수록, 숭고할수록, 또한 광대하면 할수록 개인적 경험에서는 그만큼 멀리 벗어나 있다고 말하지 않을 수 없다. 우리는 그것을 다만 상상으로 느낄 수 있고 감득할 수 있다. 그러나 원초적 경험은 잃어버린 것이다. 심리학은 왜 경험과학 중에서 가장 늦게 생겨났으며, 우리는 왜 무의식을 오래 전에 발견하지 못했고, 영원한 상들의 보물을 발굴해내지 않았을까? 그 이유는 단순히 우리가 심혼의 모든 것에 대해 직접적인 경험보다 훨씬 더 아름답고 더 광범위한 종교적 형식을 가지고 있었기 때문이다.[19]

이것은 깨달음의 경우도 마찬가지이다. 깨달음을 완전함으로 묘사할수록 개인적 경험으로부터 멀어진다. 즉 부처를 청정한 것으로 묘사하고, 깨달음을 오염으로부터 완벽하게 제거된 상태로 묘사할수록 중생이 감히 다가설 수 없는 영역이 된다. 그것은 깨달음이 현재의 자신과는 완전히 다른 상태를 이룬다고 생각하게 만드는 것이다.

이것이 가장 소박하고 가장 단순하며 가장 직접적인 인식기능인 무아의식을 근원적으로 차단하게 만든다. 장엄한 종교적 판타지를 모두 제거해버린 사람들이 바로 깨달음의 화신들인 조사들이다. 조사들은 '부처가 무엇입니까?' 하고 묻는 질문에 '마른 똥 막대기'라고 대답한다. 깨달음이나 종교에 대한 자아의 판타지를 여지없이

19 『원형과 무의식』, pp.110~111.

날려버림으로써 진정한 깨달음의 실재인 개체로 돌아오게 하는 지혜다. 깨달음이 평상심이 되는 이유도 바로 이러한 개인적 경험에 대한 중요성을 그대로 보여준다.

평상심 안에서만이 내가 누구인지가 드러난다. 내가 누구인지를 경험하지 못한다면, 아무리 위대하고 숭고한 부처의 상을 보았다고 할지라고 그것은 참된 진실과는 거리가 멀다. 십우도의 상은 참으로 단순하고 현실적이다. 전혀 숭고함이 드러나지 않는다. 오히려 그 숭고함을 전적으로 파괴하는 장면은 열 번째 그림에 있다. 그림에는 깨달음을 얻은 스님이 저잣거리에 있는 술집에서 술병을 들고 가게 문을 열고 나오는 모습이 그려져 있다.

이 충격적인 모습은 깨달음을 '숭고하고 완전한 것'이라는 관념에 전적으로 위배된다. 부처에 대하여 숭고한 상을 가진 사람들은 그 믿음에 위배된 것을 참지 못한다. 그래서 깨달은 부처는 중생들을 구원하러 저잣거리로 간다고 왜곡해서 해석한다. 그러한 영향으로 오늘날의 십우도에는 술병을 잡고 있는 그림이 거의 없다. 이것은 상징에 대한 올바른 해석이 얼마나 중요한지를 알게 해준다.

즉 『해탈의 서』가 묘사한 위대한 깨달음의 스승 파드마 삼바바는 항시 활발하고 어린애 같다고 표현되어 있다. 고귀한 스승은 굉장한 애주가였고, 중독될 정도로 술을 마셨으며, 제자들도 그렇게 하도록 가르쳤다는 것이다. "그러나 그가 마신 것은 신들의 음료이며, 생명의 영약이며, 불사의 감로였다. 그것을 실컷 들이킨 사람들은 깊이 중독되었고 그리하여 현상세계의 모든 의식을 잃어버렸다."[20] 깊이 중독되어 현상세계의 모든 의식을 잃어버린다는 말에서 그 상징성을 찾아보자.

제자들은 깨달음의 세계에 집착하는 자아의식으로 충만한 사람들이었을 것이다. 그것을 다른 편에서 본다면 자기 자신의 모습을 직시하는 평상심이 아니었다는 것을 나타내고 있다. 즉 자아의식은 부처라는 도덕적 완성자가 되기 위해 무의식을 억압하는 의식 주도적 정신이다. 다시 말하면 자아의식 주도의 정신은 의식과 무의식으로 분리되어 있는 것이다.

깨달음은 분리된 정신에서 한마음으로의 통합이다. 그러므로 술을 먹고 의식을 잃는다는 것은 의식에 의해서 억압되어 있던 무의식을 인식하기 위한 하나의 방편으로 사용되었을 가능성을 말한다. 즉 위대한 스승이 술을 사랑한다는 것만으로도 깨달음이 완벽한 도덕적 완성이 아니라는 사실을 알리는 지혜였을 것이다. 십우도의 마지막 그림이 재해석되어져야 하는 이유가 바로 여기에 있다.

3) 상징에 대한 해석이 중요하다

상징을 제대로 해석하는 것은 매우 중요하다. 왜냐하면 상징에 내포되어 있는 진정한 의미는 깨달음을 추구하거나 개성화 과정을 걷고자 하는 사람들에게는 지도와 같기 때문이다. 십우도에서 나타나는 소의 상징성 역시 진정한 자기 자신과의 만남이 어떻게 이루어지고 어떻게 하나가 되며 또한 어떻게 전체성으로 나아가는지를 보여주고 있다.

20 『티벳 해탈의 서』, p.111.

상징은 우리가 전혀 알지 못했던 사상事象에 대한 암시다.[21] 사상의 암시가 나타내고 있는 것은 바로 정신의 구조와 정신적 실체다. 그렇기 때문에 융은 그것들에 대한 해석을 결코 소홀히 할 수 없다고 주장하는 것이다.[22]

연금술의 상징들에 대해 심도 있게 연구한 융은 연금술을 서양의 숨겨진 요가라고 말한다. "뱀, 그 희생과 조각냄, 머리 그릇과 금을 만드는 기적, 금속의 영(Metalgeist)들의 변환……추상적인 금속의 영들은 여기서는 고통을 받는 인간적인 존재이며, 전체적인 과정인 신비스런 입사식(Initiation, 입문식)에 가깝다."[23] 자아와 진아眞我의 결합을 의미하는 요가처럼 연금술 또한 영적 변환을 상징화(symbolism)하고 있음을 알 수 있다.[24]

자신의 꼬리를 무는 뱀을 상징하는 우로보로스Uroboros는 연금술사들의 심리를 가장 대표적으로 나타내는 상징적 동물이다. 머리와 꼬리가 하나로 이어져 둥근 모습을 한 우로보로스는 근원적 정신에 대한 상징이다.

이와 같은 상징은 대웅전의 한가운데 모셔진 불상佛像에서도 찾을 수 있다. 불상의 엄지손가락은 중지와 맞닿아 둥근 모양을 그리

21 『영웅과 어머니의 원형』, p.97.

22 『인간과 상징』, pp.109~110.

23 『인간과 문화』, p.294.

24 『연금술에서 본 구원의 관념』, pp.321~322.

고 있다. 즉 근원적 마음으로의 회귀다. 의식의 발달을 위해서 분리될 수밖에 없었던 정신이 한마음(一心)으로 통합되는 것이다. 한마음은 깨달음의 궁극적인 목표다.

연금술의 드러난 현상은 화학연구지만 그것의 본질적 의도는 심리학적 조건이 전제되어 있다. 왜냐하면 그들이 화학연구를 통해서 궁극적으로 찾고자 했던 것은 불변불멸의 물질인 '현자의 돌(Philosopher's stone)'이기 때문이다. 원물질에서 불순물을 걸러내면 라피스Lapis로 불리는 보석을 찾을 수 있을 것이라고 상상한 것이다.

라피스라는 보석은 세상의 부를 가져다주는 다이아몬드가 아니라 바로 궁극적 지혜의 상징인 마음의 다이아몬드다. 라피스가 그리스도를 상징한다고 믿었던 것도 그들의 화학적 연구가 정신적 문제를 해결하기 위함이라는 것을 증명하고 있다.

이처럼 연금술의 상징적 의미를 제대로 해석하는 경우가 드물다. 그 좋은 예가 바로 『회의적 화학자(The Sceptical Chymist)』(1661)를 쓴 영국의 과학자 로버트 보일Robert Boyle이다. 그는 연금술사들을 원소元素의 개념도 모르는 어리석은 사람들이라고 비판하면서 연금술을 허황된 행적들로 치부해버린다.

연금술의 상징성이 근원적 정신에 대한 탐구로 되살아난 것은 상징성에 대한 융의 연구에 의해서다. 현대인의 꿈을 관찰했던 융은 꿈이 보여주는 상징들이 연금술의 상징들과 적지 않게 닮아 있다는 것을 발견했다. "우리는 당시의 의식이 어떻게 신비로운 과정으로부터 등을 돌리고 물질적인 것으로 향하는지, 어떻게 신비로운 투사가 관심을 신체적인 것으로 이끄는지 볼 수 있다."[25]

불교가 무의식의 심리적 과정을 마음 그 자체로 이해하고 각성하는 직접적인 방법론이었다면, 연금술은 무의식의 심리적 과정을 물질에 투사함으로써 증명하는 간접적인 방법론이었다고 말할 수 있을 것이다. 마음을 물질에 투사하고 그것을 다시 안으로 거두어들이는 방법으로 각성을 시도한 것이다.

> 연금술적-신비적 과정의 표현을 사람으로 묘사하는 것에 대하여는 어느 정도 설명이 필요하다. 생명이 없는 사물의 의인화擬人化는 원시적, 고대적 심리학의 잔재이다. 그것은 근본적인 무의식적인 동일시, 소위 "신비적 참여(participation mystique)"에 기인한다. 무의식적 동일시는 무의식의 내용을 하나의 객체에 투사함으로써 생기는데, 이에 이 내용은 우선 겉보기에는 객체에 속하는 것으로 보이는 성질로서 의식이 접근할 수 있게 된다. 개개의 흥미 있는 객체들은 크고 작은 정도의 투사들을 불러일으킨다. 이러한 점에서 볼 때, 원시심리학과 현대적 심리학의 차이는, 이차적으로는 단계의 차이이다. 의식의 문화발달은 본질적으로 확장적이다: 의식은 한편으로는 습득을 통해서, 다른 한편으로는 투사를 거두어들임으로써 확장된다. 투사되었던 것이 심리적 내용으로 인식되고, 심리적인 것과 재통합된다.[26]

25 『인간과 문화』, p.294.

26 『인간과 문화』, p.295.

무의식과의 동일시는 무의식에 대하여 의식적으로 인식하지 못할 때 일어난다. 즉 의식성의 부재다. 내면을 의식하지 못하면 내부적 내용들을 외부로 투사한다. 이처럼 외부로 투사하여 보는 것은 자아의식이다. 자아의식은 외부로 발달되어 있다. 투사는 자기 내면을 객관화하여 볼 수 있는 능력이 없을 때 일어난다.

즉 의식과 무의식이 분리되어 있다는 것이다. 자아는 스스로 분리된 정신의 주체로 착각하기 때문에 자아의 관점은 언제나 주관적이다. 주관적 사고체계에서는 상징의 경험조차도 주관적일 수밖에 없다. 주관성의 결과로 일어나는 것이 바로 집착이다.

실제로 종교적 세계에서는 그런 일들은 너무도 많이 일어난다. 즉 자아의식이 원형에 있는 수호신의 상징을 경험할 때, 자아는 그 상과 자신을 동일시한다. 동일시의 현상으로 자아는 스스로 세상을 구제할 메시아나 미륵불 혹은 영웅이 되었다고 생각하는 것이다. 동일시는 무의식성이기 때문에 본질에 대한 심각한 왜곡을 일으킨다.

상징은 본질적으로 정신의 근원에 대한 진실을 담고 있다. 그러나 그 본질에 접근을 막는 가장 큰 장애물이 바로 자아라는 무의식성이다. 이와 같은 이유로, 본질에 대한 자아의 왜곡된 해석을 막기 위하여 위대한 종교적 경전들은 '현실적 진실'보다 '상징적 진실'을 선택하여 기록할 수밖에 없는 것이다.

융이 상징적 진실을 제대로 이해하는 것이 참으로 중요하다고 보는 또 다른 이유가 있다. 모든 충동에는 육체적 충동과 정신적 충동이 있다. 그런데 육체적 충동과 정신적 충동의 근원은 같다. 리비도는 육체적 감각에 쉽게 이끌린다.

의식의 에너지가 약할수록 복잡하고 어려운 길보다는 단순하고 쉬운 길을 선택하게 되는 것은 어쩔 수 없는 현상이다. 그러므로 상징을 사용하는 근본적 진실은 이러한 현상을 막기 위함이다. 말하자면 상징은 육체적 감각에 쉽게 이끌리는 리비도를 해방시켜 영적으로 유도하기 위한 하나의 방편인 것이다.[27]

리비도는 생명력을 표현한다. 그러나 일반적으로 생명력은 육체적 에너지와 연결될 가능성이 농후해진다. 그러므로 그것을 나무로 표현한다면 직접적으로 육체적인 측면과의 연결을 지연시킴으로서 정신적인 측면으로의 전환을 가능하게 한다. 즉 나무가 무엇을 의미하는지를 먼저 생각하게 되기 때문이다. 상징에 대한 잘못된 해석이 낳은 불행한 역사의 한 예로 융은 주신酒神 바쿠스의 비밀제의를 언급하기도 했다.[28] 바쿠스와 같은 현상이 지금도 여전히 현실 속에서 이어지고 있다.

> 상징적 진실의 새로운 기초, 심정心情뿐만 아니라 오성(悟性, Verstand)에도 호소하는 그러한 기초가 수립될 수 있어야 할 것이다. 그러나 이것이 이루어지려면 인류가 어찌하여 종교적 표

27 『영웅과 어머니의 원형』, pp.102~103.

28 『영웅과 어머니의 원형』, p.342, "종교사에서도 의식(Ritus), 오르기(Orgie: 특히 주신酒神 바쿠스의 비밀제의, 술과 춤의 광란적 축제-역주), 그리고 비의非儀가 얼마나 자주 방탕한 탈선이 되어버렸던가!"

명들의 비개연성에 대한 필요를 갖게 되었는지, 그리고 만일 감관적으로 지각되고 만질 수 있는 세계의 현존 위에 전혀 다른 종류의 영적인 실재성을 둔다면 그것이 무엇을 뜻하는지를 곰곰이 생각해야만 할 것이다.[29]

상징적 진실을 이해하기 위해서는 정신에 대한 보다 고차적인 인식이 필요하다. 단순히 일반적 관념으로 상징을 해석한다면 상징이 전하고자 하는 핵심을 놓치는 일이 당연히 일어날 것이다. 왜냐하면 의식과 무의식은 전적으로 다른 체계이고, 상징은 무의식의 언어이기 때문이다. 무의식은 정신의 본질이다. 그러므로 무의식의 언어를 이해하는 일은 곧 정신의 본질을 이해하는 일이다. 이것이 우리가 상징에 대하여 진지한 태도를 가져야 하는 이유다.

땅에 살고 있는 사람이 신이 왜 하늘에 산다는 상상을 하게 되었는지, 사람은 왜 자신을 중생이라고 결론지으며 위대한 부처가 되어야만 된다고 생각하는지……, 이와 같이 유토피아를 그려내는 모든 것들이 바로 정신이 만들어내는 상상력의 산물이다.

물론 융은 현대인들의 상상력은 조상들의 상상력과는 현저하게 다른 방향으로 나타나고 있다는 것을 알고 있었다. 즉 옛 사람들의 삶의 중심에 신 혹은 정신적 철학이나 신념이 있었다면, 현대인들의 삶의 중심에는 물질, 경제, 돈이 있다.

이처럼 겉으로 드러나는 형태는 분명 다르다. 그렇다고 할지라도

29 『영웅과 어머니의 원형』, p.105.

그것이 신의 이미지를 만들었던 원형의 또 다른 현상일 뿐이라는 것이다. 왜냐하면 정신의 근원인 원형으로부터 인간은 절대로 자유로울 수 없기 때문이다.

그것으로부터 자유롭고 싶다면 원형의 작용에 대해 알지 않으면 안 된다. 이것이 우리가 상징을 올바르게 이해해야 한다는 것을 말하고 있다. 근원적 상像은 비유적 언어를 통해서 가장 잘 드러나게 된다. 그러므로 정신의 전체성을 위하여서는 상징을 인식할 수 있는 의식체계의 변경이 필연적으로 요구되는 것이다.[30]

이것은 소를 찾으러 나서는 것이 부처를 찾아 나서는 것이라고 단순하게 해석할 수 없는 근거이기도 하다. 일단 자아의식의 경험체계 안에 있는 '부처'는 맑고 깨끗함(淸淨)이다. 그런데 소는 부처와 정반대의 생명 덩어리로서 에너지 그 자체다.

그렇다면 왜 부처라고 바로 표현하지 않고 '소'를 찾으러 나서는 것이라고 표현했을까?

30 『꿈에 나타난 개성화 과정의 상징』, p.37.

2. 깨달음의 상징이 왜 소였을까?

1) 소는 본능적 인격을 상징한다

초기불교에서는 정신이, 심(尋, vitakka)과 희론(戱論, prapanca)이 서로 도와 확장시켜나가는 순환적 구조를 가졌다고 보았다.[31] 심은 탐구하는 것이고, 희론은 대상을 분별하여 의미를 부여하는 지적활동이다. 십우도十牛圖의 또 다른 이름이 심우도尋牛圖다. 그러므로 심우도의 뜻은 소를 탐구하는 과정을 그렸다고 보아야 할 것이다. 말하자면 찾는 것 혹은 탐구하는 것이 바로 소다. 물론 여기서 말하는 소는 상징이다.

그렇다면 왜 하필이면 나를 찾고 탐구하는 것이 소로 상징되었을까? 소를 찾으려면 소가 무엇인지를 먼저 알아야 한다. 소를 찾는다고 했을 때 그냥 아무런 의미 없이 소라고 하지는 않았을 것이다. 왜 도를 깨닫는다 혹은 도를 찾는다고 하지 않고, 하필이면 소를 찾는다고 했을까?

소를 찾는다고 하니까, 가장 먼저 떠오르는 인물이 중국 선종禪宗의 제8대 조사 마조도일馬組道一의 제자 남전보원南泉普願이다. 그는 열심히 경전을 읽고 탐구하여 삼론三論에 정통했다. 하지만 남전

31 『불교의 언어관』, p.185.

은 '나(我)'는 경전 속에 있지 않다는 것을 알게 된 후 마조의 제자가 되어 무심선無心禪의 깊은 경지에 이르렀다고 평가되는 인물이다. 무심선이란 자아의식에 의한 인위적 관조가 아니라 무아의식에 의한 관조다. 남전보원의 제자가 바로 조사선의 한 획을 그은 조주趙州선사이기도 하다.

그런데 남전보원이 주장한 수행법이 바로 이류중행異類中行이다. 이류는 생각이 한쪽으로 편벽되는 것을 거역한다고 풀이할 수 있고, 중행은 한쪽으로 치우치지 아니하고 중용을 지키는 올바른 행실行實이라고도 할 수 있다. 그런데 남전은 스스로 그 자신을 '남전참묘아南泉斬猫兒'라고 불렀다. 풀어서 말하면 '남전은 살쾡이 같은 녀석'이다.

물론 남전참묘아南泉斬猫兒에 대한 전해오는 해석은 '남전은 새끼 고양이(또는 살쾡이의 목을)를 베다'로 변역되어 있다. 그런데 남전은 자기 내면에 있는 동물적 본성에 대해 누구보다도 정확하게 인식하고 있었으며, 그것을 의식화해내는 데 일생을 보낸 사람으로 보인다. 그것은 그의 일화를 통해서 잘 드러난다. 어느 날 남전은 거룩한 부처님을 모시는 곳에 물소를 데리고 들어왔다. 그것을 본 조주는 물소에게 꼴을 가져주었다. 즉 조주는 정신의 주인은 부처이지만, 부처는 원시적 동물성과 같이 있다는 것을 알려주고자 하는 스승의 진심을 간파했던 것이다. 완전함을 추구하는 자아의식은 부처만을 찾지만, 의식의 가장 높은 단계인 무아의식은 동물성을 의식화함으로써 같이 살아간다는 것을 안다. 동물성은 다름 아닌 남전 자신이다. 그러므로 조주는 물소에게 맞는 꼴을 가져다준다.

그것은 남전이 살쾡이의 성질을 있는 그대로 보고 이해하는 것을 상징적으로 보여준 것이다. 그러므로 남전참묘아는 '고양이의 목을 베는 것'이 아니라 '살쾡이 같은 녀석'으로 풀이하는 것이 더 합당해 보인다.

남전참묘아南泉斬猫兒는 심우도에서 왜 소를 찾고 있는지를 알려주는 하나의 좋은 모티브에 속하지 않을까 싶다. 자기 내면의 동물적 성질, 혹은 원시성을 찾아내는 일이 깨달음의 상징이라면, 우리는 그 동물이 상징하고 있는 것이 무엇인지를 아는 것이 중요하다.

깨달음이란 마음이 분리되어 있음을 깨우치는 일이고, 성불은 분리된 정신이 한마음으로 돌아가는 것이다. 그러므로 깨달음은 전체 정신으로의 통합을 실천하는 진정한 심리학이다. 융의 분석심리학은 정신의 통합을 말하고, 불교는 한마음(一心)으로의 회귀를 말한다. 이러한 주장들은 이미 정신이 분리되어 있음을 전제로 하고 있다. 융이 말하는 정신은 의식과 무의식이고, 불교가 말하는 정신은 중생과 부처다.

의식과 무의식이 본래 하나였듯이 중생과 부처도 본래 하나다. 의식의 성장과정에서 하나의 정신은 의식과 무의식으로 분리된다. 마찬가지로 중생은 무명에 의해서 부처와 분리된다. 그러나 무의식과 부처는 없어지는 것이 아니라 의식이 성장하도록 잠시 유보된 상태로 있을 뿐이다. 그러므로 의식적 인격에 의해서 의식 주도의 일방성이 정신을 지배하려고 하면, 무의식적 인격 혹은 '본능적 인격'이 자신의 존재를 확인시키기 위해서 활동을 감행한다.[32]

무의식적 인격은 의식적이고 지적인 훈련이 가해지지 않는 자연 그대로의 인격이다. 그러므로 지적이고 이성적인 사람일수록 강박증에 사로잡힐 가능성이 높다고 융은 말한다. 왜냐하면 의식적 인격만을 인정하는 사람은 본능적 인격에 대해서 무지하기 때문이다.

무의식의 인격을 무시하면 무의식의 충동적 지배 아래 놓이게 된다. 억압된 무의식적 인격은 통제할 수 없는 힘으로 의식적 인격을 압도해버린다. 이것이 강박관념을 형성하게 만드는 것이다. 의식의 일방성에 대한 무의식의 보상적, 보완적 작용인 것이다.

의식은 교육할 수 있는 성질이지만 무의식은 교육에 의해서 훈련되지 않는다. 그러므로 무의식의 인격을 외면하는 한 그것의 위험으로부터 결코 벗어날 수 없다. 그 일을 해결할 수 있는 방법은 오직 억압이나 억제에 의해서 훼손당했던 본능적 인격을 재건함으로써만이 가능하다.

즉 의식에 의해서 부정되고 무시되었던 본능을 있는 그대로 인식할 수 있어야 한다는 것이다. 자연 그대로의 성질을 훼손하지 않고 있는 그대로 보는 것, 그것을 융은 '본능적 인격복구'라고 말한다. 이러한 본능적 인격을 복구하기 위해서 가장 중요한 것은 의식의 태도다.[33] 의식이 대극적 성질을 있는 그대로 인식할 수 있는 관점의 대전환이 필요하다. 그렇게 되었을 때 무의식은 의식에 의해서 의식화 과정을 밟을 수 있다.

그러므로 십우도의 상징인 '소'는 무의식의 인격, 즉 본능적 인격

32 『인간의 상과 신의 상』, p.65.

33 『인간의 상과 신의 상』, p.57.

을 상징한다. 즉 깨달음에 있어서 가장 중요한 것이 바로 본능적 인격을 복구하는 일이다. 남전이 스스로 '살쾡이 같은 녀석'이라고 말한 것을 통해서 남전 자신의 본능적 인격을 복구했음을 알아차릴 수 있다.

옛 철학자들은 원초적 인간을 나타내는 상징성으로 소(Ochsen)·독수리·사자·천사를 생각했다. 이것은 소가 근원적으로 원초적인 것을 상징하고 있다는 것을 보여준다. 그런데 원초적 인간은 세계 창조의 신과 결합하고 있다.[34] 즉 소는 원초적 인간인 동시에 모든 생명체의 근원인 불성과 결합되어 있는 것이다. 그러므로 의식이 무의식과 한마음이 되기 위해서 궁극적으로 해야만 하는 것이 바로 원초적 인간과의 만남이며 그것과 화해해야만 하는 것이다. 소를 찾아 나서는 일은 정신(Geist)이 일정한 목적 지향적 활동에 적극적으로 나서는 일이다.[35]

2) 소는 무명이다

소는 내적 세계의 원시성으로서 동물적인 충동 영역을 나타내는 상징으로 그려져 왔다.[36] 즉 의식에 의해서 길들여진 적이 없는 야만적인 무절제와 잔인한 탐욕을 담고 있는 위험한 리비도인 셈이다.[37]

34 『인간의 상과 신의 상』, pp.88~89.
35 『인간의 상과 신의 상』, p.74.
36 『영웅과 어머니의 원형』, p.182.
37 『영웅과 어머니의 원형』, p.268.

페르시아의 신 미트라Mithra가 황소를 제물로 희생시키는 장면이 있다. 투우의 기원을 여기서 찾기도 한다. 황소는 미트라의 내면에 있는 동물적 본성이다. 그러므로 황소를 희생시키는 의식儀式은 인간에게 내재되어 있는 동물적 본성에 대한 극복이며, 영혼의 승리를 의미한다. 원시적 동물성의 극복에 대한 의지는 인간적 성숙함과 영적인 평화에 대한 갈망이기도 하다.[38]

그러므로 융은 사람이 성인이 되기 위한 작업을 정신의 원시성을 길들이는 데 있다고 보는 것이다. 동물적 원시성은 본능이다. 본능은 생명의 원리이고 생명의 법칙이다. 그러므로 소로 상징되는 본능은 정신의 모상母床인 셈이다. 이것이 바로 융이 짐승의 상징성이 무의식을 대표한다고 말하는 이유다.[39]

융의 이와 같은 주장은 불교의 이론과 전혀 다르지 않다. 융이 말하는 정신의 원시성이 바로 불교에서는 무명이다. 그런데 임제는 이 무명을 아버지(無明是父)[40]라고 말한다. 이것이 바로 불성佛性을 소로 상징하는 근거가 될 수 있을 것이다. 즉 자기 안의 무명으로 있는 정신의 근원을 밝히는 일이 곧 깨달음이기 때문이다. 원효 또한 무명의 충동력을 거론하고 있다. 이 무명의 충동력을 알지 않고서는 깨달음에 이를 수 없다. 소를 찾으러 가는 이유는 여기서 밝혀진다.

38 『인간과 상징』, pp.164~165.

39 『영웅과 어머니의 원형』, p.265.

40 『임제록』, p.219.

우리의 경우를 보면, 비록 의식이 재생 의식의 태고적 표상과는 엄청나게 동떨어져 있다 할지라도 무의식은 꿈을 통해 그러한 표상을 다시금 의식에 근접시키고자 애쓰고 있다는 것이 입증된다. 의식의 자율성과 자족성은 의식 자체가 생겨나는 데 불가피한 특성이긴 하지만, 또 한편 무의식이 분리됨으로써 그것은 견딜 수 없는 본능의 소외(Instinktfremdheit)를 만들어내며 고립과 황폐화의 위험을 일으킨다. 본능 상실 상태는 바로 끝없는 불화와 혼란의 원천이 된다.[41]

이것은 우리가 왜 본능과 재결합해야 되는지 그 이유를 밝혀준다. 현재의식에게 너무도 비현실적으로 보이는 태고적 표상들은 결국 정신의 뿌리로 존재한다. 뿌리 없는 나무가 존재할 수 없듯이, 정신 또한 그 근원이 없다면 존재할 수 없다. 그러므로 무의식을 두려워하여 피하려고 한다고 해서 되는 일이 아니다. 피하면 피할수록 더 큰 혼란 속으로 빠져들 뿐이다.

자아의식이 자신의 뿌리를 거부할수록 무의식은 꿈을 통해서 태고적 표상들을 인식시키고자 한다는 것이다. 정신의 뿌리를 부정하는 자아의식의 일방성은 정신의 황폐화를 일으킬 수밖에 없다. 이성만을 중시하게 될 때 감성은 차단된다. 왜냐하면 인간 감성의 뿌리가 바로 무의식이기 때문이다.

의식 일방적 정신은 무의식 정신과 대립되어 있다. 대립은 긴장

41 『꿈에 나타난 개성화 과정의 상징』, pp.169~170.

이다. 불필요한 긴장은 자기 자신과의 끝없는 불화를 만들고 정신을 혼란 상태로 이끈다. 삼계三界는 욕계欲界·색계色界·무색계無色界다. 삼계를 분별하는 것은 무명인 자아의식이라고 원효는 말한다.

> 대력보살이 말하였다. "마음이 만일 맑은 데 있으면 모든 경계가 일어나지 아니하니, 이 마음이 맑을 때 삼계가 없어질 것입니다." 부처님께서 말씀하셨다. "그렇다. 보살아, 마음이 경계를 일으키지 않으면 경계가 마음을 일으키지 않으니, 왜 그런가? 보는 바 모든 경계는 오직 보는 바의 마음일 뿐이니, 마음이 환화幻化하지 않는다면 보는 바가 없게 된다. 보살아, 안으로는 중생이 없고 삼성三性이 공적해지면, 자기의 중생됨도 없어지고 남의 중생됨도 없어진다. 그리고 두 가지 들어감(二入)도 생겨나지 않는다. 마음이 이와 같은 이익을 얻으면, 곧 삼계가 없어지는 것이다."[42]

원효는 삼계를 마음의 세계로 보았다. 삼계는 무명의 세계, 즉 무의식의 세계다. 자아의 뿌리는 무의식이다. 분별은 의식이다. 참다운 의식은 자아라는 무명에 의해서 가려진 부분의식이 아니라 자아가 초월되어 있는 전체의식을 나타내는 무아다. 무의식과 대립되어 있는 자아의식으로는 내면의 원시성을 정직하게 인식할 수 없다. 삼계로부터 벗어나는 일은 내면의 원시성을 인식했을 때 가능해진다. 가장 또렷한 인식에 의해서만이 분리된 정신은 한마음으로 통

42 『금강삼매경론』, p.346.

합하게 한다.

> 동물이 인간으로 변신하며, 아직 형태가 없는 '생명 덩어리'는 파충류와의 마술적 접촉을 통해 '신성화된'(조명된) 인간의 머리로 변한다는 것이다. 동물 같은 생명 덩어리는 의식과 합일되어야 본래적 무의식의 전체성을 대표할 것이다.…… 신을 표현하는 치유의 뱀.[43]

여기서 '신성화된' 혹은 '조명된'이라는 표현은 바로 동물적 성질의 의식화다. 즉 본성의 동물적 성질은 의식화 했을 때 그것의 본질적 형태가 변한다. 즉 깨달음을 얻지 못한 상태, 자신의 내면에 있는 동물성을 인식하여 그것을 의식화할 수 없는 상태로 있는 한, 본성은 그대로 동물성으로 남아 있다. 이것은 인간이 왜 소를 찾아내고, 소를 길들이고, 소와 하나가 되어야 하는지 그 이유를 보여준다.

즉 소가 바로 부처라고 말하고 있다. 불성은 소와 같은 생명 덩어리였던 것이다. 그것이 무아의식의 빛을 통해서 정신의 전체성으로 돌아가게 된다. 이것은 배사拜蛇교가 왜 그리스도를 뱀이라고 숭배했는지, '쿤달리니Kundalini 요가'가 왜 '잠자는 뱀'을 깨운다는 의미를 갖고 있는지를 알게 한다.

그러므로 소는 열등한 인간성의 심적 부분을 상징하고 있는 것이다. 그런데 그 열등한 심적 부분이 중요한 이유가 있다. 저속하고

43 『꿈에 나타난 개성화 과정의 상징』, pp.181~182.

가치 없이 보이는 그 안에 바로 존귀한 신성이 들어 있기 때문이다. 소를 찾는 사람은 분화된 정신기능의 상징이고, 소는 분화되지 못한 채 열등기능으로 남아 있는 정신인 셈이다.[44]

3) 소는 충동의 양면성을 상징한다

무명의 충동성은 두 가지로 나타난다. 충동은 육체적 충동과 정신적 충동이다. 즉 하나는 생리적 역동성으로 체험되고, 또 하나는 누미노제(신성한 힘)의 작용을 전개한다. 이 두 가지는 극명하게 다르게 나타나는 대립적 방향이지만 그 근원은 하나다. 이것이 바로 육체적 충동이 정신적 충동으로 바뀔 수 있고, 정신적 충동이 육체적 충동으로 바뀔 수 있는 이유다. 융은 이것이 종교적 현상학에서 증명되고 있다고 말한다.[45]

다시 말해서 황소는 생명의 에너지이며 동시에 성性 에너지의 상징이다. 즉 황소로 상징되는 리비도는 성애적性愛的 문제가 되거나 종교적 찬가로 될 수 있는 것이다. 즉 리비도가 본능 그 자체적 에너지로 드러난다면, 평범한 성애적 문제가 되거나 행복에 대한 집착 혹은 그것을 잃은 것에 대한 슬픔이 된다. 그러나 리비도가 내향화를 통해 환기되면, 그것은 종교적 '창조'로 변환이 가능해진다고 융은 밝히고 있다.

섹스에 집착하는 사람이 있는가 하면 종교에 집착하는 사람이 있

44 『꿈에 나타난 개성화 과정의 상징』, p.191.

45 『원형과 무의식』, p.77.

다. 집착은 그것이 어느 쪽이든 본능적 에너지에 구속되었다는 점에서 다르지 않다. 왜냐하면 어느 방향이든 무의식적 상황에 있는 한, 근원에 대한 진정한 이해는 일어나지 않기 때문이다. 근원에 대한 이해가 없는 모든 행위들은 자기 속임수일 뿐이다.

리비도는 본능적인 충동력이다. 그러므로 융은 그 어느 쪽이든 단정적으로 옳거나 그르다고 단정 짓지는 않는다. 왜냐하면 모든 문화적 변화나 전환은 그러한 충동력에 의해서 일어나기 때문이다. 다만 그것이 너무 일상적으로 일어나기 때문에 우리가 그것을 인지하지 못할 뿐이다. 사람이 본능적 충동을 억압할 때 자신의 의지로 한 억압행위를 스스로에게 숨길 수 있다. 이것은 억압이 무의식적으로 이루어진다는 것을 의미한다.

융은 신앙심이 깊은 한 여인을 예를 들고 있다. 그녀는 멋진 남자를 보게 되고, 성애적 충동을 느낀다. 그런데 그것을 스스로 불가능하거나 부도덕하다고 규정지음으로써 그녀의 충동은 억압된다. 억압된 성애적 리비도는 자신의 신앙심에 의해서 쉽게 종교적인 승화로 변환시킨다. 그러나 그것은 자기기만 술책에 지나지 않는다는 것이다. 왜냐하면 억압이라는 방어기제는 정상적으로 갈등을 해소할 수 없게 만들기 때문이다. 그러므로 갈등은 여전히 해결되지 않고 그대로 존재한다.

뿐만 아니라 억압은 리비도를 퇴행적으로 환기시키는 문제를 가진다. 즉 억압된 리비도가 무의식적으로 활성화되면 외부의 대상을 찾아 투사된다. 바꾸어 말하면 자신이 추구하는 부처나 신 혹은 사랑하는 대상이 밖에 있다고 생각하게 되는 것이다. 사랑을 외부에서 찾을 때 대상에게 구속된다. 마찬가지로 신을 자신의 밖에서 찾을 때 다양한 신들의 이름이나 형상에 구속된다. 모든 구속은 진정한 자기 자신을 외면하게 만들기 때문에 매우 위험하다.

마음을 투사하는 동안은 내면적 갈등에 의해서 일어나는 고통이 사라지는 것처럼 보인다. 그러므로 투사가 실현되는 동안은 진정제를 놓은 것처럼 고통이 일시적으로 멈추지만 진짜 치료가 된 것은 아닌 것이다. 이것이 심리학에서 투사를 문제로 보는 이유다.

그것이 사람에게 투사되든지 신에게 투사되든지 간에 투사는 자기 자신의 문제를 밖으로 옮겨버리는 일이다. 해결은 문제의 본질로 들어갔을 때만이 가능하다. 자신의 문제를 외부적 대상에 투사한다는 일은 자신에 대한 진정한 이해와 진정한 깨달음을 거부하는 것이다.[46]

억압은 자아의식이 만들어내는 의지적 행위이기 때문에 자아 콤플렉스에 의한 제약이 따를 수밖에 없다. 자아의식의 제약은 의식이 무의식의 내용에 갈등을 보내는 것이다. 갈등은 무의식의 내용을 방해하거나 혹은 왜곡한다. 왜곡은 자연의 순수한 변환과정이 일어나지 못하게 막아버린다.

십우도가 그 어떤 투사도 허용하지 않는 이유가 바로 여기에 있다. 스스로 소를 찾아 나서는 사람은 그만큼 기본적으로 의식화되어 있음을 의미한다. 소가 깨달음의 상징이 된 것도 본성의 양면적 현상을 나타낸다. 생리와 정신은 대극을 이루지만 결국은 하나의

46 『상징과 리비도』, pp.96~102.

근원에서 출발하는 것이고, 이 모두가 본성의 작용인 것이다.

그러므로 십우도는 오직 자기 내면의 본능적 에너지를 찾아 직면하고 명료하게 인식하고 이해하여 승화시킨다. 이러한 과정을 통해서 의식은 확장이 일어나고 궁극적 해방에 이를 수 있게 되는 것이다.

융에게 직접적으로 정신분석을 받고 융의 심리학에서 깊은 영향을 받았다고 알려진 헤르만 헤세의 중요 작품들은 모두 충동의 양면성에 대한 정신적 현상을 주제로 다루고 있다. 정신적 충동성이 모두 육체적 충동성으로 묘사되고 있지만 결과적으로 정신적 귀결로 완성되는 것이 헤세 작품의 특징이다.[47] 충동의 양면성에 대한 융의 이론이 헤세의 작품에 그대로 반영되고 있다.

충동의 상이 일어나는 근원은 원형에 있다. 원형은 정신을 만들어내는 형태 혹은 형상이다. 그러므로 우리는 원형을 직접적으로 의식할 수는 없다. 우리가 보는 것은 원형이 아니라 원형의 작용이다. 정신은 원형에서 발생하는 충동의 두 방향이 대극을 이룸으로써 에너지가 풍부해진다.

다시 말해서 대극에 대한 인식작용이 활발해질수록 정신 에너지의 발생 또한 활성화된다는 것이다. 이것은 존재가 결국 대극에 의해서 가능해진다는 것을 보여주고 있다. 왜냐하면 모든 파악은 대극에 의해서 일어나기 때문이다.

47 「융의 개성화 과정에 대한 연구-헤세의 『데미안』, 『황야의 늑대』, 『싯다르타』를 중심으로」, 서울불교대학원대학교 석사학위논문, 2012.

즉 의식성이 없는 존재는 존재하지 않는다. 부처가 중생인 자아의식을 필요로 하는 이유가 바로 이것이다. 자신과 대상을 분별하는 자아의식이 없다면 부처 또한 있을 수 없는 것이다.[48] 우리가 존재한다는 것은 대극이 있기 때문이다.

여기서 분명하게 드러나는 것은 '무아無我'의 의미가 단순하게 '내가 없는 것'이 아니라는 것이다. 즉 깨달음을 얻는다는 것이 아무 생각이 없는 상태가 아니라는 말이다. 깨달음을 얻은 후에도 자아는 분명하게 존재하고 있다. 왜냐하면 자아의식이 바로 대극을 만들기 때문이다. 즉 모든 인식은 자아가 만들어내는 대극에 의해 가능하고 그것에 의해서 모든 것이 분명해진다는 의미이다. 그러므로 대극에 의한 인식이 없다면 깨달음 또한 일어날 수 없는 것이다.

십우도에서 소와 사람은 대극이었지만 결국은 하나가 된다. 아니 그 하나조차도 없다. 그것은 정신의 중심이 자아의식에서 무아의식으로의 이동을 의미한다. 하지만 그것을 자아의 제거라고 해석하면 안 되는 것이다. 자아는 존재를 존재로서 가능하게 하는 기능이다. 그러므로 현존은 자아가 만들어내는 대극에 의해서만 파악되어질 수 있는 것이다. 말하자면 대극은 존재의 본질인 셈이다.

> 원형은 충동의 형식원리이기 때문에 파란색 안에 붉은색을 품고 있다. 즉 보라색으로 나타나는 것이다. 또는 이 비유는 더 큰 파장 영역에 나타나는 잠재적(즉 초월적) 원형으로부터 충동을 유

48 『원형과 무의식』, pp.79~80.

도해낼 수 있듯이, 더 높은 주파수 영역에서의 충동의 본원을 의미할 수도 있다.…… 원형과 그의 대극간의 내적 친화관계를 보여주는 예로 보라색의 이미지를 추천하고 싶다.[49]

충동의 형식원리 자체가 대극을 품고 있는 것이다. 분리는 대극을 인식함으로써 일어난다. 분리는 정신의 전체성으로부터의 이탈이다. 그러므로 이제 다시 본원으로 돌아가 하나가 되어야 한다. 이것은 순환이다. 순환은 시작점을 출발하여 다시 시작점으로 돌아오지만 그것은 처음 출발하던 그 시작점이 아니라는 것이다. 즉 의식화에 의해서 근원으로 돌아가는 것은 무명 자체였던 처음의 근원과는 근본적으로 다르다는 것이 여기서 언급되어야 한다. 왜냐하면 폭발적으로 의식의 확장이 일어났기 때문이다.

정신은 의식과 무의식이 함께 있다. 의식이 사고思考적 측면이라면 무의식은 본능적 측면이다. 이것은 서로 대극을 이룬다. 대극은 극명하게 다른 성질이지만 내적으로 친화관계를 가지고 있다. 즉 인식의 최고점에 이르면 빨강과 파랑은 섞여 보라색이 된다. 연금술사들은 이것을 뱀이 자기 꼬리를 무는 우로보로스의 상징으로 표현했고, 십우도에서는 원(혹은 공空)으로 표현했다.

원은 분리된 정신의 통합이다. 통합은 대극을 인식하던 자아의식이 초월됨으로써 일어난다. 공空은 인식의 주체가 비어 있기 있기 때문에 무아無我다. 즉 십우도는 정신이 의식 저편에 무의식으로 남

49 『원형과 무의식』, p.78.

아 있는 본성을 찾아내고 그것을 인식하여 의식화함으로써 하나로 융합하는 것이다. 이것을 융은 보라색으로 설명하고 있다.

이것은 사찰의 구조에도 그대로 드러난다. 사찰의 일주문一柱門이 바로 분리된 정신의 통합을 상징한다. 일주문은 일심一心이다. 일심은 자아의 초월이자 무아의식의 출현이다. 무아의식이 출현함으로써 정신의 원시성들인 중생들의 구제가 가능해진다. 중생 구제의 성공을 알리는 문이 바로 천왕문天王門이다. 자아의식에 의해서 의식과 무의식은 대극으로 있었지만, 무아의식에 의해서 의식화가 일어난다. 무의식의 의식화 과정에 의해서 비로소 해탈문解脫門에 이를 수 있다.

그런데 여기서 재미있는 것이 발견된다. 양산 통도사에는 이 해탈문을 자하문이라고 써놓았다. '자하紫霞'는 자주 빛깔의 신비한 아름다움을 뜻한다. 부처님 몸에서 자줏빛 금색 안개가 나왔다는 것이다.[50] 자주색은 영어로 퍼플purple이고, 퍼플은 동시에 보라색으로 번역된다. 자주색은 파랑색이 붉은색보다 많은 것이고, 보라는 붉은색보다 파랑색이 더 많이 섞인 것이다.

원형은 상 그 자체일 뿐만 아니라 동시에 역동인 것이다. 이것은 신성력神聖力, 즉 원형적인 상의 매혹스런 힘 속에서 나타난다. 충동의 실현과 동화는 절대로 붉은색 쪽에서 이루어지지 않는

50 네이버 문화원형백과, 「사찰건축/절집」, 2003, 한국콘텐츠진흥원. http://terms.naver.com/

다. 다시 말해 충동의 영역으로서의 침강으로써 이루어지지 않고 오직 상의 동화를 통해서 이루어지는데, 이 상은 충동을 의미하는 동시에 충동을 환기시킨다. 물론 생물학적 수준에서 만나는 충동과는 다른 형태다.[51]

원형은 상이면서 동시에 역동이다. 개인이 세계를 인식하고 경험하는 정신적 소인은 원형에 있다. 충동의 진정한 의미를 알게 되는 것은 생물학적 수준의 충동에 사로잡히지 않으면서 완전하게 자기화하였을 때이다. 즉 충동의 영역으로 침강하는 것이 중요한 것이 아니라 그것을 제대로 의식화해낼 수 있어야만 하는 것이다.

충동의 의식화는 충동을 있는 그대로 인식할 때 일어난다. 그것은 자아의 초월인 무아의 절대의식에서만 가능하다. 무아의 절대의식이 기능하는 것을 견성見性이라고 부른다. 견성은 자아가 자신의 성품을 인식하는 것이다. 자아가 성품을 인식한다는 것은 자아가 인식의 중심에서 벗어나 있다는 의미다. 그것이 바로 자아의 초월이고, 자아의 초월에 의해서 충동의 상은 신성력神聖力으로 드러난다.

이처럼 충동은 양면성이다. 그러므로 소는 생물학적인 충동과 정신적인 충동의 양면성을 상징한다. 낮은 의식수준에서는 충동이 생물학적 형태 안에서 머물게 된다. 그것은 충동에 사로잡히는 것이다. 사로잡힘에는 의식이 없기 때문에 충동에 대한 본질적 이해가 일어나지 않는다.

51 『원형과 무의식』, p.77.

그러므로 높은 의식수준에 도달해야만 충동에 사로잡히지 않고 동화할 수 있다. 동화는 본성에 대한 이해로 발전한다. 견성이라고 말하는 신비현상 또한 이처럼 원형이 만들어내는 충동의 작용인 것이다.

4) 소는 원초적 심혼의 동물적 신성을 상징한다

십우도는 인간이 자신의 동물적 본능의 근저로 내려가는 일을 그려내고 있다. 이것은 물론 십우도만의 이야기가 아니다. 왜냐하면 원형은 집단적 형식이고 상像이기 때문이다. 즉 인간의 원초적 관념들의 근원지가 바로 원형인 것이다. 그러므로 원형은 어디서나 비슷한 관념의 출현이 가능하다는 것을 보여준다.[52] 십우도처럼 인간의 동물적 본능의 근저로 내려가는 상징적 신화들이 여러 곳에서 나타나는 이유가 바로 여기에 있다.

원형은 선과 악의 두 측면을 가지고 있는 대극이다. 결국은 인간이 선하고 악한 것도 모두 이 원형의 특성에서 기인한다. 무의식은 공포를 일으키기도 하지만 동시에 인간으로 하여금 이성적으로 생각하게 만들기도 한다. 본능적 인격의 복원을 이야기하는 것도 바로 이러한 원형의 특성 때문이다. 그러므로 소를 찾으러 가는 일은 자기 안의 본능적 인격을 복원하는 일이다. 옛 사람들은 그것을 디오니소스적 비의秘儀[53]라고 불렀다.

52 『인간의 상과 신의 상』, p.80.

53 『꿈에 나타난 개성화 과정의 상징』, p.162.

디오니소스의 사전적 의미는 술의 신으로서 황홀과 도취를 상징한다.[54] 술에 대한 상징적 의미는 십우도에서도 찾을 수 있다. 십우도의 마지막 그림에서 깨달음을 얻은 승려가 손에 술병을 들고 저잣거리에 서 있다. 물론 이 그림의 의미를 제대로 파악하지 못한 후대의 화가들이 그림에서 술병을 없애버렸다.

그러나 술병을 들고 있는 본래의 그림이 깨달음의 의미를 더 정확하게 알고 있다. 술은 이성적 사고를 중지시킨다. 그것이 상징하는 바는 자아의식의 초월이자 무아의식의 출현이다. 즉 무아의식이 정신의 중심으로 드러났다는 것을 묘사하고 있는 것이다.

디오니소스의 제의는 티벳 문화 영웅인 파드마 삼바바의 일화에서도 발견된다. "그렇다. 고귀한 스승은 중독될 정도로 술을 마셨고 제자들도 그렇게 하도록 가르쳤다. 그러나 그가 마신 것은 신들의 음료이며, 생명의 영약이며, 불사의 감로였다. 그것을 실컷 들이킨 사람들은 깊이 중독되었고 그리하여 현상세계의 모든 의식을 잃어버렸다."[55] 파드마 삼바바의 그림이나 초상에는 신성한 음료가 담긴 두개골의 잔을 들고 있다.

디오니소스는 이성의 인식체계를 망각했을 때만이 할 수 있는 체험이다. 이것을 뒤집어서 말하면 이성적 사고의 방해로 체험되지 않는 정신의 영역이 있다는 말이다. 불교가 자아의식의 초월을 말

54 두피디아, 디오니소스Dionysos, 두산백과. https://www.doopedia.co.kr/mo/index.do

55 『티벳 해탈의 서』, p.111.

하는 것도 이와 같은 맥락이다. 자아의식의 초월은 정신의 자유를 의미한다. 자아의식에 의해서 소외된 본능적 인격은 자아의식을 초월함으로써 만날 수 있다.

본능적 인격을 경험하지 못한 인간, 즉 이성적 인격으로만 사는 정신은 전체적 정신에서 볼 때 심각한 불균형이다. 그러므로 본능적 인격을 경험한다는 것은 정신의 전체성에 다가서는 것이다. 자신의 근원을 아는 사람과 모르는 사람의 차이는 엄청나다. 근원을 아는 사람은 자기 내면의 어두운 성질을 밖으로 투사하지 않는다. 자기 안에서 인식한다는 것은 그것을 의식화한다는 말이다. 자기 안의 원시적 성질을 인식하지 않는 사람은 그것을 모두 밖으로 투사한다.

세상에서 도덕군자만큼 비정한 사람도 없다. 그는 자기 안에 비도덕적 성질들을 모두 밖으로 투사하기 때문에 자기 안에서 아무런 잘못을 발견할 수 없다. 그러므로 그는 타인의 잘못에 대해서 비정할 만큼 차가워질 수 있는 것이다.

자신의 어리석음을 인식하지 못하는 사람은 다른 이들의 어리석음을 이해하지 못한다. 자기 안의 어리석음을 발견하는 사람만이 타인의 어리석음을 비난하지 않고 이해한다. 그러므로 본능적 인간을 복원하는 일은 정신의 근원에 대한 전면적인 인식이자 이해다.

융은 디오니소스적 동기가 인간의 감정 상태나 정서와 관계한다고 본다.[56] 즉 이성적 인간이 억압한 감정과 정서는 원초적 심혼에

56 『꿈에 나타난 개성화 과정의 상징』, p.180.

그 뿌리를 두고 있는 것이다. 그러므로 디오니소스적 비의秘儀는 원초적 심혼에 대한 경험을 의미한다. 전체정신은 이성이나 본능 어느 한쪽이 아니다. 정신은 이성이면서 동시에 본능이다.

즉 정신은 의식이면서 동시에 무의식이다. 그러므로 전체성이 되기 위해서는 억압되고 소외된 본능의 인격을 복원해야만 한다는 것이다. 왜냐하면 심혼의 동물성은 야수이면서 동시에 신성이기 때문이다. "디오니소스는 모든 인간적 특질이 원초적 심혼心魂의 동물적 신성 속에 열정적으로 잠겨들 때의 메울 수 없는 심연을 의미한다."[57]

융은 지성에 의존되어 있는 사람들은 심혼을 잊는다고 말한다. 왜냐하면 지성은 심혼을 이해할 능력이 없기 때문이다. 그러나 역설적이게도 지성은 삶의 이치에 지극히 무심하지만 무의식의 카오스와 연결되어 있다는 것이다. 지성에 의존되어 있는 사람들에게 심혼은 잠시 의식의 뒤로 물러난 것처럼 보이지만, 어느 순간 심혼은 지성을 사로잡아버린다.

이것에 대한 것으로 융은 다음의 예시를 든다. 즉 인간은 사람을 죽이는 무기를 개발하면서도 그것이 무엇을 의미하는가를 잊어버린다. 그는 직업인으로서 직무에 충실할 뿐이기 때문에 자신이 하고 있는 일의 결과가 무엇인지에 대해 의식하지 않는 것이다. 어쩌면 그의 관념에서 바라보는 적敵은 악이고, 악을 소멸하기 위한 작업의 일환이라고 생각하고 있을 수도 있다.

57 『꿈에 나타난 개성화 과정의 상징』, p.116.

그러므로 인간을 사로잡는 심혼의 힘이 의식화 과정을 거치지 않을 때 그것은 온갖 이유를 가져다 붙인 전쟁이라는 이름의 합법적 살인들이 자행된다. 수많은 신화의 주제가 전쟁으로 표현되고 있고, 인간의 역사가 전쟁의 기록으로 이어지는 것도 원형에 있는 선과 악의 두 대극이 현실로 투사되고 있음을 보여준다.

혜능은 선과 악이 원천적으로 정신의 성질로서 존재하지만 어떤 것을 사용하느냐는 개인의 의식수준에 달려 있다고 말한다. 의식의 수준이란 아이큐 지수가 아니다. 의식성은 깨어 있음이다. 깨어 있다는 것은 감성이다. 그 감성이 어디서 오는 것일까? 심혼에 그 원천이 있다. 깨달음은 감성의 세포가 활짝 피어나는 일이다. 그러므로 본능의 인격이 복원되는 것은 감성이 온전하게 살아나는 일과 깊게 관련되어 있다.

원형이 가지고 있는 대극의 특성이 자아의식에게는 혼돈의 삶을 일으킨다. 선과 밝음을 추구하는 의식이 무의식의 원시성을 두려워하기 때문이다. 하지만 악으로 구분되는 원시성 역시 정신의 바탕이다. 그러므로 그것은 과일의 썩은 부분을 자르듯이 분리될 수 있는 것이 아니다. 그것은 오직 의식의 조명을 받을 때 정신의 본래적 기능으로 돌아갈 수 있는 것이다. 이것은 우리가 자신의 무의식성에 깨어 있어야 하는 이유를 알려준다.

의식수준의 높은 단계에서 선과 악의 공동 기능이 갖는 의미를 찾아낼 의무가 주어지는 것이다. 대극에 의해서 분명한 인식이 일어남으로써 의식화 과정을 밟게 된다. 의식화는 대극적 갈등을 끝

내는 일이자 정신 통합의 길이다.[58]

깨달음이란 자기 자신 안에 있는 대극을 인식하는 일이다. 한마음은 대극을 인식함으로써 가능해지기 때문이다. 대극을 아무런 편견이나 두려움 없이 '있는 그대로' 인식할 수 있는 정신적 기능을 불교에서는 부처라고 부른다.

그러므로 소는 자아의식의 입장에서 대극으로 바라보던 원초적 심혼에 대한 상징이다. 원초적 심혼은 동물의 상으로 나타나지만 그것의 본질은 신성이다. 이것이 바로 소를 찾아 길들여야 하는 이유다.

5) 소는 변환의 상징이다

의식과 무의식이 대극으로 대치되어 있는 한 의식이 갖는 긴장감은 말할 수 없이 크다. 왜냐하면 무의식은 자아의식에게 죽음을 연상시키는 공포로 다가오기 때문이다. 그러므로 마음의 불안은 극대화된다. 불안에 몰린 사람이 할 수 있는 일이란 그것으로부터 도망치는 일이다. 온갖 중독 현상들은 불안한 자신을 잊기 위한 다양한 수단들이다. 조직적 종교 활동에 빠지는 일 또한 근원적으로 불안한 자신에 대한 보상이다.

> 너는 무의식에서 도망가기 위하여 종교와 더불어 그것을 시도하고 있다. 너는 종교를 너의 심혼의 삶의 일부에 대한 대치물로

58 『원형과 무의식』, p.148.

이용하고 있다. 그러나 종교는 삶, 즉 양 측면을 모두 포함하는 삶의 완성이며 절정이며 열매인 것이다.[59]

신경증은 심혼의 삶을 알리는 무의식의 경고라고 융은 말한다. 그러나 자아의식이 두려움에 사로잡혀 있는 한 무의식이 알리는 경고의 의미를 알아차리지 못한다. 자아가 불안한 것은 이미 앞에서도 언급한 바와 같이 진리를 도덕적 완성으로 보기 때문이다. 이러한 자아의식의 기준에서 무의식의 동물적 성질을 수용할 수 없는 것이 당연하다.

그러나 진정한 종교는 선과 악이라는 양 측면을 모두 포함하는 것이다. 심혼의 두 대극을 자기 안에서 포용할 수 있을 때 종교적 삶은 완성된다. 이것이 바로 십우도에서 그리고 있는 공空의 만다라가 드러내는 자리다. 공은 선과 악을 구분하는 자아의식이 아니라 그 모두를 수용하는 무아의식이다. 무아의식이 인식의 중심으로 자리하면서 대극은 극복되고 분리되었던 정신은 전체성으로 통합된다.

깨달음을 추구하는 사람은 자신이 직접적으로 자기 내면의 원시림 속으로 황소를 찾아 나선다. 그들은 황소로 상징되는 무의식으로부터 도망치지 않고, 그것을 피하려고 종교에 의존하지도 않으며, 심혼적 삶의 대치물로 종교를 이용하지도 않는다. 소를 찾아 나선 자는 이미 진정한 종교의 의미를 알고 있기 때문이다.

59 『인간의 상과 신의 상』, p.68.

진정한 종교는 외부에서 발견되는 것이 아니라 분리로 일어나는 정신의 문제를 발견하는 일이다. 정신이 분리되어 있다는 것을 아는 사람만이 한마음(一心)에 대한 진정한 의미를 찾는다. 소를 찾아 나서는 사람은 자기 안에 무의식을 찾아 인식하고 길들이고 의식화함으로써 묵묵히 통합해 간다.

소를 찾아 나서기 이전에는 종교적으로 의존되어 있었다. 그것은 의식이 허용할 수 없는 불쾌한 감정의 요구들을 종교적 헌신을 통해 회피하거나 종교적 관념의 거룩하고 깨끗한 감정으로 대체해 왔다는 것을 의미한다. 그러나 이제는 자신의 감정적 요구들을 더 이상 피하지 않는다. 그 감정들로 인해 현실적으로 만날지도 모를 곤란한 상황에 대해 두려워하지도 않는다. 왜냐하면 그것만이 고통으로부터 빠져나올 수 있는 방법이며, 삶의 완성으로 인도할 수 있기 때문이다.

> 변환은 바로 가장 낮은 것에서 가장 고귀한 것으로, 동물적이며 고태적인 유아성에서 신비적인 '최고의 인간(homo maximus)'으로 이어진다. 재생의식의 상징성은, 진지하게 생각해보면, 단순히 유아성과 고태적인 점을 넘어서 선천적이고 심리적인 소질을 가리키는데, 그것은 동물적 차원까지 거슬러가는 조상의 모든 삶의 결과이며 침전물이다. 그렇기 때문에 그것은 조상의 상징이며 동물의 상징이다. 중요한 것은 의식과 생명의 진정한 원천인 무의식이 분리되는 것을 지양하고, 유전적이고 본능으로 구성된 자연적 토양과 개체의 재결합을 이끌어내고자 하는 노

력이다.[60]

변환은 동물적이며 고태적인 유아 수준에 머물던 의식성이 '최고의 인간(homo maximus)'으로 불리는 가장 높은 의식성으로 바뀌는 것을 말한다. 그런데 그러한 정신의 변환은 정신의 가장 낮은 곳, 즉 무의식으로 침잠했을 때에만 일어나게 된다. 그것은 정신을 분리시키는 자아의식으로서는 할 수 없다. 그러므로 자아의 초월이 요구된다.

자아의 초월은 자아의 희생이다. 즉 자아가 죽어야만 무아의식이 태어난다. 재생의식은 동물적 차원까지 거슬러 올라가는 선천적인 심리적 소질에 대한 자기관조다. 그것은 의식과 생명의 원천인 무의식과 진정으로 하나 되는 일이다. 모든 개체는 자연 정신인 무의식과의 재결합을 통해서만이 온전한 정신으로 거듭날 수 있는 것이다.

자아의식의 판타지는 깨달음을 찾아 가장 높은 곳을 지향志向하게 만든다. 그러나 자신의 소를 찾는 사람은 자신의 가장 내밀한 것들로 이루어져 있는 집단무의식으로 하강한다. 소는 지적이고 세련된 성인成人과 반대되는 동물적이며 고태적인 유아성이다.

그런데 진리의 가장 고귀한 진수는 가장 낮고 보잘 것 없는, 투박하기 짝이 없는 그것에 있다. 그것이 황소를 깨달음의 상징으로 사용하는 이유다. 황소는 열정, 욕정을 나타내며 수태를 의미하는 남

60 『꿈에 나타난 개성화 과정의 상징』, p.168.

근이다. 말하자면 생명 에너지로서 생산성을 상징한다.[61] 여기서 말하는 수태는 정신적 생명에너지로서의 잉태다.

자연의 모든 창조는 음과 양의 결합으로 이루어진다. 그러므로 양의 측면인 의식과 음의 측면인 무의식으로 분리되어 있는 정신 안에서는 어떤 것도 새롭게 태어날 수 없는 것은 당연하다. 의식과 무의식의 만남에 의해서 새로운 인격은 탄생할 수 있는 것이다. 이것이 바로 인간이 깨달음을 추구하는 이유이고 소를 찾아 나서는 이유다.

분리된 정신이 한마음으로 통합하는 것은 필연적이다. 의식과 무의식은 모두 정신적 성질이다. 그러므로 어느 한쪽을 택하고 어느 한쪽을 버릴 수 없다. 그것이 바로 자연의 법칙이고, 정신도 바로 자연이기 때문이다.

황소는 의식 아래로 가장 깊이 숨겨진 무의식이며, 정신의 근원에 대한 상징이다. 황소로 의미되는 남근적 의미는 정신의 통합에 의해서 새롭게 태어나는 정신의 재탄생을 상징하고 있다. 그러므로 황소가 상징하는 리비도를 찾아내야 하는 것은 너무도 당연하다. 리비도는 원형이다. 융은 세상에 표현되고 있는 수많은 신들의 모습 또한 리비도의 특성을 지니고 있다고 말한다.

61 『상징과 리비도』, p.149. 본래 인도 유럽 어족語族의 신이었다가 로마제국에 의해 널리 숭배된 미트라스Mithras 제의에 등장하는 황소신은 '세계 축의 수호자' 혹은 천하무적의 태양이다.

즉 세상에 존재하는 모습들은 다 정신의 내용물들이다. 이것을 불교에서는 제법諸法이라고 표현한다. '나'를 중심으로 살고 있는 자아의식의 좁은 관념으로서는 제법을 포용할 수 없다. 자아가 초월되어야만 자기 내면의 황소를 만날 수 있다. 황소와 하나가 되었을 때 리비도의 특성에 대한 통찰이 일어난다. 그것을 통찰하는 과정을 열 개의 과정으로 나누어 놓은 것이 십우도다.

> 동물이 인간으로 변신하며 아직 형태가 없는 '생명 덩어리'는 파충류와의 마술적 접촉을 통해 '신성화된'(조명된) 인간의 머리로 변한다는 것이다. 동물 같은 생명 덩어리는 의식과의 합일되어야 하는 본래 무의식의 전체성을 대표할 것이다. 그것은 뱀으로 추측되는 파충류가 제식에 사용되면서 생겨난다. 뱀에 의한 변신과 신생의 관념은 잘 입증된 하나의 원형이다. 그것은 신을 표현하는 치유의 뱀이다.…… 배사 교도들에게 그리스도가 뱀이었다. 인격의 신생이란 관점에서 뱀의 상징성이 가장 뜻 깊게 형상화된 것이 쿤달리니 요가에서 발견된다.…… '형태 없는 생명 덩어리'는 곧장 연금술적 '혼돈', 즉 창세 이래로 신성한 생명의 싹을 품고 있는 '덩어리'나 '무형의 재료', 혹은 '혼돈'을 연상시킨다. 미드라쉬Midrasch에 따르면 비슷한 방법으로 아담이 창조된다. 즉 신은 처음에 먼지를 모으고 다음에는 거기에서 형태 없는 덩어리를 만들어내며 그 다음에는 팔다리 등을 창조한다. 그런데 이러한 변신이 행해지기 위해서는 '순환적 발전', 즉 창조적 변환의 장소인 중앙으로의 완전한 집중이 반드시 이루어져

야 한다.[62]

소는 무의식의 전체성을 대표하고, 사람은 의식을 대표한다. 의식화되지 않는 동물은 생명 덩어리에 지나지 않는다. 동물은 의식과의 마술적 접촉을 통해 '신성화된 인간'의 머리로 변할 수 있는 것이다. 여기서 '신성화된 인간의 머리'는 자아의식의 머리가 아니라 무아의식의 머리임이 밝혀진다.

자아의 의식은 부분의식이지만 무아의 의식은 전체의식이다. 자아의식이 촛불이라면 무아의식은 태양이다. 태양이 그 어떤 것을 구분하여 비치지 않듯이 무아의식 또한 마찬가지다. 그러므로 그것을 절대의식이라고 말하고, 절대적 객관성이라고 말하는 것이다.

이것이 신성으로 표현되어지는 것은 모든 창조의 근원이기 때문이다. 동물이 인간으로 변신한다는 것은 무의식의 의식화이다. 그러므로 소를 만나고, 소를 길들이고, 소와 '나'가 하나가 되는 것도 모두 정신적 변화를 표현하고 있는 것이다.

그리고 한 단계 더 나아가 소도 없고 나도 없다. 즉 공空이다. 공이란 비어 있음이다. 즉 '나'가 보고, '나'가 듣고, '나'의 경험이라고 생각하는 주체가 없다. 인식 그 자체만이 있을 뿐이다. 그래서 불교에서는 이것을 무아無我라고 말하는 것이다.

무아는 그 어떤 관념의 틀도 갖지 않는 순수의식이다. 그렇기 때문에 무아는 최고의 인식으로 기능할 수 있는 것이다. 이러한 근거

62 『꿈에 나타난 개성화 과정의 상징』, pp.181~183.

위에서 무아는 단순히 '나'가 없다는 말이 아니다. 무아는 곧 의식인 것이다. 무아의식의 출현은 변신을 위한 '중앙으로의 완전한 집중'에 의해서 일어난다.

이것은 자아의 인격에서 무아의 인격으로의 완전한 변환이자 뱀이 껍질을 벗는 것처럼 완전히 새로운 탄생이다. 이것이 바로 자아가 깨달음을 얻어야 하는 근본적인 이유다. 그러므로 불교에서 말하는 깨달음이란 자아가 정신의 중심이 아니라는 것을 알아차리고 무아의식에게 주체를 내 주는 일이다. 소로 표현되는 무의식적 인격에서 사람으로 표현되는 의식적 인격으로의 변환이다.

3. 십우도와 영웅 신화

1) 영웅 신화는 무의식의 드라마다

융은 원시심리학과 신화학이 정신의 깊은 층을 이해하는 데 도움을 준다고 말한다. 왜냐하면 집단무의식의 원형적 재료들은 개별적으로 변이되기는 했지만 그것은 정신의 보편적 토대를 이루고 있기 때문이다.[63]

실제로 융은 현대인의 꿈이나 환상에서 보이는 상징들이 고대 원시의 신화에서 나타나는 상징들과 밀접한 관련이 있음을 알아냈다. 이것은 상징 그 자체가 정신의 내용이라는 말과 일치한다. 그렇다면 우리가 인간의 본질, 인간의 마음을 탐구하기 위해서는 상징의 중요성을 무시할 수 없을 것이다.

영웅 신화는 그리스·로마·중세·동아시아를 비롯해 현재도 원시종족으로 살고 있는 공동체에서도 모두 공통적으로 나타난다. 이러한 현상을 인간본연의 정신세계라고 주장할 수 있는 근거가 있다. 즉 문화적 교류가 전혀 없는 곳의 부족이나 종족에서도 비슷한 구조의 공통된 형태를 유지하고 있다는 점이다. 뿐만 아니라 현대인조차도 여전히 그러한 것들을 꿈을 통해서도 경험한다는 것이다.

63 『꿈에 나타난 개성화 과정의 상징』, p.47.

그러므로 융은 영웅 신화를 무의식이 투사되어 만들어지는 것이라고 본다. 영웅이란 비범한 존재다. 그는 어떤 것도 해결할 수 있는 지혜와 재능을 가졌고, 그 어떤 고난도 해쳐나갈 수 있는 용맹과 힘을 가지고 있다. 말하자면 영웅에는 신의 모습이 투영되어 있다. 인간의 정신에는 이러한 영웅의 원형이 이미 존재한다. 그것이 융에게는 자기(Selbest)가 되고, 불교에서는 부처가 되며, 기독교에서는 그리스도가 된다.

영웅 신화는 무의식의 드라마이며, 영웅은 신으로의 변환을 연기하는 배우라고 융은 말한다. 언제나 실재를 거부하며 이상적 판타지를 꿈꾸는 자아의식은 영웅이 가진 이러한 신성을 열망하여 영웅과 자신을 동일시하게 된다. 그러나 동일시는 자아의 팽창으로 이어진다. 자기와 자아(혹은 부처와 중생)의 동일시로 일어나는 팽창은 과대망상과 같은 병리적 현상이다.[64] 이것이 자아의 죽음 혹은 자아의 초월이 요구되는 이유다.

영웅에 대한 상징성은 자아 강화에 관한 이야기다. 높은 성의 탑 안에 갇힌 공주를 구하려는 영웅에게는 어려운 역경을 뚫고 나갈 강력한 체력이 필요하다.[65] 자아 역시 무의식을 의식화하기 위해서는 강력한 자아의식의 구조가 필수적이다. 자아의식의 구조가 튼튼해야 엄청난 무의식의 에너지를 흔들림 없이 감당할 수 있다.

이러한 정신의 구조가 영웅 신화의 모티브가 되는 것이다. 유명

64 『영웅과 어머니의 원형』, pp.368~369.

65 『인간과 상징』, pp.83~84.

한 현대 만화영화 슈렉Shrek의 이야기를 해보자. 슈렉 역시 영웅 신화의 구조 위에 그려진다. 주인공 슈렉은 저주에 걸려 용이 지키는 높은 성에 갇힌 피오나 공주를 구하고, 동화 속의 귀여운 주인공들을 다 쫓아낸 무정한 파콰드 영주를 응징하러 간다.

물론 이러한 영웅 신화의 구성이 페미니스트들을 불편하게 만들 수 있다. 그러나 심층심리학적으로는 충분한 근거를 가지고 있다는 것에 주목해야만 한다. 영웅 신화가 거의 남성이 주인공이 되는 것은 정신적 구조를 나타내는 상징성 때문이다.

무의식은 의식을 낳은 어머니로서의 여성성이고, 의식은 모성을 그리워하는 자식으로서의 남성성이다. 무의식의 상징인 여성성은 아이에게는 어머니의 상징으로 나타난다면, 성인된 남자에게는 여성성이 아니마로서 나타난다.

영화에서 피오나 공주를 만나기 전의 슈렉은 건장한 힘을 가졌지만 아무도 자신의 곁에 두지 않는 거칠고 고독한 초록 짐승에 불과하다. 심리학적으로 해석하자면 피오나 공주는 슈렉이 잃어버린 감성, 즉 무의식의 영역이다. 의식의 힘을 강화시키기 위해서 남성성이 강조되면서 자연스럽게 무의식의 영역인 여성성을 억압하게 된다. 그러나 의식의 힘이 강화되면 무의식을 충분하게 의식화할 수 있다.

영화에서 슈렉은 높은 성에 갇힌 피오나 공주를 용의 온갖 저항에도 불구하고 구출한다. 용은 무의식의 부정적이고 무자비한 행위를 상징한다.[66] 슈렉과 피오나 공주의 성공적인 사랑은 자아의식과 무의식의 진정한 만남이자 통합이다.

힘은 장사지만 혼자 고독하게 사는 슈렉처럼 모든 신화에서 영웅들은 태어나면서부터 부모로부터 버림을 받는다. 그러나 영웅은 스스로를 강인하게 단련함으로써 온갖 역경과 고난을 헤쳐 나간다. 물론 진정한 영웅이 되기 위해서는 무의식의 도움은 필연적이다. 왜냐하면 영웅이 갖는 지혜와 비범한 능력은 의식의 영역이 아니라 무의식의 영역이기 때문이다. 그러므로 의식은 무의식의 힘을 빌릴 수밖에 없다.

이것은 현실생활에서도 마찬가지다. 현실에서 감당하기 힘든 삶의 무게를 짊어져야 하는 개인이 자신의 힘으로는 도무지 그 일을 해결할 수 없다고 생각할 때, 그는 종교적 힘에 의존하게 된다. 실제로 그런 사람들은 자신도 상상할 수 없을 만큼의 의지로 문제를 해결하는 경우가 많다. 기독교인들은 그리스도에게 자신의 삶의 맡긴다고 말하고, 불교인들은 부처님께 맡긴다고 말한다.

이때 자아는 자신의 힘보다 보이지 않는 힘에 의존하는 것이다. 그 보이지 않는 힘을 융 심리학에서는 무의식의 정신이라고 말한다. 실제로 무의식에는 신이나 부처로 부를 만한 신비한 힘이 들어 있다. 그것이 치유능력·예언능력·타심통과 같은 신통력으로 나타난다. 미래를 예언한 꿈들은 역사적 기록으로 확인되기도 한다.

> 그러나 우리의 의식적 생각들이 흔히 미래와 미래의 가능성에 몰두하는 것처럼, 무의식과 그 표현인 꿈도 미래를 생각한다. 꿈

66 『영웅과 어머니의 원형』, p.341.

의 중요한 기능이 미래에 대한 예언이라는 일반적인 믿음은 오래 전부터 내려왔다. 고대로부터 중세까지도 꿈은 병의 예후를 판단하는 역할을 했다. 나는 현대인의 꿈을 빌려 그 사실을 증명할 수 있는데, 이미 2세기경 달디스Daldis의 아르테미도루스Artemidorus가 옛날 꿈을 인용하여 이와 같은 꿈의 예후(또는 사전 인지적 요소)를 제시했다. 한 남자가 그의 아버지가 집에서 불이나 불길에 싸여 죽는 것을 보는 꿈을 꾸었다. 얼마 지나서 그 자신이 플레그모네(phlegmone: 蜂巢炎, 불 또는 고열을 의미)라는 병으로 죽었다. 내 생각에는 그것은 폐렴이었으리라 생각된다.[67]

꿈은 무의식이다. 그러므로 꿈은 무의식의 언어를 사용한다. 꿈에서는 불이었지만 현실에서는 고열이다. 꿈의 예언은 적중한 셈이다. 인간은 자신도 의식하지 못하는 사이에 무의식의 이러한 신비적 능력을 믿는다. 그것의 대표적인 예가 인간이 오랜 세월을 거쳐 꿈꾸어 왔던 피안의 세계에 대한 염원이고 온전함에 대한 열망이다.

온전함에 대한 정신의 목적지향성이 존재하지 않는다면 인간에게 그러한 열망 또한 일어나지 않았을 것이다. 그러므로 이상향에 대한 판타지들은 의식이 만들어내는 것 같지만 사실은 무의식으로부터 올라오는 것이다.

예지적 꿈은 의식이 미래에 대해서 알지 못하지만 무의식은 미래

67 『인간과 상징』, pp.83~84.

를 알고 있다는 것을 나타낸다. 이것은 의식적 추론 또한 무의식의 발현이라는 것을 추정 가능하게 만든다. 그렇다면 인간의 깊은 생각과 창의적인 생각들의 근원이 바로 무의식이라는 사실을 우리는 부정할 수 없다. 그러므로 그 모든 것들의 근원이자 정신의 중심으로 있는 자기(Sebst) 혹은 부처를 찾아 나서는 일이 당연하고도 정당하다고 할 것이다.

영웅 신화에서 영웅이 획득하고자 하는 것은 불멸성이다. 불멸성을 얻기 위해서 영웅은 자신을 희생해야만 한다. 영웅은 자아의식이고 영웅의 죽음은 자아의식의 죽음이다. 자아의 죽음을 심리학에서는 자아의 초월이라고 한다. 자아의 초월은 새로운 인격으로의 재탄생을 의미한다. 재탄생은 무아의식이 중심이 되는 삶이다. 자아는 시간과 공간에 의해서 존재하지만 무아의식은 시간과 공간을 초월해 있다. 그렇기 때문에 무아의식은 불멸성이 되는 것이다.

그러므로 융은 붓다와 그리스도를 영웅적인 것의 본보기라고 말한다.[68] 붓다와 그리스도로 불리는 심리학의 자기(Selbst)는 전체정신의 중심이다. 자기(Selbst)는 의식과 무의식을 동시에 함유하기 때문에 가장 중심적이고 가장 중요한 원형이다. 자기원형 안에서 선과 악은 하나다. 그러나 자아가 원형을 밖으로 투사하면 부처는 거룩한 존재와 어리석은 중생으로 와해되고, 그리스도는 신의 아들과 악마로 와해되면서 대극을 이룬다.[69]

68 『영웅과 어머니의 원형』, p.240.

그런데 여기서 중요한 점은 대극성의 역할이다. 태초의 정신은 무의식의 혼돈덩어리였다. 그러나 의식이 태어나고 그 본체인 무의식과 분리되면서 의식은 무의식과의 대극을 경험하게 된다. 대극이 선명하게 드러날수록 의식성은 더욱 강화되고, 강화된 의식에 의해서 무의식은 의식화 과정을 밟을 수 있다. 의식화 과정은 분리된 정신이 한마음으로 통합하는 것이다. 이와 같은 정신의 분화과정을 통찰하는 사람은 그것을 대장정의 드라마라고 부르지 않을 수 없을 것이다.

2) 십우도는 영웅 신화가 보여주는 잃어버린 모성을 찾고 있는 상像이다

헤르만 헤세는 융 학파에게 정신분석을 받으면서 개성화 과정을 직접적으로 경험했다고 알려진다. 그런 이유 때문에 헤세의 작품에는 정신구조에 대한 깊은 이해가 담겨 있다. 그의 주요작품들에 나타나는 정신구조에 대한 상징성은 문학을 넘어 심리학 그 자체를 묘사하고 있다고 해도 결코 과언이 아니다.

헤세의 작품 『나르치스와 골드문트(*Narziß und Goldmund*)』에서 주인공 골드문트는 잃어버린 어머니를 그리워한다. 골드문트의 어머니는 이교도 출신의 가난하고 야성적이었던 댄서였다. 골드문트의 아버지는 행정과 군사의 대권을 장악하고 민회를 소집할 수 있는 최고의 지위인 집정관이었다. 골드문트의 아버지는 자신의 사회적 지위와는 전혀 어울리지 않는 어머니를 개종시키고 교육시켜 품

69 『영웅과 어머니의 원형』, p.328.

위를 높여주고자 온갖 노력을 기울였으나 결국은 실패하고 말았다. 아버지는 부인을 쫓아낼 수밖에 없었고, 골드문트는 자신의 어머니가 마녀라는 악평을 듣고 자라야 한다. 자신이 그런 어머니의 아들이라는 것만으로도 품위를 손상시키는 일이기에 어머니를 기억에서 지워버린다. 그러나 골드문트는 자신이 어머니를 얼마나 그리워하는지를 깨닫게 된다.[70]

여기서 어머니는 무의식의 전체를 상징하는 정신적인 상像으로서 의식을 태어나게 만든 정신의 모성이다. 의식이 무의식으로부터 분리되면서 자아는 자신의 근원적인 세계를 잃어버린다. 자아는 잃어버린 어머니인 심혼을 쉽게 찾을 수 없다. 왜냐하면 심혼은 모든 죄에 쉽게 빠지게 만드는 근원이자 금지된 영역이기 때문이다.[71]

도덕적 규율의 금지된 세계를 상징하는 아버지가 충동의 세계인 어머니를 길들이려 하는 것은 너무도 당연하다.[72] 그러나 무의식은 의식과는 다르게 길들여지지 않는 정신이다. 그러므로 이성적 세계인 아버지는 심혼인 어머니를 쫓아낼 수밖에 없는 것이다. 어머니는 생명의 근원이지만 이성과 제도를 무너지게 할 수 있는 위험성이기 때문이다.[73] 그러한 위험성에도 불구하고 골드문트가 자신의 어머니를 그리워하는 것은 그 누구도 자신의 본성을 떠나 살 수 없

70 『나르치스와 골드문트』, p.61.
71 『영웅과 어머니의 원형』, p.421.
72 『영웅과 어머니의 원형』, p.161.
73 『꿈에 나타난 개성화 과정의 상징』, p.94.

기 때문이다.

'어머니'란 실제로는 하나의 이마고Imago, 단지 정신적인 상像이라는 사실이다. 이 어머니-이마고는 매우 다양하지만, 틀림없이 매우 중요한 무의식의 내용들을 갖고 있다. '어머니'는 아니마의 원형이 처음으로 육화된 것이면서, 심지어 무의식의 전체를 의인화하는 것이다. 따라서 퇴행은 단지 표면적으로 어머니에게 되돌아가는 것이다. 그러나 어머니는 사실 무의식적으로, 즉 '어머니의 왕국으로 들어가는 입구이다.[74]

새로운 인격, 즉 중생이 부처로 다시 태어나기 위해서는 무의식이라는 어머니를 만나야만 한다. 왜냐하면 무의식은 정신의 근원을 나타내는 정신의 총체이기 때문이다. 정신의 전체성을 알지 못한다면 자신이 누구인지 알 수 없다. 자아는 모든 것을 외부적 형상으로 체험한다. 원형이 육신의 형상을 갖는 것도 그러한 이유다.

융은 정신이 여성성과 남성성을 함께 가지고 있는 자웅동체라고 말한다. 만물의 이치가 음과 양의 조화에서 생겨난다는 것을 안다면 이러한 이론은 전혀 근거 없는 것이 아니다. 여성적 요소보다 남성적 요소가 지배적이면 남자로 태어나고, 남성적 요소보다 여성적 요소가 지배적이면 여성으로 태어난다. 남성은 남성성이 드러난 측면이라면, 드러나지 않은 여성적 요소들은 모두 내면에 잠재되어

74 『영웅과 어머니의 원형』, p.270

있다. 여성 또한 여성성이 우세하게 드러나 있는 대신 드러나지 않는 남성성은 모두 내재되어 있는 것이다.

드러난 것, 즉 외면적인 것만을 인식하는 자아의식은 자기 내면에 잠재된 성질들을 인식하지 못한다. 더구나 관습적 사회의 특징은 여자에게는 여성성을, 남자에게는 남성성을 강조해 왔다. 그러한 분위기는 더욱더 자신의 숨겨진 성향에 대해서 알지 못하게 하는 역할을 한 것이다.

그러므로 내면적 성질을 인식하지 못하는 의식적 인격은 자신의 숨어 있는 반대의 성을 외부에서 찾을 수밖에 없다. 인간이 짝을 찾아 나서는 것은 자기 내면에서 잃어버린 자신을 찾는 일이기도 하다. 그러나 타인의 것이 자신의 것이 될 수 없다. 이렇게 본다면 많은 이들이 이성간의 사랑에 의해서 상처받는 것은 어쩌면 당연한 일일 것이다. 왜냐하면 자신의 내면에서 잃어버린 것을 외부에서는 찾는다는 자체가 이미 잘못되어 있기 때문이다.

어머니에게 돌아간다는 말은 심리학적으로 퇴행 또는 내향화이다. 소를 찾으러 가는 일이 바로 퇴행이자 내향화인 것이다. 모든 종교적인 형성물은 리비도에 의해서 만들어진다고 융은 말한다. 소를 찾아 나서는 일도 결국 자기 안에 있는 정신적 에너지의 힘에 의해서다. 소를 찾는 일은 자신의 근원과 관계를 맺는 끈을 형성하는 일이다.[75] 그러므로 소는 무의식이다.[76]

75 『영웅과 어머니의 원형』, p.427.

76 『영웅과 어머니의 원형』, p.221, p.125.

소는 생명을 수태하는 상징성으로서 시초의 존재를 상징한다. 무의식은 '영적인 어머니'로서 모든 것을 낳는 출산의 여신이자 영양을 공급하며 키우는 보호의 신이다. 그러나 동시에 저승의 문지기로서 죽음을 상징하는 어머니이기도 하다. 왜냐하면 의식이 무의식을 받아들일 충분한 준비가 없는 상태에서 무의식이 돌발적으로 출현한다면, 그것은 의식을 파괴시킬 수 있는 광기의 원흉이 되기 때문이다. 그러므로 어머니는 삶과 죽음, 선과 악을 동시에 가지고 있는 대극이다.[77]

> 모든 심리학적 극단은 암암리에 그 대극을 내포하거나 그 대극과 가장 밀접하고도 본질적인 관계를 맺는다. 그렇다. 바로 이 대극성으로부터 그가 갖는 고유의 역동성이 나오는 것이다. 그때마다 그의 대극으로 전도되지 않는 거룩한 관습이란 없는 법이다. 어떤 하나의 입장이 극단적이면 극단적일수록 오히려 대극의 반전, 즉 에난치오드로미Enantiodromie가 더욱 예상될 수 있다. 최상의 것은 악마적으로 왜곡될 위협을 가장 많이 받는다. 왜냐하면 최상의 것은 나쁜 것을 가장 많이 억압하였기 때문이다. 자신의 대극과의 이와 같은 특이한 관계는 결국 언어에도 나타난다.…… 어떤 민담에서 '신'으로 표기되어 있는 것이 다른 이본에는 악마로 표시되어 있는 것과 같다.[78]

77 『영웅과 어머니의 원형』, pp.333~335.

78 『영웅과 어머니의 원형』, p.342.

인간은 끊임없이 갈등하면서 사는 존재다. 갈등만큼 인간을 힘들게 하는 것도 없다. 왜냐하면 갈등은 근원적 혼란이면서 현실적인 고통이기 때문이다. 갈등은 정신이 구조적으로 가지고 있는 대극적 요소에서 온다. 대극은 정신의 본질이다. 깨달음이 필요한 이유도, 소를 찾아야 하는 이유도 근본적으로 이 갈등에 대한 근원적인 해소에 있다.

그러므로 진정한 선이란 진정한 악을 인식할 때 실현될 수 있다. 왜냐하면 악을 대극으로 하는 선이란 본질적으로 악을 대치함에서 일어나기 때문이다. 선에 집착할 때, 악은 이해의 대상이 아니라 없어져야 하는 대상이 된다. 악이 밖으로 투사되어 일어나는 참혹한 결과가 바로 전쟁이다. 대극에 대한 본질적 이해가 왜 그토록 중요한 것인지를 알 수 있다. 이것이 충동의 상인 소를 찾아 떠나는 이유다. 소를 찾아냄으로써 정신의 어머니인 소의 본질을 알게 되는 것이다.

아무리 거룩한 신의 모습도 결국은 악으로 전도된다. 왜냐하면 선과 악은 근원적으로 하나이기 때문이다. "최상의 것은 악마적으로 왜곡될 위협을 가장 많이 받는다. 왜냐하면 최상의 것은 나쁜 것을 가장 많이 억압하였기 때문이다"라는 융의 말은 중요한 의미를 부여한다. 만일 누군가가 자신이 찾는 부처가 청정하다고 믿고, 자신이 믿는 그리스도가 오점 하나 없이 거룩하다고 믿는다면 그는 신의 전체성을 보지 못하고 자신이 좋아하는 쪽으로 극대화시켜서 보는 것이다.

깨달음을 방해하는 것은 바로 이와 같은 편향된 관념이다. 그러므로 진정한 깨달음을 추구하는 사람이라면 부처가 아닌 충동의 상像인 소를 찾으러 갈 수밖에 없는 것이다. 소를 만나지 않고서는 부처를 만날 수 없다. 그것은 신이 곧 악마이듯이 소가 곧 부처라는 말과 같다.

이러한 정신적 구조는 중의적 함의를 지닌 문자에서도 나타난다. 그 중의 한 예로서 한문 '리離'는 주로 '떠나다', '떨어지다'라는 의미를 대표한다. 그런데 '리離'가 가지고 있는 의미에는 '만나다', '마주치다'라는 정반대의 의미도 있다. 언어가 가지고 있는 대극의 반전 역시 정신의 구조와 결코 무관하지 않을 것이라는 것을 우리는 유추해볼 수 있다.

그러므로 십우도의 상징인 소는 자아의식이 성장과정에서 잃어버린 어머니이고, 십우도는 자아의식이 자신의 모성을 찾고 만나고, 결국은 하나가 되는 과정을 그리고 있는 것이다.

3) 십우도는 재탄생 상징이다

대부분의 영웅들은 태어나자마자 어머니에게서 버려지고 양부모에 의해서 자라는 내용으로 구성되는 경우가 많다. 즉 영웅은 낳아준 어머니가 있고, 길러준 어머니가 있게 된다. 태어나게 하는 어머니는 육체적 삶을 주는 현실적 어머니고, 길러주는 어머니는 정신적 삶을 주는 상징적 어머니다. 양육하는 어머니가 동물로 표현되기도 한다. 동물의 상징성은 곧 무의식에 대한 표명이다. 즉 의식은 무의식의 정신에 의해서 양육되어진다는 것을 상징하고 있다.

의식을 양육하는 무의식은 자아다. 자아는 의식이 아니라 무의식이다. 자아는 의식을 싸고 있는 껍질, 몸으로 말하자면 피부에 해당한다. 피부가 없다면 몸은 성장이 불가능하다. 자아는 의식을 보호하고 양육하는 어머니다. 이기적 본능에 충실한 자아는 의식의 중심에 있으면서 의식을 이끌고 주도하여 그 힘을 강화시켜나간다. 자아가 없다면 의식은 성장할 수 없다. 하지만 의식이 무의식을 직접적으로 대면하고 의식화시킬 수 있을 만큼 성숙하면 자아는 의식을 낳아준 어머니에게로 돌아가게 만든다. 그것이 바로 자아의 초월이다.

영웅의 대표적 상징이 되는 고타마 붓다 역시 두 어머니를 갖고 있다. 붓다 신화에는 코끼리 형상을 한 동물이 붓다를 낳은 보살이다. 불교의 코끼리에 상응하는 기독교의 상징적 동물이 바로 힘과 순결을 상징하는 가공의 동물 유니콘unicorn이다. 신적神的 어머니를 상징하는 이러한 동물들은 육체적 인간을 영적 인간으로 재탄생시키는 생산력을 가지고 있는 것이다.[79]

결국 영웅은 자기 자신을 정신적으로 재탄생시키는 사람을 상징한다. 그러므로 영웅은 스스로 만든 자궁에 스스로 들어가 스스로 알이 되어 스스로 알을 까고 세상에 나온다. 다시 태어난 세상은 자아의식의 관념적 세계를 뛰어넘는다.

자아의 관념적 세상이 지배하는 곳은 집단적이고 단순화된 도식에 의해서 개성이 무시되는 곳이라면, 새로 태어난 영웅의 세상은 모든 변화와 풍요로운 다양성이 존재하는 곳이다. 재탄생을 위한

79 『영웅과 어머니의 원형』, pp.256~257.

자기부화는 내부로 침잠하는 내향화에 의해서 일어난다.[80]

내향화를 위해서는 희생이 요구된다. 신화가 말하는 희생의 상징을 가장 잘 드러내고 있는 것이 바로 그리스도의 십자가 죽음이다. 물론 그리스도의 십자가를 상징으로 해석하는 것에 대해 분노할 기독교도들도 있을 것이다. 그런 사람들에게 융은 예수가 니고데모에게 한 말을 상기시킨다. "육적으로 생각하지 말라, 그렇게 생각한다면 너는 곧 육이 되고 말 것이다. 상징적으로 생각하라, 그러면 너는 영이 될 것이다. 상징적인 것이 되도록 하는 이것이 얼마나 교육적이고 발전적인지 명백하다."[81]

모든 존재는 자기 삶의 십자가를 지고 살아가야 한다. 십자가의 의미는 영웅이 아니라면 결코 견디어 내지 못할 만큼의 참혹한 고난이다. 예수는 십자가를 지고 골고다의 언덕을 올라, 가시면류관을 쓴 채 두 손에 못이 박히고, 허리는 창에 찔려 모든 피를 흘린 후에 죽음에 이른다.

부활은 그렇게 '나'에 대한 모든 것을 희생함으로써 주어진다. 자아의 희생은 인간 예수를 신적인 방식으로 다시 태어나게 만든 것이다. 영웅의 길로 들어선 자는 언제나 예측할 수도 없고, 물러설 수도 없는 기로의 한복판에 놓여 있다. 영웅은 그 모든 어려움과 난관을 묵묵하게 헤쳐 나가 자신이 원하는 목적을 이룬다.

재탄생은 죽음에 의해서만이 일어난다. 이때의 죽음은 자아의 죽

80 『영웅과 어머니의 원형』, p.350.

81 『영웅과 어머니의 원형』, p.102.

음이다. 십자가 죽음의 상징은 자아의 죽음을 상징하고 있는 것이다. 고통은 자아의 세계이다. 자아는 자기 자신을 보호하는 기능이다. 자아는 삶을 지향한다. 그러므로 자신의 존재가 위협받는다고 생각할 때 고통을 느낀다. 자아는 고통을 느낌으로써 자기 자신의 존재를 인식하게 된다. 고통은 자아가 자기 자신에 대한 인식을 발견하게 하는 중요한 요소다.

고통을 느끼는 자아가 없다면 깨달음 또한 없다. 자아가 느끼는 고통에 관한 객관적 인식이 바로 자기 자신에 대한 알아차림이다. 이 객관성은 무아의 절대적 객관성이어야 한다. 무아의식은 자아를 있는 그대로 보고 이해한다. 자아를 안다는 것은 본능이 무엇인지를 안다는 것이다. 왜냐하면 자아의 뿌리가 바로 본능이기 때문이다. 이것이 바로 자아가 영웅 신화의 주인공이 되는 이유다. 재탄생은 죽음과 같은 고통에 의해서만 일어날 수 있다는 것을 보여주고 있는 것이다.

영웅은 육체를 가진 인간이 신적인 방식으로 다시 태어난 것이다. 다시 태어남은 먼저 죽음이 있었기에 가능하다. 부활을 위해서 제물이 되는 것이 바로 자아다. 자아의 죽음은 신의 방식으로 부활하기 위한 의식儀式인 것이다. 부처는 자아의 희생에 의해서 정신의 주체로 출현할 수 있는 것이다.

자아의 죽음으로 말미암아 '나(我)'로 대변되는 주관성을 초월하여 무아의 절대적 객관성을 획득하는 것이다. 융은 그것을 '객관화된 자아'라고 부르고, 불교에서는 '성품을 본 자아', 즉 견성見性이라고 부른다. 자아가 진정한 성품을 보았다면 자아는 인식의 주체가 아님을 스스로 깨닫게 되어 성품의 객체로 돌아간다. 성품의 객체로 돌아간다는 말은, 자아는 부처 곧 자기(Self)에 의해서 관조된다는 것이다. 이것은 자아의식이 무의식의 에너지인 리비도의 흐름을 더 이상 방해하지 못한다는 의미이기도 하다.

> 어머니는 근원적 존재로서 의식에 대한 무의식을 표현한다. 따라서 신화는 희생의 충동이 무의식으로부터 나온다는 사실을 말하고 있다. 이것은 퇴행이 삶을 역행하고 개인 인격의 본능적인 토대에 장애를 준다고 이해하면 될 것이다. 그 결과 이에 대한 보상작용이 상용할 수 없는 경향의 강력한 억압의 형태로 생겨난다. 여기서 다루어지고 있는 문제는 자연적이고 무의식적인 과정, 즉 본능적 성향들의 충돌과 대결이다. 이에 대해서 의식적인 자아는 일반적으로 이러한 리비도의 움직임들을 인지하지 못함으로 대개 수동적으로 내맡겨져 있다. 그래서 의식 안에서 동참하지 못한다.[82]

무아의식이 정신의 주체로 있는 한 자아는 하나의 기능으로 존재할 뿐, 주도적인 역할을 할 수가 없다. 리비도의 움직임은 무의식의 영역이다. 무의식의 영역을 자아의식이 알지 못하는 것은 당연하다. 만일 자아의식이 무의식의 움직임을 미리 알고 있다면 자아가 그것을 미리 방어할 것이다. 왜냐하면 무의식의 본능적 성향들은

82 『영웅과 어머니의 원형』, p.421.

의식적 인격과의 충돌되는 것들이기 때문이다.

자아의식은 현실 삶에 역행할 수 있는 일들을 결코 원치 않는다. 자아의식이 무의식을 억압하는 한, 무의식의 의식화는 일어날 수 없다. 이것은 영웅 신화가 왜 자아의 희생을 이야기하고, 십우도가 왜 자아의 초월, 즉 무아를 이야기하는지를 그 이유를 분명하게 알려준다.

그러므로 첫 번째 삶이 자아 중심의 삶이었다면, 재탄생의 두 번째 삶은 부처가 정신의 중심이 되는 삶이다. 왜냐하면 집단무의식, 즉 소를 만나고, 소도 없고 나도 없는 경지에 이르렀을 때 고유의 창조적 정신이자 부처인 무아의 절대의식이 드러나기 때문이다.

무아가 의식의 중심이 되는 삶을 불교에서는 후득지後得智라고 부른다. 무아가 중심이 된 후득지의 삶은 자아가 중심이 된 삶과 전적으로 다르다. 자아의식이 전등 빛 정도의 의식성이라면 무아의식성은 태양의 빛에 비교되는 최고의 의식성이다. 그렇기 때문에 재탄생은 우주 진화론적 의미를 갖는다고 말하는 것이다.[83]

4) 십우도는 근원적 세계에 대한 발견이자 엄청난 신비다

융은 우리가 무의식을 찾아야 하는 이유를 어머니에 대한 본능적 그리움을 넘어서 있다고 말한다. 왜냐하면 근원적 세계에는 아주 중요한 내용이 있기 때문이다. 단지 그것을 알지 못하는 것은 의식적 인격이다. 그러나 의식적 인격은 근원적 세계의 비밀을 알아내

83 『영웅과 어머니의 원형』, p.349.

야만 하는 의무를 갖고 있다.

> 그것으로 들어가는 자는 자신의 의식된 자아인격을 무의식의 주도적인 흐름에 맡긴다.…… 사람들이 퇴행을 방해하지 않는다면 퇴행은 결코 '어머니'에게서 끝나지 않는다. 오히려 어머니를 넘어서, 말하자면 출생 이전의 '영원히-여성적인 것', 즉 원형적 가능성들의 근원적 세계로 되돌아가게 된다. 거기에서 '모든 피조물의 상들에 둘러싸여 떠다니며', '신적神的인 아이(göttliches kind)'는 자신의 의식화를 기다리며 잠자고 있다. 이 아들은 전체성의 배아인데, 그 고유의 상징을 통하여 전체성의 배아임이 분명하게 드러나게 된다. 고래가 요나를 삼켰을 때, 그는 거대한 고래의 배 안에서 그저 잡혀 있기만 한 것이 아니라, 파라겔수스가 이야기했듯이 '엄청난 신비'를 보았다.[84]

'신적인 아이(göttliches kind)'는 자신의 의식화를 기다리며 잠자고 있다'는 이 말을 아뢰야식의 다른 이름인 장식藏識과 유비된다. 장식은 근원적인 청정무구한 의식(清淨無垢識)이 드러나지 않아서 감추어져 있다는 것이다. 또한 '신적인 아이'에 대한 표현은 '여래장이 모든 중생의 마음속에 감추어져 있다'는 『능엄경』의 말과도 연결된다. 여래장은 부처가 될 수 있는 가능성이다. 그러므로 여래장은 부처로 분화되지 않는 '신적인 아이'다.

84 『영웅과 어머니의 원형』, p.270.

여래장은 깨달음의 본성으로서 우주의 근본진리다. 이것을 다른 말로 하면 깨달음의 본성으로 참마음이다. 여래장은 영원히 사라지지 않는 참마음으로서 어디에나 편재한다. 그런데 이러한 여래장이 모든 중생의 마음속에 감추어져 있다는 것이다. 이것은 감추어진 것을 찾아내야 하는 과정이 필연적으로 존재한다는 것을 의미한다. 그러므로 사람은 자기 자신 속에 감추어져 있는 여래장을 찾아 부처로 분화시켜야 하는 운명적인 목표를 가지고 있는 것이다.

근원적인 세계에서 가장 중요한 일은 바로 의식화를 기다리고 있는 신적神的인 아이를 깨우는 일이다. 그 신적인 아이는 전체성의 아들이라고 불린다. 이 신적인 아이의 수태는 아버지인 의식과 어머니인 무의식의 관계에 의해서 일어나는 것이 아닌, 기이하고 초자연적 현상이다. 왜냐하면 그는 "태어난 자가 바로 자신을 낳은 자"[85]이기 때문이다. 융은 동정녀의 모티브를 여기서 발견한다. 그러므로 이것은 불성이 본래부터 모든 생명체에게 갖추어져 있는 근본 성품이라는 것에 대한 신화적 은유인 것이다.

신적인 아이가 잠들어 있다는 말은 의식의 수면 위로 드러나지 않았다는 것이다. 즉 무의식으로 있다. 의식이 인식하지 못하는 한 아무리 귀중한 보석이라도 그것은 보석이 될 수 없다. 마음에 감추어져 있는 여래를 찾기 위해서, 혹은 잠들어 있는 신적인 아이를 깨우기 위해서 가장 먼저 해야 하는 일이 바로 자기 자신의 마음을 아는 것이 된다.(견도분見道分) 왜냐하면 신적인 아이는 자신의 마음속

85 『영웅과 어머니의 원형』, p.259.

에서 잠들어 있기 때문이다.

그런데 마음을 알려고 하니 혼돈의 도가니다. 불구덩이와 같은 혼돈 속에서 찾을 수 있는 것은 아무것도 없다. 그렇다면 우선 혼돈을 가라앉히는 것이 급선무다. 혼란된 마음을 정돈하는 것도 중요하지만, 더 근본적인 것은 혼돈의 주범을 찾아야 한다. 혼돈은 번뇌에서 온다.

번뇌의 주범이 바로 '나'라는 생각의 주인인 자아다. 자아는 의식을 보호하고 키우는 보모에 지나지 않음에도 불구하고 스스로 주인이라고 착각한다. 모든 혼란은 너무 작은 힘을 가진 자아가 거대한 무의식을 상대할 수 없기 때문에 일어난다. 그러므로 혼란의 중심을 이루고 있는 자아는 반드시 희생되어져야만 하는 것이다.

융은 이것을 "'나(小我)'의 우월성을 과감히 포기해야만 한다는 것을 뜻한다. 또한 이것은 구체적으로 정신의 객관적인 힘에 완전히 항복하는 것이다. 일종의 상징적인 죽음이다"[86]라고 표현하고 있다. 정신의 객관적인 힘이란 무아의식의 절대적 객관성이다. 그러므로 자아가 무아를 인식함으로서 스스로 인식의 주체에서 물러나는 것이다.(수도분修道分)

무아의식의 앎이 바로 『능엄경』에서는 말하는 무루학無漏學이다. 무루는 무아다. 무아에는 '나'가 없기 때문에 번뇌도 없다. 자아의 앎은 유루지有漏智이고, 무아의 앎은 무루지無漏智다. 자아의 앎이란 상대적이고 부분적이지만, 무아의 앎이란 절대적이고 전체적이

86 『티벳 사자의 서』, p.175.

다. 무루지라는 말에서 알 수 있는 것은 무아는 존재가 아니라 명료한 의식성이라는 사실이다. '있는 그대로의 사실'을 보는 무아의 절대의식은 현상에 대한 인식과 진리를 철저하게 취득한다.(구경究竟) 이것이 바로 성불이다.(증과분證果分)

그러므로 신적 아이가 깨어나는 일은 그야말로 '엄청난 신비'가 된다. 이것을 불교에서 자아가 무명을 깨우쳐 '신적 아이'로 있는 불성을 발견하는 일이라고 하여 깨달음이라고 말하고, 융은 자아가 죽고 개성화된 자아로 다시 태어난다고 하여 '새로운 인격의 탄생'이라고 말한다. 새로운 인격의 탄생은 새로운 삶의 시작이다. 그러므로 융과 영의 두 어머니에게서 태어난 자는 영웅이 된다. 왜냐하면 그는 사람의 아들이면서 동시에 신의 아들이 되는 불멸의 반신半神이기 때문이다.

스스로 소를 찾으러 간다는 것은 그만큼 의식이 성숙한 수준에 이르렀음을 알 수 있다. 성숙한 의식이 소를 찾으러 가야만 하는 이유는 암소가 태양을 낳기 때문이다.[87] 암소가 낳은 태양이 바로 전체성의 배아로서 '신적인 아이(göttliches kind)'다.

신적인 아이는 자아인격이 자신을 의식화할 수 있는 힘을 기르는 동안 암소의 품에서 잠자고 있다. 이것이 바로 무의식을 알아야만 부처가 될 수 있는 근본적인 이유다. 소를 찾지 않고서는 부처를 찾을 수 없는 것이다.

87 『영웅과 어머니의 원형』, p.126.

그런데 자기 안에 잠자는 불성을 깨우는 일은 곧 의식의 성숙함에 의해서다. 태양의 상징은 최고의 의식성이다. 부처인 무아의식은 암소로 상징되는 무의식에 둘러싸여 있다. 그러므로 부처는 소의 아들이기 때문에 소를 만나야 부처를 만날 수 있다. 그렇다면 왜 그토록 부처를 만나야만 하는 것일까? 그것은 불성에 의해서만이 본격적인 무의식의 의식화가 일어날 수 있기 때문이다.

의식의 체계와 무의식의 체계는 근본적으로 다르다. 그러므로 무의식의 진정한 의미를 알기 위해서 자아의 초월은 필수적인 것이다. 무의식을 의식화하지 않는 한, 자아의식은 무의식의 위험성으로부터 자유로울 수 없다. 어머니는 아이를 낳고, 기르지는 것과 동시에 죽이는 본성도 가지고 때문이다. 자아의식의 모든 불안과 두려움은 바로 무의식의 이와 같은 이중적 특성에 근거한다.

옛 사람들이 무의식을 얼마나 두려워했는지를 융은 다음과 같이 표현한다. "동굴에 살면서 삼키는 어머니로 표현되는 용은 예전에는 인간의 제물을 통해, 나중에는 현물現物 봉헌을 통해 달래야 했다."[88] 여기서 우리는 용왕의 노여움을 달래기 위해 공양미 삼백 석에 팔려간 심청이 바다에 제물로 바쳐지는 이야기를 떠올린다. 심청은 바다에 제물로 바쳐졌기 때문에 연꽃으로 피어올라 왕비의 삶으로 다시 태어날 수 있었던 것이다.

88 『영웅과 어머니의 원형』, p.336.

5) 영웅 신화와 십우도의 차이

영웅 신화에서 영웅은 자아를 상징한다. 신화에서 공통적으로 묘사되고 있는 영웅의 출생은 비천하다. 그것은 전체성의 보호 없이는 자랄 수 없는 자아의 나약성에 대한 표현이다. 그러나 영웅은 초인적인 능력을 가지게 되어 악과 싸워 승리한다. 영웅이 성공할 수 있었던 것은 자신의 능력보다는 그를 도와주는 후견인의 능력 덕분이다.

신의 능력을 가진 후견인들은 자아의 부족함을 채워주는 정신의 전체성에 대한 상징적 묘사이다. 그러나 영웅은 자신의 성공이 후견인의 도움 때문이었음을 잊어버리고 성공에 도취되어 우월감에 빠진다. 그러한 영웅의 교만은 죄에 빠져 타락하거나 배신당하여 결국은 죽음을 맞이한다.

자아는 전체성의 도움에 의해서 온갖 어려움을 극복하여 영웅이 되지만 그 스스로 갖게 되는 교만에 의해서 죄를 짓거나 배신을 당하여 죽음에 이르고 만다. 자아의 교만은 자신이 정신의 중심이라는 허상으로부터 만들어지는 나르시시즘이다. 그러므로 자아는 자신의 어리석음을 깨달을 수 있는 지혜를 갖게 됨으로써 영웅의 허상을 걷어낼 수 있다.

자아의 죽음이 상징하는 것은 자아가 정신의 중심이라는 환상으로부터 깨어나서 본래적 기능으로 돌아가는 것이다. 영웅의 죽음은 정신의 성숙성을 나타낸다. 각각의 영웅상이 상징하고 있는 것은 개성의 발전 단계를 반영하고 있다는 것이다.[89]

영웅의 죽음 방식, 즉 자아의 죽음에 있어서 일반적인 영웅 신화와 십우도의 차이를 눈치 챌 수 있다. 전형적인 영웅 신화에 나타나는 영웅의 죽음은 그 원인이 교만과 배신을 가져오는 자아의 팽창이다. 그러나 십우도에서의 영웅의 죽음은 자아도 없고 공도 없는 완전한 하나로 나타난다. 이것은 자아의 팽창이 아니라 오히려 자아의 축소이다. 왜냐하면 자아의 팽창은 자아가 자기(Self)와 자신을 동일시하는 것을 말하기 때문이다.

다시 말해서 팽창은 자아가 전체성의 힘을 자아의 것으로 착각함으로써 일어나는 교만이다. 그러나 십우도에서는 전체성인 자기(self)와 동일시할 수 있는 자아가 이미 존재하지 않는다. 그러므로 전체성과 하나가 되었다고 생각하는 자아가 이미 초월되어 있기 때문에 전체성이 공空으로써 드러나는 것이다.

영웅 신화가 외부적 요소에 의해서 일어난다면, 후자는 내부적 요소에 의해서 일어난다. 즉 인간은 외적으로 완전히 실패했을 때에도 자아의 초월이 일어날 수 있다. 외적 실패가 인격적 경험이라면, 정신적 추구에 의해서 내부적으로 일어나는 합일은 신비적 경험이다.

융 학파의 한 사람인 조셉 헨더슨Joseph L. Henderson은 영웅 신화들이 정신적인 분화의 첫 단계로 보인다고 서술하고 있다. 아이가 태어나 성인의 환경에 적응하기 위하여 자아는 어느 수준의 자율성을 획득해야만 한다. 이것은 심리학에서 전제되는 자아의 성장

89 『인간과 상징』, pp.120~121.

과정으로서 자아가 의식을 획득하는 과정이다. 즉 헨더슨이 본 영웅신화는 일반적인 자아 성숙과정이다. 그러므로 자아의 팽창이 필연적이다.[90]

그러나 십우도가 보여주는 영웅 신화의 과정에는 자아 팽창이 없다. 왜냐하면 소를 찾으러 가는 단계에 있는 사람은 이미 자아의식이 성숙한 상태에 이르렀다는 것을 의미하기 때문이다. 그러므로 소를 찾고 길들이고 소를 찾는 자도 없는 상태에 이를 수 있는 것이다. 이미 팽창을 가져오는 자아가 초월되어 있다. 초월이 가능한 성숙한 의식성이었기에 스스로 전체성인 자기(Self) 혹은 부처를 찾아갈 수 있는 것이다.

전체성 혹은 개성화나 깨달음으로 가는 과정은 일직선상에 있는 것이 아니라 끊임없는 순환의 과정 안에 있다. 흔히들 그러한 과정을 나선형적 발전이라고 표현한다. 즉 자아의식의 성숙과정은 끊임없이 순환과정을 거친다. 영웅 신화가 다양한 형태로 나타나고 해석되어져야 하는 이유도 바로 여기에 있다. 헨더슨이 영웅 신화를 분화의 첫 단계로 보았다면, 십우도는 자아의 초월이 일어나는 분화의 마지막 단계로 볼 수 있을 것이다.

정신분화의 첫 단계란 자아가 의식을 획득하고 의식의 주체로서 정신의 중심임을 자처하는 단계라면, 마지막 단계는 자아의 초월이 일어남으로써 무아의식이 직접적으로 출현하는 단계이다. 무아의

90 『인간과 상징』, p.142.

식에는 자아가 없다. 그러므로 자아의 팽창이 있을 수 없다. 인격의 중심이 자아에서 무아로의 이동이다. 무아의식에 의해서 무의식의 직접적인 대면이 일어나고, 무아의식의 절대적 객관성에 의해서 자아와 무의식은 관조되어진다.[91]

> 되돌아보는 일은 퇴행으로 이끄는 것이며 퇴행의 시작이 된다. 과거는 추억이며 어떠한 정신적인 내용, 즉 내인적 정신적(endopsychische) 요소이기 때문에 퇴행은 본의 아니게 일어나는 내향화이기도 하다. 퇴행은 과거로 미끄러져 들어가는 것인데, 현재에서는 우울증을 통해서 일어난다. 우울증은 무의식적인 보상 현상이라고 간주해야 한다. 그 보상 현상의 내용이 충분히 활동할 수 있기 위해서는 의식화가 이루어져야 한다. 이것은 우리가 우울한 경향을 의식적으로 따르면서 그로써 활성화된 과거의 추억들을 의식에 통합시킴으로써 이루어진다. 이것이야말로 우울증의 목적에 맞는 것이다.[92]

퇴행이란 자아의 상대의식이 자기 자신의 과거를 되돌아보는 일이다. 추억의 어두운 부분들은 자아를 자기비하로 이끌게 된다. 그것들은 자아주도의 삶을 보상하기 위한 무의식의 내용들이다. 보상은 무의식의 내용에 대해서 제대로 이해된 적이 없을 때 일어난다.

91 『원형과 무의식』, p.273.
92 『영웅과 어머니의 원형』, p.388.

자아는 비도덕적 내용들이 자기 내면에 있다는 것만으로도 고통스럽다. 자아가 그러한 내용들을 억압하거나 회피하는 것은 너무도 자연스럽다. 그러나 자아가 그것들을 외면할수록 무의식은 그것에 대한 보상을 요구한다.

즉 우울증은 자기 내면의 문제들을 의식화하라는 정신의 신호다. 문제의 해결은 의식화를 통해서만 가능해진다. 의식화는 자아를 객관적으로 바라볼 때 일어난다. 자아를 객관적으로 바라보는 그것이 바로 자아의 초월이다. 이러한 관점으로 본다면 우울증은 단순히 정신 병리학 문제로만 볼 수 없다. 비록 시작은 우울증이지만 무의식을 의식화할 수 있는 계기를 만들 수 있다는 점에서 우울증은 진정한 자기 자신으로 돌아갈 수 있는 기회이기도 한 것이다.

정신분석에서는 퇴행과 내향화를 분명하게 구분하고 있다. 그러나 퇴행이 내향화로 이어질 수 있는 연결고리라는 점에 주목한다. 정신분석은 퇴행에서 시작하는 경우가 많을 것이다. 왜냐하면 그들은 자기 내면의 문제에 대해서 전혀 알지 못하는 상태에서 전문가에게 도움을 청하는 경우일 것이기 때문이다. 반면에 소를 찾으러 가는 경우는 자기 내면에 대한 탐구가 능동적이고 적극적이다. 그러므로 그들은 퇴행을 경험하지 않고 바로 내향화한다는 점에서 분명하게 차이를 가진다.

의식이 무의식의 보상 경향 앞에서 공포감으로 느낄 때, 무의식은 뱀의 형상으로 넌지시 자신을 드러낸다. 대개 퇴행의 경우에 그런 일이 생긴다. 그러나 무의식의 보상을 근본적으로 시인하

는 사람은 퇴행하는 것이 아니라, 내향화를 통하여 무의식에로 향해 가는 것이다.[93]

분석을 받기 위해 온 사람들은 무의식에 대해서 전혀 준비되지 않는 사람들이다. 그러므로 그들에게 무의식은 낯선 침입자가 될 수밖에 없다. 그러나 스스로 소를 찾아 나선 사람은 자기 내면의 신성한 에너지를 믿고 있으며 그 작용에 대해서 전혀 낯설지 않다. 그렇기 때문에 소를 탐구하는 사람은 무의식을 탐구하기 위해 자발적으로 내향화를 시도한다.

심연은 정신적 어머니의 자궁이다. 자발적으로 심연으로 내려가는 사람은 그만큼 그가 가고자 하는 길에 대해서 깊은 믿음이 있다. 그것은 그가 만나게 될 무의식의 내용에 대한 어떤 두려움도 없을 정도의 담력을 가졌다는 것이다. 이처럼 자기 자신과의 만남이 준비된 사람만이 정신적으로 재탄생할 수 있는 것이다.

소를 탐구하는 사람은 어머니의 자궁인 심연으로 내려간 사람이고, 그는 그 자궁에서 자아의 껍질을 벗고 부화함으로써 자유로운 세상으로 비상飛上한다. 그것은 부분적이고 제한된 정신인 자아를 초월하여 전체성의 정신으로의 진입이다.[94]

93 『영웅과 어머니의 원형』, p.348.

94 『영웅과 어머니의 원형』, p.389

제2장

십우도와 심리 이야기

1. 심우 : 소를 찾아 나서다

1) 소는 선천적이고 심리적인 소질이다

왜 소를 찾아야만 하는 것일까? 소를 찾아가는 이유는 변환을 위해서다. "변환은 바로 가장 낮은 것에서 가장 고귀한 것으로, 동물적이며 고태적인 유아성에서 신비적인 '최고의 인간(homo maximus)'으로 이어진다."[95] 이 말은 소에 대해서 알지 못하는 한, 사람은 동물적이며 고태적인 유아성에 머물러 있다는 것을 말하고 있다. 그러므로 소를 탐구하는 일은 유아성에서 최고의 인간으로 다시 태어나기 위함이다.

정신의 가장 아래층에는 동물적인 근원적 존재가 있다. 그 동물적인 근원은 인간의 선천적이고 심리적인 소질이다. 그것은 인간 진화의 결과로서 모든 조상의 경험적 침전물이기도 하다. 재생의식의 상징성이 동물이 되는 것도 인간본성의 특성을 그대로 드러내고 있는 것이다.[96] 이것이 바로 십우도의 소가 부처의 상징이 되는 이유인 것이다.

본성의 동물적 성질은 악과 동일시되기 때문에 선을 지향하는 의

95 『꿈에 나타난 개성화 과정의 상징』, p.168.

96 『인격과 전이』, p.168.

식에 의해서 배척당하게 된다. 하지만 동물적 성질에는 근원적인 어머니의 특성이 그대로 반영되어 있다. 의식의 본질은 분별이다. 그러므로 의식은 자신과 전혀 다른 내용물을 가진 무의식을 대극으로 나눈다. 이러한 분리에 의해서 의식은 무의식에 지배당하지 않고 그 자체적 힘을 기를 수 있기 때문이다.

의식과 무의식의 분리 현상은 정신의 성장과정에 있어서 필연적 과정이다. 그러나 의식과 무의식은 근원적으로 하나이기 때문에 다시 하나가 되기를 원하게 된다. 그러므로 십우도는 성숙한 의식의 인격이 정신본연의 세계인 근원적 어머니를 스스로 찾아 나서는 것이다.

마치 오지의 산골마을에서 태어난 자식이 도시 문명 속에서 다양한 것을 배우고 익혀 성숙한 인간이 되어 고향으로 돌아와 부모와 다시 하나의 공동체를 이루는 것과 같다. 이처럼 분리된 의식의 정신과 무의식의 정신을 합일하는 주체는 결국 단일성(Einheitdml)의 원형인 자기(Self)이자 부처인 무아의식이다.

그런데 여기서 부처를 왜 무아의식이라고 하는 것일까? 이것은 부처를 존재로 보느냐 기능으로 보느냐의 문제이기도 하다. 물론 초기불교에서는 부처를 존재적 개념으로 인식하는 많은 기록들이 보인다. 그러나 나가르주나는 부처의 존재론을 단호하게 부정하고 부처를 기능론으로 확립시킨다. 그 이후 조사선에서 부처의 기능론이 완전하게 꽃을 피운다. 그런데 나가르주나의 기능론의 근원은 곧 고타마 싯다르타다. 그가 부처를 기능이라고 말한 이야기가 언급한 경전이 있다.

그 다음으로 너는 부처 '자신을 지각해야' 한다. 너는 '어떻게'라고 질문하겠지? 모든 불여래佛如來는 그의 숨(호흡)이 자연의 원리인 그런 사람이기 때문에, 그는 모든 사람들에 의해 지각될 수 있다. 만약 네가 부처를 지각했다면, 실로 너의 의식은 네가 부처에게서 지각하는 저 32개의 완전성의 표지標識와 80개의 탁월성의 표지를 소유하게 된다. 드디어 그것은 부처가 되는 너의 의식이다. 더 정확히 말하면, 그것은 실로 '부처인 너의 의식'이다. 모든 부처들의 참되고 보편적인 앎의 바다는 우리 자신들의 의식과 생각 속에 그 원천을 갖고 있다. 그러므로 너는 나뉘지 않은 전체적인 주의력으로 너의 생각을 저 불여래, 부처, 성자 및 완전히 깨달은 자로 향하게 하여 주의 깊게 명상해야 한다.[97]

위의 인용문은 융이 『아미타-선경(阿彌陀-禪經, Amitāyur-dhyāna-sūtra)』(『관무량수경觀無量壽經』을 말한다)의 본문을 옮긴 것이다. 즉 『아미타-선경』에서 고타마 붓다는 의식이 곧 부처라고 말한다. 즉 초기의 미성숙한 의식이 자아와 연결되어 있었다면, 자아를 초월한 성숙한 의식은 부처와 연결된다. 부처는 인식의 주체라는 관념이 없다. 그것은 선과 악을 가리지 않고 비추는 태양과 같은 의식이라는 점에서 자아의식과는 전적으로 다르다.

자아는 '나'를 중심으로 보기 때문에 모든 것을 상대적으로 본다. 그러므로 자아의식은 상대적 의식이다. 반면에 무아는 '나'라는 인

97 『인간과 문화』, p.208.

식주체가 없기 때문에 사물이나 현상을 왜곡하지 않고 '있는 그대로' 본다. 그렇기 때문에 무아의식은 절대적 객관성이다.

무아는 무의식 안에 존재한다. 이것이 의식으로 하여금 왜 근원으로 다시 돌아가야만 하는지를 알려준다. 근원은 소가 상징하고 있는 것처럼 자체적으로 동물적인 환상성을 지니고 있다. 동물적 환상성은 정신의 열등기능을 상징하는 미분화된 정신적 요소다. 그런데 부처는 미분화된 정신의 중심에 있다. 그러므로 소를 탐구해야만 부처가 드러난다.[98]

부처를 완벽한 도덕적 이미지로 생각하는 사람은 영원히 부처를 만날 수 없다고 조사들이 말하는 이유를 여기서 찾을 수 있다. 완벽한 부처 이미지는 자아가 만들어낸 판타지다. 자아의 판타지에는 부처가 없다. 왜냐하면 부처는 판타지가 아니라 실재이기 때문이다.

인간은 자체적으로 근원적 존재를 동물성으로 상상하는 환상을 지니고 있다.[99] 그러므로 인간과 동물의 동일시는 무의식에 있는 동물적 본성을 의식하고 통합하는 일에 대한 상징적 표현인 것이다.[100] 소를 찾는 일은 근원적 존재에 대한 자발적인 탐구로서 성숙한 의식적 인격이라면 언젠가는 반드시 해야만 하는 숙명적인 의무사항이다. 왜냐하면 근원적 존재로 있는 동물은 의식화를 통해서

98 『꿈에 나타난 개성화 과정의 상징』, pp.38~39.

99 『꿈에 나타난 개성화 과정의 상징』, p.38.

100 『꿈에 나타난 개성화 과정의 상징』, p.164.

진정한 인간 존재로 변환될 수 있기 때문이다.

즉 동물적 성질을 의식화하지 않는 한, 존재로서 진정한 가치를 발휘하기 힘들다. 본능적 인간은 언제 어디서나 의식의 벽을 뚫고 나와 의식적 인간을 여지없이 위협한다. 그러한 무의식의 세계가 명명백백하게 살아있음을 보여주는 것이 바로 신경증이라는 것이다. 그러므로 스스로 자기 내면의 동물적 인간, 본능적 인간을 만나 그것을 인식하고 의식화했을 때, 그것은 더 이상 동물적 에너지가 아닌 진정한 생명력으로 돌아간다.

그것이 바로 소를 찾고, 소를 만나고, 소를 길들이고, 소와 하나 되어야 하는 이유다. 소와 인간이 분리되지 않는 것이 의식과 무의식을 통합하는 한마음이다. 한마음을 융은 "완전히 새로운 인간의 창조, 영적 재탄생"[101]이라고 표현한다.

반인반수의 형상은 리비도의 이미지다. 자기 안의 소를 찾아 나서는 십우도는 반인반수의 상징을 제대로 표현하고 있다고 볼 수 있을 것이다. "디오니소스는 모든 인간적 특질이 원초적 심혼心魂의 동물적 신성 속에 열정적으로 잠겨들 때의 메울 수 없는 심연을 의미한다."[102] 그러므로 십우도는 원초적 심혼으로서 동물적 신성인 디오니소스적 비밀과 만나는 일이다.

어디에 있는지도 모를 아득히 펼쳐진 수풀 속에서 소를 찾는다

101 『인간의 상과 신의 상』, p.58.

102 『꿈에 나타난 개성화 과정의 상징』, p.116.

는 것 자체가 위험천만한 일임에는 틀림없다. 아득한 수풀 또한 망막한데, 들소, 그것도 위험한 뿔과 강력한 힘을 소유한 황소는 더더욱 위험스럽다. 자칫 잘못하면 소를 찾기는커녕 펼쳐진 숲에서 길을 잃을 수도 있고, 소를 만난다 해도 그 소의 뿔에 부딪쳐 죽을 수도 있다.

소를 찾아 나선다는 것은 죽음을 각오한 용기와 집념, 그리고 의지가 없다면 불가능한 모험이다. 일반적인 사람들은 그러한 생각조차 하지 않거나, 한다고 해도 선뜻 나설 수 없다. 그러므로 소를 찾아 나서는 모험을 감행하고 그 모험에서 소를 찾고, 소의 고삐를 잡고, 소를 타고 집으로 돌아오는 사람은 진정한 영웅이 아닐 수 없다.

무의식은 언제나 자아의식에게 죽음을 떠올리게 하는 공포이다. 그렇다고 하더라도 그런 모험을 감행하지 않는다면 그 공포 속에서 벗어날 길이 없다. 다만 소를 찾고, 소를 길들이고, 소도 없고 나도 없어지는 경험을 한 사람만이 죽음의 공포를 극복한다. 그것은 자아의 판타지를 벗어나 있는 그대로의 자신으로 돌아오는 일이다.[103] 그러니 소를 찾는 일은 무엇보다도 중요한 삶의 목적이 될 수밖에 없는 것이다.

103 『영웅과 어머니의 원형』, p.309.

2) 자기 체험을 직접적으로 시도하다

제1송: 심우尋牛

茫茫撥草去追尋 (망망발초거추심)

水闊山遙路更深 (수활산요로갱심)

力盡神疲無處覓 (역진신피무처멱)

但聞楓樹晩蟬吟 (단문풍수만선음)

아득히 펼쳐진 수풀을 헤치고 소 찾아 나서니

물은 넓고 산은 먼데 길은 더욱 깊구나.

힘 빠지고 정신 피로해 소 찾을 길 없는데

단지 들리는 건 늦가을 나뭇가지 울음뿐.[104]

심혼의 본질이 무엇인지 알기를 원한다면 자기 내면에 대한 관

104 『십우도』, p.40.

찰이 필수적이라고 융은 말한다. 심혼은 자신의 가장 어둡고 비밀스러운 부분이다. 그러므로 그것은 지식으로 알 수 없다. 왜냐하면 '천상천하 유아독존'의 고유성은 밖에서 구할 수 없기 때문이다. 그것은 오직 자기 안에서만 찾아야 한다.[105] 자기 내면으로의 침잠과 체험은 필수적이다. 그것은 무의식의 원시적 숲을 헤치고 찾아 나서는 것이다.

"아득히 펼쳐진 수풀을 헤치고 소 찾아 나서니"라는 문장을 그냥 지나치기에는 무엇인가 조금은 허전해 보인다. 문장을 글자 그대로 받아들이는 사람이라면 도를 닦기 위해서 끝이 보이지 않는 거친 풀밭을 헤치고 물을 건너고 산을 넘는 고독한 수행자를 연상할 수도 있을 것이다. 고행으로 도를 닦는다는 사람들의 이야기에 우리는 너무나 익숙해져 있다. 그러나 십우도는 깨달음의 세계이다. 깨달음은 물리적 세계가 아니라 정신적 세계임을 먼저 떠올려야만 한다.

그러므로 위의 시가 표현하고 있는 것은 수행자의 표면적 고행길을 나타내기보다는 수행자의 내면적 문제에 대한 표현이라고 보는 것이 더 정확할 것이다. 융의 심리학으로 말한다면 그것은 무의식으로의 침하를 묘사한다. 무의식으로의 침하는 가장 높은 의식성에 이르기 위한 본격적인 시도다. 또렷한 의식성으로 자연의 정신인 무의식으로 들어가야만 새로운 질서는 만들어질 수 있다.[106]

105 『꿈에 나타난 개성화 과정의 상징』, p.10.

106 『인간의 상과 신의 상』, p.135.

일단 번역의 문제로 들어가 보자면, 발撥이라는 단어가 '제거한다', '다스린다'의 뜻으로 번역되고 있다. 그렇다면 수행자는 무엇을 제거하거나 다스리려고 하려고 하는가? 바로 '아득히 펼쳐진 수풀'이다. 한국의 전통적 꿈 해몽에서 잡초는 근심이다. 불교 전통에서는 머리카락이 번뇌로 상징되고, 스님들이 삭발의식 역시 그러한 의미와 연관성을 띠고 있다고 알려져 있다. 그렇다면 수행자들이 제일 먼저 제거하려고 시도하는 것이 망상일 것이다. 그러므로 아득히 펼쳐진 수풀은 망상에 대한 상징이고, 그 수풀을 헤치고 나아가는 것은 망상을 잘 다스린 결과라고 해석될 수 있다.

그런데 그 아득한 수풀을 어떻게 다 헤칠 수 있었는지 그 과정에 대한 설명이 보이지 않지만, 아무튼 아득한 망상을 헤치고 나아가도 찾는 소가 보이지 않는다는 것이다. 뿐만 아니라 망상의 수풀을 헤치고 나아갔어도 여전히 산도 보이지 않을 만큼 넓은 물을 건너야 하는 어려움에 처한다. 이러한 요소들이 소를 찾으려는 사람을 지쳐버리게 만든다는 이야기다.

여기서 '아득히 펼쳐진 수풀'이라는 것은 끝이 보이지 않는 지평선 같은 느낌을 준다. 즉 그것은 쉽게 해결될 기미를 보이지 않는다는 의미와 상통한다. 그렇다면 '헤치고 소 찾아 나서니'라는 표현은 앞의 문장과 왠지 매끄럽게 연결되지 않는다. 만약 발초撥草라는 단어를 '잡초를 제거한다', '잡초를 다스린다'의 의미로 해석하지 않고, '휘저어 뒤섞여 있는 잡초'로 바꾸어 해석해보는 것은 어떨까?

'망망발초茫茫撥草'를 '아득히 펼쳐져 휘저어 뒤섞여 있는 잡초'로 해석한다면 '거추심去追尋'은 '돌보지 않고 구하고 찾으니'로 해석이 된다. 즉 "망망발초거추심茫茫撥草去追尋은 아득히 펼쳐져 휘저어 뒤섞여 있는 잡초는 돌보지 않고 구하고 찾으니"가 된다. 왜 이렇게 해석할 수 있는지를 임제의 설법을 통해서 이해해보자.

어느 한 좌주座主가 임제에게 "삼승십이분교三乘十二分教가 어찌하여 불성佛性을 밝힌 것이 아니겠습니까?" 하고 질문하였다. 임제가 대답하기를 "거친 풀밭에는 호미질을 하지 않는 것이니라(荒草不曾鋤)"[107]고 대답한다. 그런데 이것을 "거친 풀밭에 호미질도 하지 않았구나"라고 해석하는 사람들도 있다. 만일 후자로 해석하면 의미는 완전히 달라진다. 즉 그것은 좌주가 자신의 거친 풀밭을 돌보지 않는 것이 되어 임제가 좌주를 비판하는 것으로 해석해야 한다.

하지만 『임제록』을 풀이한 야나기다 세이잔의 '황초부증서荒草不曾鋤' 해석을 여기로 옮겨보면 그 의미가 더욱 분명해진다. "무명망상無明妄想의 거친 풀을 그대로. 번뇌의 근본 성질이 곧 불성佛性임을 선언하는 말. 여기서 부증不曾이란 일찍이 호미를 댄 일도 없고 앞으로도 대지 않겠다는 뜻. 무명번뇌의 거친 풀 그대로가 깨달음이라는 표현. 즉 번뇌구족煩惱具足 보리성취菩提成就"라고 해석하고 있다. 즉 세이잔의 해석은 단순히 임제가 좌주의 수행 자세나 자질의 문제를 지적한 것이 아니라, 본성의 근원에 대한 것을 말하고 있다는 것이다.

임제가 말하는 '거친 풀(荒草)'은 아뢰야식을 의미하는 것이고, 융

107 『임제록』, p.60.

의 심리학으로는 집단무의식에 해당한다. 융이 말하는 집단무의식은 의식처럼 길들여질 수 있는 성질의 것도 아니고, 자아가 그것에 함부로 노출되어져서도 안 되는 것이다. 집단무의식은 길들여지는 순간 그것이 간직한 고유한 에너지를 상실할 우려가 있다. 뿐만 아니라 그것에 무방비 상태로 노출된다면 나약한 자아의 경우, 정신분열증의 위험성을 배제할 수 없기 때문이다. 하지만 '거친 풀'은 정신의 근원으로서 의식의 에너지원이다. 그러므로 임제는 무명망상의 거친 풀을 불성이라고 말하는 것이다. 그것이 번뇌가 되는 것은 오직 자아의 관점이다. 그러므로 자아의 상대의식에서는 '거친 풀'이 제거의 대상이 되는 것이다.

자아의 초월이 요구되는 것도 바로 이러한 자아의 상대의식에 의해서 본성을 '있는 그대로' 보거나 이해하지 못하기 때문이다. 무아의 절대의식에서는 집단무의식을 있는 그대로 인식하고 수용할 뿐, 인위적으로 제거하려고 노력하지 않는다. 그것들을 제거할 수도 없지만 제거해서도 안 되는 것이다. 왜냐하면 집단무의식을 없애는 것은 정신의 근원을 없애는 것이 되기 때문이다. 자아의식은 부처와 중생을 나누어 본다. 부처는 완전하고 중생인 집단무의식은 망상이라고 생각하기 때문에 거부하는 것이다. 그러나 임제는 "일찍이 호미를 댄 일도 없고 앞으로도 대지 않겠다"는 것을 분명히 하고 있다.

여기서 좌주의 질문을 다시 가지고 와야 한다. 좌주가 "삼승십이분교가 어찌하여 불성을 밝힌 것이 아니겠습니까?" 하고 물었다는 것은, 임제가 이 질문에 앞서서 삼승십이분교는 불성을 밝힌 것이 아니라고 설법을 했을 가능성이 크다. 좌주를 만난 그날이 아니라도 언제 어디선가 임제는 그런 말을 했을 것이고, 그것을 알고 있는 좌주가 질문을 했을 것이다.

그렇다면 삼승십이분교가 우선 무엇을 말하는지를 설명해야 한다. 승乘이란 중생을 구제해서 깨달음의 세계로 인도하는 수레이다. 즉 수레는 깨달음으로 가는 방편이다. 이 방편에는 성문승聲聞乘·연각승緣覺乘·보살승菩薩乘의 세 종류가 있다. 십이분교十二分教는 경전의 서술 형식과 내용에 따라 열두 가지로 분류한 것이다. 그런데 임제는 중생을 부처로 인도하는 결정적인 삼승십이분교가 불성이 아니라고 하는 것이다. 그러니 삼승십이분교를 따라서 부처의 길을 열심히 가던 좌주에게는 맑은 하늘에서 날벼락이 떨어진 꼴이다. 삼승십이분교에 부처가 없다는 말은 지금까지의 그가 믿어온 교리를 전면적으로 뒤집어버리는 혁명이 아니라면 그것은 반역일 것이다.

그렇다면 임제는 왜 삼승십이분교가 불성을 나타내는 것이 아니라고 했을까? 그것이 가장 중요하다. 삼승십이분교는 앞에서 설명한 바와 같이 중생의 세상에서 부처의 세상으로 가는 수레이다. 즉 중생과 부처는 완전히 다른 세계인 것이기에 중생과 부처가 어쩔 수 없이 분별되어 있다. 그러므로 자아는 끊임없이 중생의 마음을 버리고 부처의 마음이 되어야만 한다고 생각하는 것이다. 그러나 진정한 부처는 중생과 부처가 둘로 나누어지지 않는다. 중생과 부처는 본질적으로 한마음에 뿌리를 두고 있다는 사실이 여기서는 간과되어 있다는 것을 기억해야만 한다. 즉 부처에는 부처만 있는 것이 아니라 중생도 함께 있는 것이다. 그 중생이 임제에게는 거친 풀이고, 조주에게는 태고의 쓰디쓴(苦) 샘물[108]이며, 남전에게는 참묘아斬猫兒이다. 이것들은 모두 조사들이 직접적으로 경험한 아뢰야식이고, 융 심리학의 원시적 본능인 집단무의식이다.

그렇다면 여기서 또 하나의 의문점이 생긴다. 깨달음을 얻은 석가모니 붓다는 왜 삼승십이분교라는 그 많은 말들을 남겼을까? 그것은 중생이 자신의 진정한 가치인 부처를 알지 못하고 중생이라는 어리석음 속에서 살아가기 때문이다. 그러므로 부처라는 위대한 기능이 정신에 내재되어 있다는 사실을 알려야 했다.

그런데 자신의 고유한 부처를 알기 위해서 우선적으로 가장 요구되는 토대가 있어야 하는데, 그것이 바로 자아의식이다. 즉 누구나 자아의식으로 살고 있다. 그러나 깨달음은 자신의 무의식을 의식화하는 일이다. 무의식을 의식화하기 위해서는 확고한 자아구조가 필수적으로 요구된다. 그러므로 확고한 자아구조를 만드는 일이 바로 삼승십이분교가 말하는 교리를 통해서 가능한 것이다. 그러므로 삼승십이분교는 확고한 자아구조를 만들기 위한 중요한 훈련장인 것이다. 말하자면 삼승십이분교에는 불성에 대한 판타지만 있을 뿐, 진정한 불성이 없다. 왜냐하면 진정한 불성은 자아가 상상하기도 어려운 '거친 풀(荒草)'과 함께 있기 때문이다. 그것을 명상하기 위해서 먼저 자아의 초월이 요구되는 것이다.

자아의 초월은 자아의 구조가 확고한 토대를 갖추었을 때만이 가

108 『조주록』, p.22.

능하다. 초월은 삼승십이분교의 과정을 제대로 거친 사람에게 일어난다. 그것이 바로 견성見性이다. 견성한 자아, 즉 성품을 본 자아는 스스로 정신의 주체라는 생각에서 벗어나게 된다. 그러므로 자아의 초월은 바로 삼승십이분교의 초월이다.

삼승십이분교는 모두 자아의 상대의식 안에 있다. 자아의 상대의식은 중생인 자신을 버리고 부처가 되어야 한다고 생각한다. 그러나 그것은 부처의 의식적 내용인 선善적 측면만을 추구하게 된다. 왜냐하면 일반 사람들에게 알려진 부처의 상像이란 선善의 완전체이기 때문이다. 그러므로 사람들은 자신 안의 어두운 성질들을 외면해야만 부처가 될 수 있다고 생각하는 것이다. 그러한 염원들에 의해서 완성된 모습이 바로 보신불과 화신불이다. 즉 보신불과 화신불에는 악惡적인 측면이라고 불리는 무의식의 내용은 전혀 포함되어 있지 않다는 것이다. 사실 선과 악이라는 구분은 의식적 측면에서 보았을 때만 가능하다. 즉 전체성에서 본다면 중생과 부처가 하나이듯이, 선과 악은 하나다. 융의 표현대로라면 화신과 보신에게는 여전히 무의식의 원시적 성질들은 의식화되지 않은 채로 남아 있다.

그러나 법신불이 된다는 것은 의식과 무의식을 모두 통합하는 한 마음(一心)이다. 화신불과 보신불이 의식적 측면만을 추구하여 이룩한 부분정신이라면, 법신불은 무의식까지를 모두 포함하는 전체 정신이다. 이것이 바로 황벽이 삼승십이분교를 모두 체득하여 보신이나 화신이 된다고 할지라도 그것이 참된 부처의 법을 나타내는 것은 아니라고 하는 이유이다. 그러므로 삼승십이분교는 자아의 실현이지, 한마음(一心)이 되는 부처의 실현은 아닌 것이다.

보신과 화신은 모두 근기에 따라 감응하여 나타나며, 따라서 그 설하는 법도 개개의 사정에 따르고 기근機根에 대응하여 교도教導하는 것이기 때문에 이 둘은 진실한 법이 아니다. 그러므로 말하기를 "보신과 화신은 진실한 부처가 아니며, 또한 진실한 법을 설하는 것도 아니다"고 한 것이다. 말하자면 원래는 동일한 나의 정명精明일 뿐인데 이것이 나누어져 육화합六和合이 된 것이며, 일정명一精明이라는 것은 바로 일심一心이다. 육화합이라는 것은 육근이다. 이 육근은 각기 육진과 화합한다. 즉 눈은 색과 합치하고, 귀는 소리와 합치하며, 혀는 맛과 합치하며, 몸은 감각과 합치하고, 뜻은 법과 합치한다. 그런 가운데 육식이 나와 18계가 된다. 만약 이 18계가 어디에도 존재하지 않는 것을 깨달으면 육화합이 하나로 묶어서 일정명이 된다. 일정명이란 바로 마음이다. 그런데 도를 배우는 사람들은 이것을 모두 알고는 있지만 단지 '일정명'과 '육화합'에 대하여 지적으로 이해하는 것을 벗어나지 못하여 마침내 법에 속박되어 본래 마음과 계합하지 못한다."[109]

보신이나 화신은 모두 한마음(一精明)에 있는 기능으로서 자아의 염원에 따라 작용하는 현상들인 것이다. 그러나 그러한 현상들은

109 『전심법요·완릉록 연구』, pp.128~129.

결국 부처라는 법에 속박되어 있어서 본마음인 거친 풀과 계합할 수 없다. 그러므로 임제나 황벽은 깨달음을 무명망상無明妄想을 이해하고 수용하는 것이지 제거하고 수정하는 것이 아니라는 것이다. 이것이 바로 깨달음에서 평상심을 말하는 이유이다. 왜냐하면 평상심에서만 '있는 그대로'의 본성을 볼 수 있고 이해할 수 있기 때문이다. 이해는 곧 수용이다. 이해와 수용은 자기 체험을 직접적으로 시도하고 경험함으로써 가능해진다

3) 자신을 알기 위해 내면으로 침잠하다

'무의식을 이해한다'는 것의 의미는 『증일아함경增一阿含經』 47을 통해서 더욱 명료해진다. "이제 업業의 쌓임은 모두 밝혀졌나니 이제 다시 수태受胎함이 없으리라. 여실히 진인의 자취를 따라서 아라한은 마침내 무여열반無餘涅槃에 들어간다." 즉 무의식에 대해서 알고 이해한다는 것은 불교에서 말하는 업이 어떻게 형성되고 축적되어 왔는지를 안다는 것이다. 그것은 곧 업으로부터의 진정한 자유를 의미한다.

이것을 융 심리학으로 풀이하면 무의식의 의식화다. 무의식의 의식화는 아주 중요하다. 무의식이 의식화되었을 때 정신은 비로소 분리된 상태에서 벗어나 통합될 수 있기 때문이다. 심리학의 통합은 불교가 말하는 한마음(一心)이다. 의식화되지 못한 무의식은 의식에게 위협적 존재가 되지만, 의식화된 무의식은 생명에너지의 원천이 된다. 이와 같이 진술되는 것이 가능하다고 한다면 제1송은 다음과 같이 해석될 수 있을 것이다.

茫茫撥草去追尋　水闊山遙路更深
力盡神疲無處覓　但聞楓樹晩蟬吟
아득히 펼쳐져 휘저어 뒤섞여 있는 잡초는 돌보지 않고 구하고 찾으니
물은 거칠고 산은 멀어도 길을 계속해서 찾는다.
힘은 빠지고 정신이 고달파도 머물지 아니하고 찾는데
오직 들리는 건 단풍나무에 앉은 매미소리뿐이다.

'거去'가 '물리치다', '거두어들이다'라는 뜻도 가지고 있지만 동시에 '버리다', '돌보지 않다'의 의미를 가지고 있다. 그러므로 후자의 해석을 취하여 문장을 구성한다면 "아득히 펼쳐진 수풀을 헤치고 소 찾아 나서니"가 아니라, "아득히 펼쳐져 휘저어 뒤섞여 있는 잡초는 돌보지 않고 구하고 찾으니"가 된다.

물은 모든 생명체가 태어날 수 있는 근원으로서 생명수이다.[110] 조주가 본성을 '태고의 쓰디쓴(苦) 샘물'이라고 했듯이, 융 심리학에서 물은 집단무의식이다. 집단무의식은 의식화되지 못한 근원적 정신이다.

의식의 본래 성질은 불처럼 밝고 가벼워 모든 것이 드러나지만 무의식은 무겁다. 그러므로 심혼의 바닥으로 내려와 있다. 물은 신성(Numen)과 치유가 있는 신비의 물이면서 동시에 자아에게는 원시적 불안감의 원천이 되기도 한다. 물이 가지고 있는 불가사의한

110 『꿈에 나타난 개성화 과정의 상징』, p.244.

힘과 자율성은 이성에게는 언제나 엄청난 공포다. 인간 지성이 물을 외면했던 것도 바로 이러한 무의식의 특성에 대한 자아의식의 두려움 때문이라고 융은 말한다.

> 물은 지상적인, 만날 수 있는 것이며 충동이 지배하는 육체의 액체, 혈액이자 피비린내 나는 성질, 동물의 냄새이며 열정이 가득 찬 육체성이다. 무의식은 정신적으로나 도덕적으로 뚜렷한 의식의 대낮의 밝음에서부터 예로부터 교감신경으로 불리는 저 신경계의 아래쪽까지 미치는 그런 정신(Psyche)이다. 대뇌 척추계처럼 지각이나 근육활동을 유지하고 그럼으로써 둘러싸고 있는 공간을 지배하는 것이 아니고, 감각기관 없이 삶의 균형을 얻고 매우 비밀스러운 방법으로 동시에 흥분됨으로써 다른 생명의 가장 내면에 있는 존재로부터 오는 기별을 전해줄 뿐만 아니라, 이 내면의 작용에 영향을 끼친다. 그것은 그러한 의미에서 극도로 보편적인 체계, 모든 신비적 융합(participipitation mystique) 고유의 토대다. 반면에 뇌척추 기능은 자아가 명확하게 분리하는 데서 절정에 달하고, 항상 공간 매체를 통해서 표면적인 것과 외형적 형식을 파악하여 한다. 후자는 모든 것을 외부적으로 체험하나, 전자는 모든 것을 내면적으로 체험한다.[111]

융은 무의식을 태양의 상징으로 비유되는 가장 강렬한 의식성과

111 『원형과 무의식』, p.126.

육체의 충동적이고 동물적인 영역까지 포괄하는 그런 정신이라고 설명하고 있다. 이것을 불교적으로 말한다면 무의식의 영역에는 인간정신의 가장 위대한 의식성인 부처와 어리석음 그 자체인 중생이 하나로 있다. 이것이 바로 우리가 무의식을 탐구해야만 되고, 중생을 버리지 않아야 하는 이유다. 중생과 부처는 결코 분리될 수 없는 하나다. 부처는 중생 속에 있다. 그러므로 부처를 만나기 위해서는 먼저 중생을 아는 것이 중요하다.

중생을 만나는 일에서 가장 먼저 일어나는 것이 바로 자기 내면의 그림자 통찰 작업이다. 그림자는 의식에 의해서 외면된 정신의 어두운 성질이다. 사회는 원만한 유지를 위해 인위적인 인격을 요구한다. 자신의 그림자를 잘 숨긴 사람들을 사회는 인격자라고 부른다. 높은 인격의 소유자들은 자신의 그림자가 없기를 바란다. 그렇기 때문에 자신의 그림자를 인식하지 못한다. 그러나 그림자는 우리 본성의 성질이다. 그러므로 자신의 그림자를 부정하는 사람은 위선자일 수밖에 없다.

사회적 인격자는 본성의 한 부분만을 추구하기 때문에 전체정신으로부터 분리되어 있는 사람이다. 그러나 깨달음은 분리되어 있는 자신의 인격을 깨닫고 전체적 인간으로 통합을 이룩하는 것을 말한다. 즉 전체적 인간이란 분리되어 있던 중생과 부처가 통합된 사람이다. 통합된 사람만이 자성이라는 고유성을 발현할 수 있다. 고유성의 발현이야말로 건강하고 창조적인 삶의 실현이다.

그런 사람은 자기 삶에서 무엇을 선택하고 무엇을 행하든 모두 자신의 책임이다. 뿐만 아니라 세상에서 일어나는 재앙과 불행도 모두 자기 내면의 무의식의 성질에서 발견하게 된다. 자기 그림자를 인식하지 못하는 사람들이 자신의 불행을 모두 외부적 원인으로 돌리는 것과는 전적으로 다른 온전한 성숙함이다.[112]

그림자는 원형적 내용과 연관이 있기 때문에 나약한 의식성을 가진 사람들에게는 착종을 불러일으키는 요인이다. 그만큼 그림자는 의식에 엄청난 영향을 끼친다. 아무리 냉철한 이성을 가졌다고 하더라도 결코 그림자의 영향으로부터 자유로울 수 없다.[113]

이것은 진정한 자기 자신과의 만남이 왜 자기 내면의 가장 낮은 곳으로 가야만 하는지를 알려준다. 일반적으로 위대한 정신, 혹은 부처는 높은 곳에서만 존재한다고 믿는다. 그래서 하찮은 중생인 자신을 버리고 거룩한 정신이 존재하는 높은 곳에 도달하고자 끊임없이 노력한다.

그러나 조주가 말한 태고의 '쓰디 쓴 샘물'은 아래로 흘러 심혼의 가장 낮은 곳에 있다. 그러므로 그 물을 찾기 위해서는 아래로 내려가야만 한다. 왜냐하면 그곳에서만이 진정한 자기 자신과의 만남이 일어날 수 있기 때문이다.

그러나 자아의식에게 그것은 거친 망망대해로 나타난다. 다시 말해서 자아는 망망대해와 같은 집단무의식의 힘이 너무나 두렵기 때문에 자기 내면을 들여다 볼 엄두를 내지 못한다. 망망대해는 태평

112 『원형과 무의식』, p.73.

113 『꿈에 나타난 개성화 과정의 상징』, p.47.

양 한가운데 홀로 떠 있는 공포다. 그만큼 집단무의식은 자아의식에게 무시무시한 대상이다.

자아가 부처나 위대한 신의 구원에 매달릴 수밖에 없는 것도 바로 내면에 도사리고 있는 죽음의 공포 때문이다. 그렇다면 왜 이렇게 해석할 수 있을까? 십우도에 대해 '화답송(和)'을 쓴 석고이화상石鼓夷和尚과 괴납壞衲 대련화상大璉和尚의 글에서 그 힌트를 찾을 수 있다.

只管區區向外尋 오로지 성급하게 밖을 향해 찾느라
不知脚底已泥深 발밑 진흙수렁이 깊은 줄을 알지 못하네.
幾回芳草斜陽裏 몇 번인가, 방초 우거진 석양 속에서
一曲新豊空自吟 풍년가 한 가락을 부질없이 불러본 게.[114]

진리를 '밖을 향해' 찾는 것은 자아의 상대의식이다. 자아의 상대의식은 성불을 위해 중생을 버려야만 된다. 중생이 버려지면 중생에 연결되어 있는 집단무의식의 내용들을 알 수 없다. 그러나 집단무의식은 자아의식이 떨쳐내려고 아무리 애를 써도 불가능하다. 왜냐하면 집단무의식, 즉 아뢰야식은 중생, 즉 자아의 근본자리이기 때문이다.

그러므로 자아가 그것을 거부하면 할수록 그것은 헤어 나올 수 없는 발밑의 진흙수렁이 될 뿐이다. 마지막 문단을 '풍년가 한 가락

114 『십우도』, p.40.

을 부질없이 불러 보았네'로 해석한다면 더 상황에 맞을 것 같다. 아래는 대련화상의 '화답송'이다.

本無踪跡是誰尋 원래 자취 없거늘 찾는 자는 누구인고.
誤入烟蘿深處深 등 넝쿨 우거진 깊은 곳에 잘못 들어왔구나.
手把鼻頭同歸客 손으로 코 잡고 함께 돌아가는 나그네가
水邊林下自沈吟 물가 나무 아래에서 스스로 침음한다.[115]

괴납 대련화상 역시 소를 찾으러 나서는 자아의 어리석음을 안타까워하고 있다. 발자취도 없는 부처를 찾는 그 주체가 누구인지를 묻고 있다. 즉 다시 말하자면 부처를 찾는 그 자신이 누구인지도 모르면서 발자취도 없는 부처를 어떻게 찾겠다고 하는 건지 한심하다는 말이다. 뿐만 아니라 그것은 참으로 위험하다. 왜냐하면 임제는 부처가 있다고 알려진 그곳을 '거친 풀'이라고 하고, 대련화상은 '등 넝쿨 우거진 깊은 곳'이라고 했기 때문이다. 그런 곳에 잘못 들어갔다가는 눈을 뜨기도 어렵고 길을 잃는 것은 당연할 것이다. 그러므로 흔적도 보이지 않는 부처를 찾아 나서기 전에 먼저 '나'는 왜 부처를 찾으려고 하는지 물가 나무 아래에서 스스로 깊이 생각하는 것이 옳다는 것이다.

"수변림하자침음(水邊林下自沈吟: 물가 나무 아래에서 스스로 침음한다)"이란 것은 내면으로의 진정한 침잠을 의미한다고 말해도 될

115 『십우도』, p.41.

것이다. 침잠을 통해서 있는 그대로의 자신을 본다. 그러나 그 일은 아무나 할 수 없다. 왜냐하면 그것은 자신이 그토록 버리고자 했던 중생의 모든 어리석음과 부정적인 모습들의 총체이기 때문이다. 그러므로 그것을 보고 그 고통을 참아낼 수 있는 성숙한 의식성을 갖춘 사람만이 가능한 것이다.

2. 견적 : 발자취를 보다

1) 십우도는 정신의 중심을 향한 완전한 집중이다

진화란 생물이 생식을 통하여 대代를 이어가면서 복잡한 것으로 분화하여 발전과 변화를 거듭해가는 것을 의미한다. 그런데 이와 같은 진화의 과정은 물리적 현상뿐만 아니라 정신적 현상 안에서도 존재한다. 그 과정을 연구하고 체계적으로 이론화해낸 사람이 바로 분석심리학의 창시자 칼 구스타프 융이다. 그러므로 정신의 본성에는 분명하게 동물적이고 원시적인 성질이 그대로 존재한다. 의식은 발전을 거듭해 왔지만, 무의식으로 있는 성질들은 진화되지 못한 채 본래의 모습으로 있는 것이다. 무의식성으로 있는 동물성을 의식화하는 것을 융은 변환이라고 말한다. 동물성이 변화를 이루지 않는 한 의식과 무의식은 분리되어 있다. 즉 의식이 무의식의 성질을 인식하지 못하기 때문에 개체는 전체적 정신으로 통합될 수 없는 것이다.

분리된 정신은 모든 것에 문제를 일으킨다. 의식은 무의식의 내용을 납득할 수가 없다. 그러므로 무의식을 억압하는 것은 당연하다. 그러나 억압할수록 무의식은 자신의 존재를 의식에게 확인시키려 한다. 예상하지 못한 무의식의 출현들은 의식적 인간에게 매우 위협적이다. 그러므로 의식적 인격은 무의식적 인격에 대해서 본능적으로 두려움을 갖게 되고 근원을 알 수 없는 불안감에 시달리게 된다. 그것이 심화되면 신경증과 같은 정신 병리적 현상으로 발전하게 된다. 이것은 무의식으로 있는 동물적 성질들이 의식화되어야만 정신이 온전한 상태를 이룰 수 있다는 것을 말해준다.

"그런데 이러한 변신이 행해지기 위해서는 '순환적 발전', 즉 창조적 변환의 장소인 중앙으로의 완전한 집중이 반드시 이루어져야 한다."[116] 즉 중앙으로의 완전한 집중 상태란 바로 의식성이다. 무의식의 내용이 무엇인지를 명료하게 인식해야만 의식으로 편입이 될 수 있다.

의식적 편입은 중요하다. 왜냐하면 자기 체험에서 깨어 있는 것이 바로 의식이기 때문이다. 그것은 또한 체험의 내용에 대해서 이해가 일어나는 것이기도 하다. 이렇게 되기 위해서는 무의식을 마주해도 외면하거나 억압하지 않을 만큼의 의식적 인격의 준비가 갖추어져야만 한다. 즉 스스로 소를 찾으러 가는 사람이 되어야만 하는 것이다.

> 앞의 경우에서 보자면, 자기 관찰을 통해 도입된 과정을 그 모든 전환점마다 체험하고 최선의 이해를 통해 의식에 편입해야 하는 것이다. 그러한 일은 물론 의식적 삶과 무의식적 과정 간의 예기치 않는 불협화음으로 인해 흔히 감당할 수 없을 정도의 긴장을 가져온다. 무의식적 과정은 내면 가장 깊숙한 곳에서만 체

116 『꿈에 나타난 개성화 과정의 상징』, p.183.

험할 수 있으며 가시적인 삶의 표면에는 결코 와 닿지 않을 것이다. 의식 생활의 논리는 이렇다. 즉 "지각에 이미 존재하지 않는 것은 지성에도 존재하지 않는다." 그러나 무의식의 원리는 정신 자체의 자율성이다. 정신은 비록 자체의 상像을 명료하게 나타내기 위해 감각세계가 부여하는 표상의 가능성을 사용하고 있기는 하지만 그 상들의 활동 속에 세계가 아닌 정신 자체를 반영한다. 여기에서 감각의 자료는 '작용의 원인(causa efficien)'이 아니라 자율적으로 선택되고 차용된다. 그로써 우주의 합리성은 극도로 고통스러울 만큼 끊임없이 상처를 입게 된다. 그러나 감각세계는 또한 그것이 '작용의 원인'으로써 정신 내면의 과정 속에 침입하였을 경우, 그 과정에서 파괴적인 영향을 끼치게 된다. 이성이 상처를 입지 않고 다른 한편 상들의 창조적 활동이 어설프고 난폭하게 억압되지 않으려면, 융합할 수 없는 것의 융합이라는 역설을 실현시키는 신중하고도 사려 깊은 합성 방식이 필요하다.[117]

의식적 삶과 무의식의 삶은 너무도 다르다. 만일 의식과 무의식이 이처럼 판이한 세계가 아니라면 분리도 없었을 것이고, 고통도 없었을 것이며, 정신의 통합이라는 이토록 어려운 과제도 없었을 것이다. 의식적 인격과 무의식적 인격의 만남을 물과 불의 만남처럼 '융합할 수 없는 것의 융합'이라고 정의하고 있는 것에서도 두

117 『꿈에 나타난 개성화 과정의 상징』, p.183.

세계의 극단적 이질성異質性이 드러난다.

의식적 논리는 가시적으로 드러나는 것만을 수용한다. 그러므로 지각으로 인식되지 않는 것은 자아의식의 체계 안으로 수용되지 않는다. 그러나 무의식적 과정은 표면적인 삶 안에서 결코 이해될 수 없다. 무의식이 자신의 의도를 표명함에 있어서 자아의식의 감각세계를 표상하고 있기는 하지만 그것은 전달의 표현 수단일 뿐, 표상 자체가 본질이 아니라는 것이다. 상징은 이러한 체계가 다른 두 성질 사이에서 일어난다.

그러므로 준비되지 않는 의식적 인격이 무의식의 인격을 만나다는 것은 대단히 위험하다. 뱀이 물 때 준비되지 않은 의식적 인격이라면 그는 뱀을 피하거나 죽일 것이다. 뱀을 피하는 것도 죽이는 것도 모두 전체성으로 가는 길을 방해하는 일이다. 이것이 무의식과의 온전한 통합을 위해서 자아의식의 초월이 요구되는 이유다.

십우도의 신화는 스스로 소를 찾으러 가는 이야기다. 그것은 십우도의 주인공이 어떻게 하는 것이 이성이 상처입지 않고 무의식의 내용들을 잘 받아들일 수 있는지를 이미 알고 있다는 의미가 된다. 소를 찾으러 가서 소의 발자국을 발견하는 일은 완전한 집중 상태에 이르지 않으면 불가능한 일이기 때문이다. 그러므로 '창조적 변환의 장소인 중앙으로의 완전한 집중'이 일어나면 무의식과의 접촉이 시작된다.

그런데 이러한 변신이 행해지기 위해서는 '순환적 발전', 즉 창조적 변환의 장소인 중앙으로의 완전한 집중이 반드시 이루어져야 한다. 그때 우리는 동물들에 의해 '물리게' 된다. 다시 말해 무의식의 동물적 충동에 노출되는데 그렇다고 그것과 동일시되지도 않으며 또한 '거기에서 도망치지도' 않는다. 왜냐하면 무의식으로부터의 도피는 이 변환 과정의 목적을 헛된 것으로 만들어버리기 때문이다. 우리는 그대로 머물러 있어야 한다.[118]

변환의 초기과정에서 나타나는 뱀은 무의식의 동물적 충동으로써 '형태 없는 생명 덩어리', '혼돈'을 연상시킨다.[119] 중앙으로의 완전한 집중이 일어났을 때, 무의식의 동물적 충동을 알아차리게 된다. 알아차린다는 것은 동물적 충동에 그대로 흡수되어버리는 무의식성이 아니라는 말이다. 즉 충동성에 대한 뚜렷한 의식성을 가지고 있다는 것을 나타낸다.

뱀보다 소는 더 분화된 동물이다. 분화된 동물의 표상으로 드러나는 것은 동물적 충동이 모호한 혼돈의 덩어리로 보이는 것이 아니라, 더 구체적이고 분명하게 인식이 가능한 것이라는 의미로 해석이 가능할 것이다. 중앙으로서의 집중에서 가장 먼저 만나는 일이 동물적 충동이다. 그렇다면 충동이 의미하고 있는 것이 무엇인지를 알아야만 한다.

즉 충동은 두 가지 측면을 지닌다. 한편으로 충동은 생리적 역동

118 『꿈에 나타난 개성화 과정의 상징』, p.183.

119 『꿈에 나타난 개성화 과정의 상징』, p.180.

> 성으로 체험되고, 다른 한편으로는 그 다양한 모습이 상과 일련의 상의 결합으로 의식에 나타나고 생리적 충동과는 극명하게 대립되는, 혹은 대립되는 것처럼 보이는 누미노제(신성력)의 작용을 전개한다. 종교적 현상을 아는 사람들은, 육체적 그리고 정신적 열정이 비록 적대적이긴 하지만 형제이기 때문에 하나가 다른 하나로 바뀌는 순간이 있음을 잘 안다. 두 가지 모두 진실이며 정신적 에너지의 풍부한 원천이 되는 대극의 쌍을 이룬다. 하나를 위해 다른 하나의 우위에 세우기 위해서 하나를 다른 하나의 근원으로 삼는 것이 중요한 것은 아니다. 처음에는 하나만 알고 있다가 다른 하나를 나중에 알게 되었다고 해서 나중의 하나가 처음부터 없었던 것은 아니다.…… 대극성이 없는 존재는 전혀 생각할 수 없다. 그 현존이 전혀 파악될 수 없기 때문이다.[120]

본성에서 충동은 생리적 충동과 정신적 충동이 함께 있다. 충동이 의식에게 전달될 때 감각세계가 알아차릴 수 있는 형태로 드러난다. 그러므로 의식이 낮은 차원에서는 충동의 상징은 그대로 생리적 충동으로 받아들이게 된다. 그러나 의식이 높은 차원에서는 생리적 충동은 극복되고 누미노제(신성력)로 바뀌게 만든다.

종교적 열정과 육체적 열정은 극명한 대립으로 보이지만 본질적으로 하나의 뿌리다. 그렇기 때문에 육체적 열정을 극복하여 종교적 열정으로 바꿀 수 있다고 하는 것이다. 종교에서의 금욕수행이

120 『원형과 무의식』, pp.77~78.

바로 여기에 근거를 두고 행해진 것이다. 육체적 에너지도 종교적 에너지도 모두 본성의 에너지로서 진실이고 두 개의 영역이 모두 에너지의 원천이다 그러므로 어느 것이 좋고 어느 것이 나쁜 것이라고 말할 수 없다고 말하는 것이다.

다만 충동이 육체에 받아들여지고 육체가 감각에 길들여지면 충동이 정신적으로 이동하는 것이 불가능해진다. 그것은 본성이 지향하는 정신적 목표를 방해하는 일이다. 충동은 대극성에 의해서 더욱 분명하게 드러나게 된다. 즉 육체적 충동으로 다가왔을 때 의식은 그것을 선명하게 의식할 수 있게 된다. 선명하게 인식되어진 무의식의 내용은 의식화를 밟게 된다. 무의식이 의식에 의해서 인식되지 않는 한, 의식은 무의식의 존재를 알 수 없다. 그러므로 충동이 가지고 있는 대극성은 무의식에 대한 인식과 이해를 위해서 아주 중요한 역할을 하게 되는 것이다.

따라서 충동영역으로 침강한다고 해서 충동의 의식적 실현이나 동화同化가 이루어지는 것은 아니다. 왜냐하면 의식이 심지어는 큰 공포에 사로잡혀서, 충동영역의 원시성과 무의식성에 삼켜지는 것을 주저하기 때문이다. 이 불안은 영웅 신화의 영원한 대상이자 수많은 금기의 모티브다. 본능의 세계에 가까이 다가갈수록 그 세계로부터 벗어나 위험한 심연의 어둠 속에서 의식의 빛을 지키려는 절박한 갈망이 나타나다. 그러나 원형은 충동의 상으로서, 심리학적으로 인간 본성이 지향하는 정신적 목표이다. 그것은 모든 강이 굽이쳐 흘러가는 바다이고, 영웅이 용과 싸워

이겨 획득한 상금이다.[121]

무의식의 움직임을 제지하거나 피하지 않으면서 현실처럼 체험하는 일은 오직 건강한 의식성을 가진 사람만이 가능하다.[122] 준비되지 않는 사람이 무의식의 충동영역으로 내려간다고 해서 충동이 의식화되지 않는다. 황소에 대해서 전혀 지식도 경험도 없는 사람은 황소를 보는 순간 죽음의 공포에 사로잡힌다. 십우도의 영웅은 황소에 대해 익히 알고 있고 그것을 찾기 위해 온갖 노력을 기울여 왔다. 그러므로 그는 황소와 싸워 이길 준비가 되어 있는 사람이다.

대부분의 종교, 혹은 철학의 관점이 인간 본능의 동물적 충동을 도덕적으로 제어하여 구원에 이르고자 했다.[123] 그러나 십우도에서는 무의식을 의식적으로 이해하고 한마음으로 통합하는 심리적 방법을 찾아 나선다. 도덕적 해결방법이 자아를 강화시킴으로써 충동을 제어하는 것이라면, 심리적 해결방법은 그것을 있는 그대로 인식함으로써 이해하고 수용하는 것이다.

도덕적 방법은 충동을 억압하기 때문에 의식과 무의식은 여전히 분리되어 있다. 즉 심리적 갈등은 해결되지 않는 상태로 있는 것이다. 하지만 심리적 방법은 정신의 전체성에 대한 구체적 이해에 이르기 때문에 분리가 아닌 통합이다. 도덕적 방법이 훈련에 의한 방

121 『원형과 무의식』, p.78.
122 『꿈에 나타난 개성화 과정의 상징』, p.68.
123 『상징과 리비도』, p.113.

편적인 해결에 그친다면, 심리적 방법은 정신에 대한 통찰로서 근본적인 해결이다.

도덕적 해결 방법론에서 신체에 대한 폄하를 하는 것은 당연하다. 왜냐하면 신체는 죄를 범하게 하는 근원이라고 보기 때문이다. 신체 폄하에 대한 반대급부는 정신에 대하여 지나치게 가치를 높이는 것이다. 그렇게 함으로써 인간은 영적이며 선한 이미지를 갖는다. 선善은 의식적 관점이다.

의식적 관점에 대한 치중은 무의식에 대한 몰이해를 가져온다. 무의식에 대한 몰이해는 의식 중심의 편중된 정신이다. 정신은 의식으로는 다 가늠할 수 없는 무한한 무의식의 영역으로 존재한다. 무의식은 몸에서 직접적으로 작용한다. 이것이 바로 도덕적 방법론에서 몸을 멀리하고 기피하며 폄하하는 이유이기도 하다.

십우도에서는 무의식을 직접적으로 찾아 나선다. 인간을 끝없는 갈등 속으로 몰고 가는 그것의 본체를 알아야만 하는 것이다. 왜냐하면 진정한 삶은 의식할 때라야 가능하기 때문이다.[124] 의식되지 않는 삶은 주인이 없기 때문에 실체도 없다. 주인 없는 삶은 허구일 뿐이다.

2) 충동에 노출되지만 놀라지 않고 인식한다

십우도는 순환적 발전을 가장 잘 표현하고 있는 신화 중의 하나다. 십우도는 순환적 발전을 위해 그 변환의 장소인 정신의 중심으로

124 『꿈에 나타난 개성화 과정의 상징』, p.105.

스스로 찾아들어 간다. 즉 중심으로의 완전한 집중이 일어난 것이다. 그렇기 때문에 물가에 있는 소의 발자국들을 보게 된다.

앞에서 융에게 중앙으로의 집중을 의미하는 상징은 뱀에 물리는 것이었다. 이것은 십우도에서 소의 발자취를 보는 것에 해당한다. 즉 자발적으로 무의식의 동물적 충동에 노출되는 것이다. 충동에 노출되지만 그것에 전혀 놀라지 않고 있는 그대로 인식하고 있음을 잘 보여주고 있다.[125]

제2송: 견적見跡

水邊林下跡偏多 (수변림하적편다)

芳草離披見也麽 (방초리피견야마)

縱是深山更深處 (종시심산갱심처)

遼天鼻孔怎藏他 (요천비공즘장타)

125 『꿈에 나타난 개성화 과정의 상징』, p.183.

물가 나무 아래 발자국 어지러우니
방초를 헤치고서 그대는 보았는가.
설사 깊은 산 깊은 곳에 있다 해도
하늘 향한 그 코를 어찌 숨기리.[126]

융은 수변水邊에 대하여 의식과 무의식 사이의 경계선으로서 통과지점이라고 해석하고 있다.[127] 십우도 영웅이 물가에 이르러 발자국을 봤다는 것은 무의식으로의 침하를 나타내는 것이다. 아미타불의 물에 대한 명상에서 물은 지혜의 구원수救援水이자 가르침의 물(aqua doctrinae)을 나타낸다. 즉 물의 원천은 부처로서의 자기 자신이다. 이 명상을 통해 명상하는 사람은 부처가 바로 명상하는 그 자신임을 깨달게 되는 것이다. 즉 자기 자신에 대한 통찰이 일어나는 것이라고 융은 말한다.

부처는 '모든 존재를 받아들이는' 대자대비로 특징되고, 환상으로 나타나고, '명상하는 자의 자기'로서 나타난다. 부처 자신은 유일한 존재로서 바로 부처인 최고의 인식으로서 경험된다. 이러한 최후의 목표를 달성하기 위해서는, 고통스러운 착각을 일으킨 무명의 자아의식으로부터 벗어나서, 착각의 세계가 지양止揚되는 저 다른 심혼의 목표에 도달하기 위한 힘든 정신적 복원

126 『십우도』, p.44.
127 『영웅과 어머니의 원형』, p.265.

復元 수련의 긴 도정을 필요로 한다.[128]

부처란 '흩어지지 않는 주의력'으로서의 의식성이다. 즉 부처는 자기 자신을 절대적 객관성으로 관조하는 최고의 인식기능이다. 최고의 인식은 '흩어지지 않는 주의력'에 의해서 일어난다. 흩어지지 않는 주의력이란 순수한 의식성으로서 엄청난 에너지다. 그러므로 그것은 자아의 상대의식이 아닌 무아의 절대의식이다. '흩어지지 않는 주의력'은 중앙으로의 완전한 집중과 같은 의미다.

자아의식이 갖는 모든 인상은 감각적인 것에 의존되고 있다. 그것은 모두 외부적인 것이다. 무의식은 외부가 아니라 내부적인 일이다. 감각적인 것에 의존하고 있는 자아의식으로서는 무의식과의 접촉이 불가능하다. 그러므로 자아의식의 그러한 습관을 끊게 하기 위해서 붓다는 물의 명상을 권한다. 물의 명상은 환상이나 '명상하는 자의 자기'로 나타나는 상을 흩어지거나 사라지지 않게 한다. 즉 적극적 명상(aktive Imagination)으로 이끄는 것이다.[129]

태양과 물이 육체적인 생명의 원천인 것처럼, 상징으로서의 태양과 물은 무의식의 주요한 생명의 비밀을 표현하고 있다. 요가 행자가 청금석 기반을 통해서 보고 있는 상징으로서 기旗에서, 그는 이전에는 볼 수 없었고 외관상 형태가 없는 의식적 원천의

128 『인간과 문화』, p.214.
129 『인간과 문화』, p.206.

형상을 어느 정도 보게 된다. 선정禪定을 통해서, 즉 명상의 침잠沈潛과 심화를 통해서 무의식의 상을 취한다. 그것은 마치 외부의 감각적 세계의 대상들을 비추기를 그만둔 의식의 빛이 이제부터는 무의식의 어둠을 비추는 것과 같다. 감각세계와 그 감각세계에 대한 생각이 완전히 없어진다면, 내부(마음속)는 더욱 뚜렷하게 나타난다.[130]

여기서 붓다가 왜 감각적인 인상에 대한 의존을 끊고자 했는지가 분명하게 밝혀진다. 감각적 인상에 의존되어 있는 자아의식은 오감에 지각되는 것만을 자신의 것으로 받아들인다. 그러나 무의식은 감각의 세계로서 결코 이해될 수 없다. 그러므로 의식의 빛은 감각적인 것으로부터 벗어났을 때 비로소 내면으로 향하게 된다. 선정禪定은 인간 본래의 모습을 명상하는 것이다. 즉 명상으로 인하여 내면으로 침잠함으로써 자신의 근원과 만나는 것이 바로 진정한 선정이다.

어머니-이마고를 물에 투사하면 물에 누미노제나 마술적 특질을 부여하는데 그것은 어머니에 합당하다. 그 좋은 예가 교회에 있는 세례용 성수의 상징이다. 꿈과 환상에서 큰물은(특히 남성의 경우에) 의식의 모체 혹은 모상母床이라고 볼 수 있기 때문이다. 따라서 무의식－주관단계로 해석한다면－물처럼 모성적 의

130 『인간과 문화』, p.218.

미를 지닌다.[131]

물은 모성적 심연을 의미하며[132] 동시에 재탄생의 장소를 나타낸다.[133] 이것은 무의식에 대하여 왜 어머니-이마고를 사용하는지를 알게 해준다. 자아의식이 성장하기 위해서 어머니인 무의식으로부터 일시적으로 멀어져 있었지만, 성숙한 자식이 어머니를 찾듯이 성숙한 자아의식이 본성을 찾는 것은 당연하다.

본성으로 돌아가고자 하는 자아의식이 가장 먼저 부딪히는 것이 바로 본향本鄕을 의미하는 물, 즉 무의식이다. 다시 태어나기 위해서는 어머니인 심연의 품으로 돌아가는 것은 자연의 이치다. 그러므로 십우도의 영웅이 소를 찾아 나서 제일 먼저 물을 만나고 물가에 도착하는 것은 너무도 자연스러운 상징이다.

물은 변환에 있어서 중요한 주제다.[134] 연금술에서는 가장 특징적으로 드러나는 주제어 중의 하나가 바로 "변환"이다. 변환이란 하나의 특정한 성질이 완전히 다른 형태로 변하는 것을 말한다. 즉 물이 불에 가해지면 기체화된다. 오메가로서 근원의 씨앗인 영적인 힘이 외부적 형체로 나타나는 것이 바로 물이다.

인간의 신체를 구성하는 물질 중에서 물은 가장 큰 퍼센티지를

131 『영웅과 어머니의 원형』, pp.89~90.
132 『영웅과 어머니의 원형』, p.54.
133 『영웅과 어머니의 원형』, p.363.
134 『인간과 문화』, p.254.

차지한다. 말하자면 몸은 물을 담고 있는 그릇인 셈이다. '영적인 물'은 그 자체가 진리이며 모든 지혜의 탐구자이다. 물은 순환운동을 특징으로 한다. 물의 순환운동이 상징하는 것은 몸을 영으로 변환시키는 작업이다. 이 변환작업에 의해서 세계 원리(princupium mundi)가 나타난다.[135]

그러므로 세계의 원리는 무의식이 의식화됨으로써 알 수 있는 것이다. 태양과 물은 무의식의 주요한 생명력을 표현하고 있다.[136] 융은 특정한 종교에 나타나는 주된 상징들에는 그 종교가 추구하는 도덕적·정신적 자세가 담겨 있다고 본다.[137] 이것은 십우도의 신화에서 표현되는 특정한 형상들도 결국은 십우도가 전하고자 하는 정신적 자세에 대한 표현이기에 어느 것 하나도 소홀하게 볼 수 없다는 말과 같다.

예를 들어 연금술에서 영(靈, Geist)은 물과 관련이 있다. 물과 영은 동일하다. 그러므로 세례의식은 높은 의식에 도달하고자 하는 상징이다. 물속으로 들어가는 세례는 육체적 존재가 정신적 존재로 변화하는 것을 의미한다. 즉 물은 무의식이다. 무의식을 상징하는 물의 세례를 받는다는 것은 무의식에 대한 인식(ennoia)과 무의식의 의식화를 나타낸다. 무의식의 의식화는 자아의식에 의해서 억압되어 있던 정신적 내용들에 대한 재생이며 부활이다.[138]

135 『인간과 문화』, p.276.
136 『인간과 문화』, p.217.
137 『인간의 상과 신의 상』, p.96.

물의 세례를 통하여 얻는 것은 의식성이다. 앞 장에서 이미 진술된 바와 같이 의식성은 부처이자 신이다. 물에 잠수한다는 것은 의도적으로 무의식으로 침하한다는 뜻이고, 그것은 곧 본래의 자신으로 돌아가는 것을 의미한다. 연금술에서 물이 상징하고 있는 것은 원질료(原質料, prima material)로서 신적인 물이다. 물은 본래의 비밀(arcanum)을 가지고 있다. 연금술은 그 본래의 비밀을 밝혀내고자 한 것이다.

고대 이집트 사람들에게 나일 강의 물이 특별한 의미를 지니는 것처럼, 인도의 갠지스 강 역시 인도 사람들에게는 정신적으로 육체적으로 부활하는 힘을 상징하는 장소이기도 하다.[139] 불교에서도 석가탄신일에 아기 석가 상像에 작은 바가지로 물을 붙는 예식이 있다. 아기부처에 대한 세례의식은 아마도 그것을 행하는 자의 영혼을 위한 세례의식이기도 할 것이다. 다만 행위자들은 세례행위를 하면서도 그 행위에 대한 진정한 의미를 알지 못하고 있을 뿐이다.

연금술에서 물은 천상의 물이고, 영靈에 의해서 생명을 갖는 신적인 물이다. 물은 삶과 죽음의 순환운동을 의미하기 때문에 죽음과 재생의 과정을 동시에 가지고 있다고 보았다. 그것이 연금술사들로 하여금 물을 통해서 죽음과 재생의 비밀을 알아내도록 만들었던 것이다. 천상의 물, 신적인 물은 곧 무의식에서 자발적으로 만들어지는 상징들과 동일하다고 융은 말한다.[140]

138 『인간과 문화』, p.270.

139 『인간과 문화』, pp.270~271.

그의 창조력은 무의식(즉 물)에서 '퍼올려지면서' 그때 의식된 내용으로서 신(오시리스)을 생산한다. 이러한 관계는 개인적인 체험으로도 이해될 수 있다. 파밀레스는 물을 긷는다. 이런 행동은 상징적이며 원형으로서 체험될 수 있다: 그것은 심연으로부터 끌어올려진 것이다. 끌어올려진 것은 누미노제를 지닌 것, 즉 그 이전에는 무의식이었던 내용들이다. 그 내용이 하늘로부터의 목소리에 의해서 신의 탄생이라고 해석하지 않았다면 그것 자체는 어둠 속에 있었을 것이다. 이러한 유형은 요단 강의 세례에서 되풀이된다.[141]

그러므로 죽음과 재생의 과정은 무의식에 담겨 있는 것이다. 이것은 왜 인간이 물의 상징성과 소의 상징성을 만들어내었는지, 왜 무의식을 의식화해야만 하는지 그 이유를 알려준다. 물이 모성성으로 상징되는 것은 그것이 생명의 원천이기 때문이다. 물이 물리적 생명의 원천이라면 무의식은 정신적 생명의 원천이다. 그러므로 탄생의 의식儀式도 재탄생의 의식도 모두 물의 상징을 빌어서 재현되고 있는 것이다.[142]

영원한 물(aqua permanens)은 둥근 것(rotundum)과 마찬가지로 순환운동의 상징이다. 지상에 있던 물은 수증기가 되어 하늘로 오

140 『인간과 문화』, pp.309~310.
141 『영웅과 어머니의 원형』, p.115.
142 『영웅과 어머니의 원형』, p.87.

르고 다시 비가 되어 땅으로 돌아오는 끊임없는 순환이다. 그런데 이 영원하고 경이로운 물이 가지고 있는 신비로운 힘은 스스로 생명을 잉태시키고 스스로 죽이기도 한다. 즉 창조와 파괴가 같이 있다. 뿐만 아니라 능동성과 수동성, 남성성과 여성성의 원리가 동시에 존재하며 음과 양으로서 서로 균형을 이루는 물이다.[143] 이것은 무의식의 성질을 상징적으로 그려내고 있는 것이다.

3) 물, 나무, 소는 모두 리비도를 상징한다

水邊林下跡偏多 물가 나무 아래 발자국 어지러우니

물가에 나무가 있고, 소의 발자국이 어지럽게 있다. 즉 물가 나무 밑에 소가 살고 있었음을 나타낸다. 물과 나무, 소는 모두 리비도를 나타내는 상징들이다. 융에게 있어 리비도는 육체적·정신적 열정을 나타내는 단어다. 프로이드는 리비도를 성적 개념에 한정시켰다. 반면에 융은 리비도를 모든 생명현상으로 확대한다. 즉 배고픔, 갈증, 수면, 성욕, 감정적 욕구, 정감(Affekte)과 같은 자연적 욕구(Automatismen), 강박 충동(compulsio), 더 나아가 에너지로서 '정신적 영역'에까지 이른다.

융은 리비도를 '정신적 에너지(Psychische Energie)'와 동의어로 사용한다. 왜냐하면 리비도는 증식본능(propagationstrieb)인 성욕

143 『인간과 문화』, p.278.

과 자기 보존본능인 배고픔과 증오, 그리고 권력과 종교에 이르는 정신적 활동 전반에 걸친 에너지라고 이해하기 때문이다.[144] 이것은 앞 장에서 진술한 것처럼 육체적 욕구와 정신적 욕구 모두 하나의 뿌리라는 것과 통한다.

> 리비도는 동시에 인간의 인격의 한 부분을 형성하므로 그에 걸맞게 유인아목원類人亞目猿의 영혼(anthropoide Seele)이라고 이름할 수 있다. 에너지처럼 리비도도 그 자체로서 나타나지 않고, 다만 '힘'의 형태로 나타날 뿐이다. 즉 움직이는 물체들, 화학적 혹은 전기적 압력과 같은 '어떤 것'의 특정한 에너지 상태이다. 따라서 리비도도 어떤 특정한 형태들, 혹은 상태와 결합된다. 리비도는 욕동(Impulse), 정감(Affekte), 활동성 등의 강도(Intensität)로 나타난다. 이러한 형상들이 비인격적이었던 적이 없기 때문에 그것은 마치 인격 부분들처럼 표명된다. 같은 생각을 콤플렉스론에 대해서도 적용할 수 있다: 콤플렉스도 마찬가지로 인격의 부분들처럼 행동한다.
>
> 이러한 유인아목원의 영혼은 합리적인 문화 형태들을 받아들이지 않거나 혹은 마지못해 겨우 수용하며 문화적 발달에 될 수 있는 대로 저항하려고 한다. 그것은 마치 그 리비도가 항상 길들여지지 않은 야성의 근원적이자, 무의식적인 상태를 되돌아보며 그리워하는 것과도 같다. 되돌아가는 길, 즉 퇴행(Regression)은

144 『상징과 리비도』, p.203.

어린 시절에 이르고 마침내 자궁 안으로 되돌아가게 된다.[145]

융의 이론으로 볼 때, 리비도는 의식에 길들여지지 않는 자연적 성질이다. 마치 앞에서 언급된 헤세의 소설『나르치스와 골드문트』의 주인공 골드문트의 야성적 어머니의 특성을 그대로 보여준다. 소를 찾으러 가는 것도 결국은 본성으로 돌아가고자 하는 욕구 에너지에 의한 것이다. 그런데 리비도는 그 자체를 말하는 것이 아니라 상징을 묘사한다는 것이다.

리비도는 또한 비록 그것이 분명 그 자체로 나타난다 하더라도 결코 그 자체를 말하는 것이 아니고 리비도에 대한 상징을 묘사하고 있는 것이다. 상징은 알려진 어떤 사물에 대한 기호나 비유가 아니다. 상징은 거의, 혹은 전혀 알려지지 않은 사상事象만을 암시하려고 한다. 이런 모든 상징들의 제3의 비교가 리비도인 것이다. 의미의 통일성은 오직 리비도 비유에 있다. 이 영역에서 사물의 고정된 의미는 끝이 난다. 거기서 유일한 실재성은 리비도인데, 우리는 리비도의 존재를 단지 우리의 실현(Bewirktsein)을 통해서만 경험한다.[146]

리비도가 나타내는 상징들은 비록 개체가 관찰할 수 있는 형체形

145『영웅과 어머니의 원형』, p.268.

146『영웅과 어머니의 원형』, p.97.

體의 사물事物이나 현상現象이라고 할지라도 그것이 내포하고 있는 의미는 세상에 전혀 알려지지 않는 것들이다. 아니 알려질 수 없는 것들이라고 하는 것이 더 적합하다. 왜냐하면 그것은 유일무이한 성질로서 일반화할 수 없기 때문이다. 그것은 오직 고유성의 주인만이 알 수 있다. 그러므로 고정된 자아의식의 시각으로는 그 영역을 표현할 수 없는 것이다. 다시 말해 소를 찾으러 가는 행위가 진짜 현실적 소를 말하는 것이 아니라는 것처럼 말이다.

> 리비도를 의식의 지배를 받는 정신적 에너지로만 이해한다면, 그에게는 그런 식으로 정의를 내린 종교적 관계는 당연히 자기 자신과 벌이는 우스꽝스러운 유희처럼 보일 것이다. 그러나 그 에너지는 원형 또는 무의식에 속한 것이고 따라서 우리가 마음대로 할 수 없는 것이다. 그러므로 언뜻 '자기 자신과 벌이는 유희'로 보이는 이러한 관계는 결코 우스꽝스러운 것이 아니다. 자신 안에 신이 내재하고 있다는 것에는 많은 뜻이 들어 있을 것이다. 즉 그것은 행복이나 권력의 보증이 되며, 심지어는 그 속성이 신격에 상응하는 한 전능의 보증이 된다는 것이다. 신을 자신 안에 품고 있다는 것은 거의, 그 자신이 신이라는 의미 같기도 하다.[147]

무의식의 내용을 단순히 마음이 지어내는 것이고 그러므로 자아

147 『상징과 리비도』, pp.134~135.

가 없앨 수 있다고 생각하는 사람들에게 리비도의 이론은 별다른 의미가 없을 것이다. 그러나 합리적 정신이 신뢰를 가지는 과학 또한 리비도의 또 다른 결과물이라는 사실을 아는 사람은 그리 흔치 않다. 리비도는 인간이 하는 모든 생각과 행위의 근원이다. 리비도의 속성이 신성이고 그 신성을 의식화함으로써 인간은 새로운 인격으로 다시 태어나는 것이다.

이처럼 내재된 신을 현실화시키는 것이란, 결국 '너 자신을 알라'는 것에서 시작된다. 『시편』 82장 6절에서 사람이 신이라고 쓰여 있듯이, 석가모니 붓다가 사람이 곧 부처라고 말했듯이, 신격화의 관념은 태고에서 시작된 인간정신의 발현이다. 그것은 인간의 심혼 그 자체가 신격으로 고양될 수 있는 씨앗을 가지고 있다는 것을 의미한다. 그러므로 소를 찾는 일은 인간 정신이 가야만 하는 필연적인 과정인 것이다.

水辺林下跡偏多 물가 나무 아래 발자국 어지럽게 많으니

소의 발자국들은 물가에 있는 나무 아래 있었다. 나무 또한 리비도로서 생명을 상징한다. 나무는 여성성과 남근적 상징성이 혼합되어 있는 자웅동체로서 생명의 근원을 의미한다.[148]

물과 마찬가지로 흔한 어머니의 상징이 생명의 목재와 생명의

148 『영웅과 어머니의 원형』, p.95.

나무이다. 우선 생명의 나무는 열매들을 달고 있는 족보나무, 즉 일종의 종족의 어머니이다. 인간의 기원이 나무에서 비롯되었음을 수많은 신화들은 이야기하고 있다; 많은 신화가 또한 영웅이 어떻게 모성의 나무 속에 밀폐되어 있는지를 제시한다.…… 여성 신격들은 자주 나무로서 숭배되었으며, 그래서 성스러운 숲과 나무들의 의례儀禮가 있다.[149]

즉 나무는 인간의 기원이다. 이 같은 이야기는 우리의 단군신화에서도 찾아볼 수 있다. 하느님의 아들인 환인桓因은 태백산에 있는 신령神靈한 나무(박달나무) 아래로 내려와 웅녀熊女와 결혼해서 한 민족의 시조始祖인 단군檀君을 낳는다.

여기서 재미있는 사실을 하나 집어낸다면, 십우도의 신화와 단군신화가 근원적으로 닮아 있다는 점이다. 단군의 아버지 환인이 의식적 측면이라면, 단군의 어머니 웅녀 역시 동물로 상징되는 무의식적 측면을 나타낸다고 볼 수 있을 것이다. 단군은 의식과 무의식의 상징적 결합에 의해 창조된다는 점이다.

다시 나무의 상징으로 돌아와서, 환웅과 웅녀의 창조물인 단군의 이름이 박달나무(檀)다. 신령한 나무인 박달나무는 바로 생명의 근원임을 나타내고 있는 것이다. 옛 한국의 마을 어귀나 고갯마루에는 거의 대부분이 서낭신을 모신 서낭당이 있다. 서낭당 곁에는 신목神木이 있거나 장승이 세워진다. 서낭당은 나와 개인을 지키고 보

149 『영웅과 어머니의 원형』, p.91.

호하는 우리 조상들의 수호신으로 신앙되었다.

십우도 신화에서도 소는 태초의 생명이 시작되는 곳에서 살고 있었던 것이다. 즉 물가 나무 아래에 있는 소의 발자국을 본다는 것은 태초의 세계에 도착함을 알린다. 그러므로 십우도에서 나무를 발견한다는 것은 십우도 영웅의 드러나지 않는 내면, 혹은 잃어버렸던 원초적 성질로서의 남성 속의 여성성 혹은 여성 속의 남성성을 발견한다는 의미가 된다. 인간은 여성성과 남성성을 함께 가지고 있는 자웅동체다.

그러나 남성으로 태어나면서 자신의 여성성은 무의식 속에 남겨진다. 여성으로 태어나면 남성성은 무의식에 남겨진다. 이것이 사람으로 하여금 자신 안에 있는 반대적 성질을 알지 못하게 만든다. 그 대신 잃어버린 반대의 성질들을 밖으로 투사되기 때문에 외부에 있는 이성에게서 찾는다. 왜냐하면 자아의식은 내면적인 것이 아니라 외부의 확인 가능한 것들을 통해서 진실을 확인하고자 하기 때문이다.

자아의 상대의식만으로 더 이상 만족하지 못한다는 것을 알아차릴 때, 사람은 소를 찾아 나선다. 소를 찾는 사람이 가장 먼저 발견하는 것이 바로 잃어버린 자신의 반대적 성질이다. 그것이 나무로 상징된다.

알려진 바와 같이 제례祭禮와 신화에서 나무는 이미 예로부터 중요한 역할을 했다. 전형적인 나무의 신화는 낙원의 나무, 혹은 생명의 나무다.…… 신화적으로 볼 때, 인간의 기원이 나무에서 시작되었다고 주장되듯이, 빈 나무통에 매장하는 장례 관습들도 나무와 관련이 있다. 그렇기 때문에 지금까지도 관을 '죽음의 나무'라고 표현하는 것이다. 나무가 중요한 어머니 상징이라는 사실을 고려한다면 매장 방식의 의미가 이해될 것이다: 죽은 자는 다시 태어나기 위해 어머니 속으로 들어간다.[150]

삶에서 인간이 치르고 있는 의식儀式 하나하나가 모두 근원적 성질과 관련되어 있다는 사실이 참으로 놀랍다. 어쩌면 그것은 본성으로 돌아가야만 하는 것에 대한 열망들이 그렇게 상징성으로 드러났을 것이다. 그러므로 숲은 리비도의 상징이다.

인도의 신들이 살고 있다고 전해지는 보리수나무에는 어머니 상징을 특징적으로 그려내고 있다고 융은 말한다. 보리수나무 아래에서 고타마 붓다가 깨달음을 얻은 것 또한 이러한 상징성과 연관지을 수 있을 것이다.[151] 연금술에 있는 금속나무 혹은 현자의 나무(arbor philosophica)는 최고의 깨달음을 의미하는 영적 성장을 상징한다.[152] 그러므로 숲(林)은 깨달음의 장소가 되는 것이다.[153]

150 『영웅과 어머니의 원형』, p.113.

151 『영웅과 어머니의 원형』, p.304.

152 『인간과 문화』, p.292.

153 클라라사 에스테스 지음, 손영미 옮김, 『늑대와 함께 달리는 여인들』, 이루, 2013.

芳草離披見也麼 방초를 헤치고서 그대는 보았는가.

방초芳草란 풀이지만 향기가 나는 꽃 같은 풀이다. 잡초가 향기 나는 아름다운 꽃과 같다는 것이다. 방초를 헤치고서 보는 것은 관찰이다. 자기 자신이 누구인지를 아는 사람은 인간이라는 존재가 얼마나 가치가 있는지를 비로소 알게 된다. 왜냐하면 삶 자체의 모든 순간들이 모두 그 자신의 존재를 표현하고 있기 때문이다.

번뇌가 부처를 이루어내는 근원임을 알 때, 잡초는 향기 나는 풀이 된다. 진정한 삶을 피워내는 본체를 융은 심혼心魂이라고 말한다. 그러므로 자신의 심혼에서 어떤 일이 일어나지를 조용하고 끈기 있게 관찰할 필요가 있다는 것이다.[154]

십우도의 제1송에서 소를 찾아 밖으로 헤매던 수행자가 물가에서 깊은 생각에 빠져 있는 모습이 그려졌다. 즉 집단무의식을 극복하기 위해 자기 자신의 내면으로 침잠한 것이다. 불교에서 아뢰야식을 말하고 있듯이, 융은 정신에 존재하는 집단무의식을 말한다.

집단무의식이란 모든 사람이 유전적으로 물려받는 태고유형(archetype)이다. 그것은 보편적 성질을 갖고 있다. 융은 사실 우리가 개인의식의 내용이 갖는 차이에 따라 서로 다르다고 생각하고 구별되고 있기는 하지만, 무의식의 관점에서 본다면 개인의 내부는 매우 비슷하다는 것이다.

사람들이 민족을 외치는 것도, 태고의 인류와도 심리학적인 연결

154 『꿈에 나타난 개성화 과정의 상징』, p.130.

이 될 수 있는 것도, 무의식이 가지고 있는 상들이 모두 같은 형식을 띠고 있기 때문이다. 그러므로 집단무의식은 집단정신으로 연결된다. 집단정신은 무의식성, 즉 무명이다.

그런데 종교가 본질적으로 추구하는 것은 고유성이다.[155] 그러므로 진정한 깨달음이란 바로 자기 자신의 고유성을 찾는 것이고, 그 고유성을 실현시키는 일이다. 부처는 부처를 찾는 사람의 가장 고유한 본성이다. 그러므로 그것은 석가모니 붓다를 흉내 낸다고, 그가 갔던 길을 그대로 따라 간다고 해서 얻을 수 있는 것이 아니다.

오직 자기 자신이 누구인지를 알아야만 고유성은 실현될 수 있다. 그것이 부처이고 진정한 깨달음인 것이다. 그러므로 고유성의 실현을 위해서는 정신적 기초로 되어 있는 집단무의식의 동일형식을 극복해야만 한다. 그것을 위해서 내면으로 침잠하는 것이다.

155 『영웅과 어머니의 원형』, pp.18~19.

3. 견우 : 소를 보다

1) 소는 자아다

자아는 자기 보존본능이다. 그런데 자기 보존의 본능 역시 수많은 정동의 한 원천이다.[156] 사고·감정·의지와 같은 여러 작용은 '나'를 인식 중심에 두는 자아에 의해서 일어난다. 즉 자아는 이러한 작용들의 주관자이다. 정신분석에서 규정되는 자아 기능의 핵심적 요소가 바로 방어다.

자아의 기능은 원시적 충동과 현실적 외계와의 중개자로서의 역할에 중점을 부여한다. 즉 원시적 충동인 이드의 욕구에 제동을 걸어 그것의 결과로 일어나는 고통을 피하게 만드는 것이다. 이것은 자아의 핵심 기능이 자기 보존에 있음을 보여준다. 즉 다시 말해서 존재는 '나'를 중심으로 생각하고 보호하는 이 기능에 의해서 유지된다는 것이다.

그런데 붓다는 '잘 길들여진 자아(atta)가 인간의 영광이네', '실로 자아(atta)가 자신의 의지처이다'[157]라고 말한다. 이것은 자아를 길들이는 것으로 보고 있다. 즉 자아는 길들이지 않으면 안 되는 그

156 『상징과 리비도』, p.26.
157 『나, 버릴 것인가 찾을 것인가』, p.47.

무엇이다. 또한 자아가 자신의 의지처라는 것이다.

여기서 의지처란 깨달음의 근원이라는 의미다. 이것을 심리학적으로 본다면 자아의 상대적 의식이 있음으로써 무의식이 존재한다. 그러므로 '중생이 곧 부처'다. '잘 길들인다'는 말은 심리학에서 말하는 의식화다. 자아와 그것에 연결된 무의식을 의식화해야만 된다는 것이다.

> 그러므로 모든 법에 아我가 없다고 하지만 진정으로 아我가 없는 것은 아니니, 어떤 것이 아我인가? 만약 어떤 법이 충실하고(實) 참되고(眞) 늘 그렇고(常) 의지하더라도(依) 주체적이어서(主) 그 성품이 변화하지 아니하면, 그것을 아我라고 한다.…… 여래도 이와 같아서 중생을 위하는 까닭으로 모든 법 가운데 진실로 아我가 있다고 하는 것이다. 아我라고 하는 것은 곧 여래장如來藏이니, 일체의 중생이 모두 부처의 성품(佛性)을 가진 것이 곧 아我라는 뜻이다.[158]

아我는 심리학적으로 자아다. 자아에 대한 융의 이론으로 붓다의 말을 이해해보자. 즉 붓다의 말에 의하면 자아는 주체적이어서(主) 그 성품이 변화하지 않아야 한다. 이것은 자아가 확고하게 짜 맞추어진 콤플렉스라고 하는 융의 자아개념과 동일하다.

정신이 분화하고 성장하는 데 있어서 확고하게 짜 맞추어진 자아

158 『대열반경』(대장정 12권 648중).

의 구조는 그 무엇보다도 중요하다. 왜냐하면 자아의 구조가 튼튼해야만 무의식이 의식으로 밀려 들어올 때 감당할 수 있기 때문이다. 만일 자아 구조가 약한 경우에는 무의식의 힘에 의해 자아는 해체되어버린다. 즉 자아의 구조가 사라지면 자아에 연결되어 있는 의식 또한 사라지는 것이다. 그것은 존재 자체가 무의식화 되어버리는 것을 의미한다.

의식이 무의식화 되는 일은 의식 수준의 저하가 일어나는 것이다. 그것은 신경증적 해리, 정신분열적 분해, 그리고 심하면 자아의 붕괴로 이어질 수 있다는 것이다. 또한 자아의 권력본능에 의해서 자아는 자기(self)와 동일시된다. 쉽게 말해서 자신이 부처나 예수의 대변자로서 미륵불이나 재림예수가 되었다는 환상에 빠진다는 것이다. 자아와 부처의 동일시는 자아의식의 말소다.[159]

자아의식의 말소는 정신의 과대망상이자 정신의 파멸이다. 이렇게 되지 않기 위해서 요구되는 것이 바로 자아의 튼튼한 구조다. 그렇게 되어야만 무의식의 힘에 압도되지 않고 무아의식이 정신의 중심으로 자리할 수 있게 되기 때문이다. 자아의 말소는 자아의 초월이 아니다. 자아의 말소가 정신의 붕괴라면 자아의 초월은 정신의 온전한 건설이다. 왜냐하면 자아의 초월에 의해서 전체성의 중심인 무아의식이 드러나기 때문이다.

무아의식은 절대의식이자 절대적 객관성이다. 그렇기 때문에 자아에 대한 관조가 일어날 수 있는 것이다. 자아가 말소된다면 자기

159 『원형과 무의식』, pp.91~93.

자신을 알 수 있는 기회를 상실하게 된다. 깨달음은 부처가 자아를 명상하는 것이다. 무아의식이 드러나면 자아가 만들어낸 판타지의 세계가 걷어지면서 정신의 실재가 드러나게 된다. 즉 심리학이 말하는 무의식의 의식화다.

무의식의 의식화는 무의식의 내용들을 감당할 수 있는 튼튼한 자아구조가 아니면 일어날 수 없다. 이것이 바로 붓다가 '어떤 법이 충실하고(實) 참되고(眞) 늘 그렇고(常) 의지하더라도(依)' 자아가 주체적으로 있어서 변하지 아니해야 한다고 말하는 이유다. 그런데 자아와 자기가 동일시되면 자아는 주체성을 잃는 것이다.

그러므로 확고한 자아의 구조는 전체성으로 가는 길에 있어서 무엇보다도 중요하다. 무의식을 의식화할 때 그 흐름을 거스르지는 않아야 할 뿐만 아니라, 그 어떤 경우에도 의식을 잃어서는 안 된다. 무의식의 내용들을 또렷하게 의식함으로써 무의식의 의식화는 일어날 수 있기 때문이다.[160]

일반적으로 '나가 없다' 혹은 '무아'라는 말에서 해석의 혼란이 일어난다. '나'가 없다는 말은 인식주체로서의 '나'가 만들어내는 문제점에 대한 지적이다. 그런데 정말로 '나'가 없다고 생각하여 '나'를 버린다면 그것은 병적인 장해를 자초하는 일이다. 즉 '나'를 버린다는 것은 자기가 살고 있는 집을 버리는 것이다.

자아는 정신을 둘러싸고 있는 껍질, 즉 피부와 같다. 피부가 없으

160 『원형과 무의식』, p.132.

면 살아남을 수 없다. 피부는 전적으로 몸을 보호하는 기능이다. 그러므로 자아가 흔들리면 자아에 연결된 의식 또한 흔들린다. 이것이 바로 자아가 쉽게 변해서는 안 되는 이유다. 그러므로 붓다는 자아의 확실한 주체성, 그것이 바로 부처의 성품이라고 말하는 것이다.

> 미트라스와 유사한 인물은 태초의 인간, 가요마르트Gayomart이다. 그는 자신의 소와 함께 창조되었다. 그리고 둘은 행복하게 6천 년 동안 함께 살았다. 그러나 일곱 번째 황도대에 위치한 천칭자리(Libra)의 시대로 접어들자, 악의 원리가 침입하였다. 천칭자리는 점성술적으로 소위 비너스(금성)의 좋은 거주지이므로 악의 원리는 어머니의 성애적인 면을 의인화한 사랑의 여신의 지배하에 들어간다. 우리가 보았듯이, 이러한 측면은 정신적으로 매우 위험하기 때문에, 아들에게 전형적인 파멸이 일어나는 것이다. 이러한 배치에 의하여 30년 후에 가요마르트와 그의 소가 죽었다.(차라투스트라의 시험도 30년이 걸린다.) 죽은 소에서 55개의 곡식의 종류와 12가지의 약초 등이 나왔다. 황소의 정자는 정화하기 위하여 달로 들어가지만, 가요마르트의 정자는 해로 들어간다. 이러한 경우 황소는 숨겨진 여성적인 의미를 암시하는 것 같다.[161]

천칭자리에 와서 악의 원리가 침입하였다는 것은 의식의 발전이

161 『영웅과 어머니의 원형』, pp.423~424.

또렷하게 일어났다는 것을 의미한다. 즉 악을 구분하여 그것의 침입을 아는 것이 바로 의식이기 때문이다. 악의 원리가 침입하기 전까지, 즉 의식이 악을 구분하기 전까지 소와 함께 창조된 가요마르트는 6천 년 동안 무의식으로 살았다는 것이다. 가요마르트와 소가 죽어서 소는 생명을 유지할 수 있는 곡식과 약초를 만들어내는 생명체의 근원이 되었고, 소의 정자가 달로 들어갔다는 것은 무의식이 되었다는 것을 의미한다.

반면에 가요마르트의 정자가 해로 들어갔다는 것은 의식성을 의미한다. 즉 가요마르트와 소의 죽음은 의식의 분별로 인해 전체성이 의식과 무의식으로 나누어진다는 것을 상징적으로 보여준다. 여기서 소는 분명하게 무의식을 의미하고 있다. 가요마르크가 해로 들어간 것처럼, 미트라스의 이름 또한 태양을 의미하는 페르시아어인 미르mihr와 관련이 있다고 융은 말한다.

그런데 소는 어떻게 자아이기도 한 것인가? 영웅은 희생의 제물을 바치는 자이면서 동시에 희생되는 자로서, 제물 그 자체이기도 하기 때문이다.

> 황소의 희생 후에 놀라운 생산력이 있게 되는 이유가 여기에 있다. 이미 원시단계에 생명력은 소모되고, '나쁘게' 되거나 상실되었기 때문에 일정한 시기마다 새롭게 갱신될 필요가 있다는 견해가 있었다.…… 그래서 미트라스 제식에서 황소의 죽음은 무서운 어머니, 즉 무의식에 바쳐지는 제물이다. 무의식은 의식이 그의 뿌리로부터 너무 멀리 떨어져 있고, 신들의 능력을 잊어버

렸기 때문에 자연스럽게 의식의 에너지를 자신에게 끌어당긴다. 신들의 힘이 없이는 모든 생명은 메마르거나 왜곡된 발전에 이르러 파멸적인 결과 속에 사라져버릴 것이다. 희생으로 의식은 그의 소유와 힘을 무의식을 위해 포기한다. 이로써 하나의 대극의 합일이 가능하게 되고, 그 결과는 에너지의 해방으로 나타난다. 희생의 행동은 동시에 어머니의 수태를 의미한다. 지하의 뱀의 악령은 피를 마신다. 즉 영웅의 영혼을 마신다. 그럼으로써 생명이 불멸의 상태를 유지한다. 왜냐하면 태양처럼 영웅도 자기희생과 어머니에게로 다시 되돌아감으로써 스스로를 다시 생산한다.[162]

황소가 무의식에 바쳐지는 제물이라고 말하는 것에서 황소는 곧 자아임을 가리키고 있다. 그 이유는 바로 뒤에 이어지는 의식이 무의식으로부터 너무 멀리 떨어져 있었기 때문이라고 쓰여 있다. 자아가 황소의 모습을 한 것은 그것의 뿌리가 동물적 본능에 있고 그것에 의해서 끊임없이 지배받고 있다는 것을 나타낸다고 보여진다. 즉 자아는 본성의 자식이다. 그러므로 자아가 무엇인지를 탐구한다는 것은 본성을 안다는 것이다. 본성에 대한 이해는 곧 자기 정체성에 대한 이해다. 의식이 무의식을 위해 자신의 소유와 힘을 포기하는 이유는 신성이 무의식 안에 있기 때문이다.

여기서 의식은 바로 소유와 힘을 가진 자아의 의식이다. 즉 자아

162 『영웅과 어머니의 원형』, pp.431~432.

의 초월이 일어남으로써 의식과 무의식은 합일이 일어난다. '어머니의 수태'는 자아가 죽어 새로운 생명으로 다시 태어나는 것을 의미한다. 새로운 생명은 부처인 무아의식이다.

자아의식이 선령善靈의 세계만을 추구했다면, 재탄생은 악령惡靈의 세계도 함께한다. 이것을 융은 영웅의 영혼이라고 말한다. 즉 영웅의 영혼이란 선한 측면만이 아니라 악의 측면을 포함하는 전체성의 세계임을 알리고 있다. 영웅의 재탄생이 왜 불멸의 상태를 유지한다고 하는가 하면, 시간과 공간, 삶과 죽음, 선과 악의 이원적 세계인 자아를 초월해 있기 때문이다. 불멸의 세계는 시간과 공간, 선과 악의 모든 이원론적 세계를 초월하는 무아의식의 세계이다. 그것은 오직 영웅만이 가질 수 있다.

그러므로 불멸의 세계는 오직 자아의 초월을 의미하는 자기희생과 의식의 어머니인 무의식의 세계로 귀향함으로써 얻을 수 있다. 즉 자아의 죽음의 대가로써 얻을 수 있는 것이 바로 무아의식인 것이다.

2) 소는 자아이면서 동시에 부처이다

"자기(Self)는 원시적 상태이고 시공간을 넘어서며, 사람의 마음에 존재해 정신적 전체성으로 향하게 하는 선천적인 잠재성이다."[163] 융이 말하는 자기(Self)는 불교의 불성이다. 불성이 원시적 상태에

163 이부영, 「곽암의 십우도十牛圖: 분석심리학적 고찰」(『心性硏究』, Vol.25 No.1, 2010)

있다는 말에서 십우도가 왜 깨달음을 위해서 '소'를 찾으러 간다는 상징을 묘사하는지 그 이유가 밝혀진다. 자기(Self), 곧 불성은 원시성의 에너지이며 원시성의 리비도로서 충동성인 것이다.

그렇기 때문에 본성을 임제는 '거친 풀'이라고 하고, 조주는 '차디찬 샘물'이라고 했으며, 조주의 스승인 남전은 '남전참묘아南泉斬猫兒'라고 했던 것이다. 조주의 스승인 남전선사는 신성한 법당에 물소를 들여놓았다. 동물의 원시성을 거치지 않고서는 부처를 만날 수 없다는 것을 행위로 보여준 것이다.

즉 다른 말로 하자면 자기 내면의 동물적 원시성을 보고 의식화하는 것이 바로 부처라는 것이다. 조주는 아무 말 없이 법당에 있는 물소에게 꼴을 가져다주었다. 스승의 행위가 본성에 대한 바른 통찰을 일으키고자 하는 선지식의 탁월한 가르침이라는 사실을 제자인 조주는 알아차린 것이다.

마찬가지로 십우도의 소는 부처를 상징하고 있다. 사람이 소를 본다는 것은 부처가 부처를 보는 것이다. 깨달음을 추구하는 사람은 부처가 되기 위해서 부처를 찾아 나선다. 그에게는 부처가 존재의 목적이다. 그러므로 소를 만나기 이전의 사람에게 소는 부처로 상징될 것이다.

그러나 소를 찾은 사람에겐 소는 부처가 아니라 자아라는 것을 알게 된다. 왜냐하면 부처는 무아의 절대의식이기 때문이다. '나'를 인식 중심에 두는 자아의 상대의식은 주관적 인식이다. 주관적 인식은 자기 자신에 대해 객관적일 수 없다. 그러나 무아의 절대의식은 절대적 객관성이다. 거울을 보는 사람은 자기 자신의 잘못된 모습을 수정하게 된다. 이것을 십우도는 소를 길들이고 소를 타고 집으로 돌아오는 것으로 표현한다.

융은 집을 존재의 상징으로 해석한다. 소를 타고 집으로 돌아오는 사람, 그 집의 주인은 이제 더 이상 자아가 아니라 부처다. 그렇다면 왜 이런 해석이 가능할까? 중생, 즉 자아와 부처는 둘이 아닌 하나이기 때문이다.

자아는 상대의식이다. 그러나 자아가 인식주체임을 초월하여 객관화된 것이 바로 무아의식이다. 즉 자아는 자신을 스스로 객관화할 수 있는 능력을 갖추고 있었던 것이다. 그러므로 부처와 자아는 같은 것도 아니고 다른 것도 아니다(非一非二)라고 하는 것이다. 즉 부처와 자아는 하나의 기능으로 되어 있지만 그 역할은 주관성과 객관성이라는 전혀 다른 차원으로 나타나기 때문이다.

자아는 서양심리학의 에고ego가 번역된 것이다. 서양에서 자아는 주로 자존심·자부심과 같이 '나(我)'를 중심으로 하는 뜻을 상징하지만, 철학적 측면에서의 자아는 초월적 주체로서의 자아로 쓰이기도 한다. 그런 의미를 포함하고 있기 때문에 한문으로 번역되는 자아自我에도 본연本然, 시초始初와 같은 뜻을 담고 있는 '자自'를 넣었을 것이다.

자아가 갖는 의미를 되짚어 풀이해보는 것은 자아에서 아我의 특징이 빠지면 그것이 바로 자自인 본연이 된다는 것을 말하고 싶기 때문이다. 정신의 주체를 자아라고 생각하는 사람들에게 부처와 중생은 함께할 수 없는 두 개의 세계이다. 그러나 부처가 정신의 주체로 있는 사람에게 부처와 중생은 한마음이다. 여기서 바로 자신이 중생이라고 생각하고 사는 사람과 자기 삶의 주인으로서 사는 사람의 세상과 자신을 바라보는 관점의 차이가 드러난다.

사실 소가 부처라면 자아가 부처를 타고 길을 들인다는 말이 된다. 자아가 부처를 길들인다는 것은 이미 무엇인가 크게 어긋난다. 소는 자아이자 동시에 본능이다. 이것은 자아의 뿌리가 무의식이며 본능에 기인하고 있음을 의미한다. 그러므로 소는 바로 자기 자신이다. 소를 찾는 일은 자신의 본성을 찾는 것이다. 자아와 부처는 본질적으로 하나다. 다만 그 역할과 기능에 차이가 있을 뿐이다.

> 따라서 수행자는 마음의 참다운 상태를 알기 위해 자기 마음의 소우주적 관점을 이해해야 한다. 선禪불교의 대가인 스즈끼(D. T. Suzuki) 교수는 이것이 자기 존재의 내적 본성 속에서 '한마음'을 보는 일이라고 말한다. 이 책의 논문에서 "개인의 마음은 다른 마음들로부터 분리될 수 없다"고 가르치듯이, 소우주적인 마음은 대우주적인 마음으로부터 분리될 수 없으며, 둘은 초세속적인 마음으로 이루어진 하나의 실체이다. 수행자의 모든 목적은 무지의 짙은 안대 속에 가린 소우주적인 마음을 그것의 대우주적인 마음과 결합하여 모든 이원성과 환영에서 벗어나는 것이다.…… 불교 그 자체를 이해할 때와 마찬가지로, 이 책의 요가를 이해하려면 단순한 지식이 아니라 깊은 내관에 의지해야 한다. 붓다는 이렇게 발했다. "지식 없이 명상 없고, 명상 없이 지식 없다. 지식과 명상을 함께 지닌 자는 열반에 가깝다.[164]

여기서 소우주는 자아이고 대우주는 자기(부처)다. 즉 마음이 무엇인지 알기 위해서는 반드시 소우주인 자아가 무엇인지를 알아야 하며 그것의 관점을 먼저 이해하는 것이 우선이라는 말이다. 왜냐하면 자아는 부처와 분리될 수 없는 하나이고, 본질인 부처를 알기 위해서는 본질에 의해서 나타나는 현상인 자아를 통해서만이 알 수 있기 때문이다. 그러므로 충동력, 생명력이라는 근원적인 힘 역시 본질의 현상인 자아로 표명된다는 점이다. 자아를 관조하고 탐구하는 일이야 말로 가장 참다운 마음탐구인 것이다.

그러므로 인간의 심적 요소는 자아와 본능의 주인인 부처 혹은 자기(Self)로 되어 있다. 이것은 소가 객관성과 주관성을 동시에 지니고 있음을 의미한다. 즉 소는 위험한 짐승으로서 거침없는 충동성이기도 하지만, 그 충동성을 억압하는 계율도 함께 가지고 있는 것이다. 그러므로 황소를 잡아타고 그것을 길들이는 것은 동물적 충동성의 극복을 의미한다. 하지만 동시에 '계율의 힘을 정복하는 것' 또한 극복해야만 한다.

이것이 바로 정신의 본질이 가지고 있는 딜레마다. 왜냐하면 계율은 선과 악, 옳고 그름이라는 이원화를 만들어내는 근원이다. 선과 악의 이원화를 극복하는 것 또한 단호한 개혁이다. 선이 선으로 고정화될 때, 선의 반대편에 있는 성질들에 대한 진정한 이해는 차단될 수밖에 없다. 계율을 지키고자 하는 것 또한 정신의 한 측면만을 지향志向하는 일이다. 계율에 대한 집착은 전체성으로 가는 길을

164 『티벳 해탈의 서』, pp.160~161.

막는다.

그러므로 진정한 개혁은 충동의 힘을 극복하면서도 그 충동을 온전히 이해해야만 한다. 충동에 대한 이해는 동물적 충동을 직시하고 그것이 자기 안에서 어떻게 일어나고 현실적으로 어떻게 영향을 미치는지를 직접적으로 경험함으로서 가능해진다.[165]

십우도의 세 번째 그림에는 목동이 소의 꼬리를 보고 따라가고 있다. 소의 발자국을 따라가 보니 머지않은 곳에 소가 있었고, 드디어 소의 위풍당당함을 본다.

제3송: 견우見牛

黃鸚枝上一聲聲 (황앵지상일성성)

日暖風和岸柳靑 (일난풍화안류청)

只此更無回避處 (지차갱무회피처)

165 『영웅과 어머니의 원형』, pp.162~163

森森頭角畵難成 (삼삼두각화난성)

노란 꾀꼬리 가지 위에 지저귀고
햇볕 따사하고 바람 서늘한데 언덕엔 푸른 버들
더 이상 피할 곳 없나니
위풍당당한 쇠뿔은 그리기가 어려워라.[166]

나무와 숲을 상징하는 녹색은 무의식을 상징한다.[167] 새는 영웅이 임무를 완성할 수 있도록 도와주는 힘이다.[168] 형언할 수 없는 일들이 드러내는 성스러움도 새로 상징된다.[169] 새는 예언 능력을 가지고 있으며 신의 메시지를 전하는 자이기도 하다.[170] 노란 꾀꼬리는 모습이 아름다울 뿐만 아니라 서른두 가지의 소리 굴림을 가졌다고 알려질 만큼 맑고 다양한 소리를 가지고 있다. 이러한 꾀꼬리 목소리의 다양성은 변화무상한 마음의 특성을 상징하는 것으로 보인다.

마음의 다양한 특성들에 대해서 알지 못했을 때, 그것은 두려움의 대상이었다. 그러나 이제 그 혼란스럽고 두렵기만 했던 마음의 소리들은 자신의 정체성을 알려주는 본질임을 알게 된다. 그러므로 그것은 더 이상 어리석음의 근원이 아니라 지혜의 근원임을 알게

166 『십우도』, p.48.
167 『원형과 무의식』, pp.293~294.
168 『영웅과 어머니의 원형』, p.139.
169 『영웅과 어머니의 원형』, p.86.
170 『영웅과 어머니의 원형』, p.167.

되니 꾀꼬리 소리로 들리는 것이다.[171]

日暖風和岸柳青 햇볕 따사하고 바람 서늘한데 언덕엔 푸른 버들

햇살은 따뜻하지만 아직은 바람을 데울 만큼 강렬하지는 않다. 그럼에도 불구하고 정신적 발아와 생장生長에는 무리가 없어 보인다. 왜냐하면 바람이 서늘해도 언덕에 있는 버들가지는 푸르게 돋아 올랐기 때문이다. 초록은 식물을 발아시키고 생장시키는 신성한 힘을 암시하는 생명의 색이며 청춘으로의 성장을 나타낸다.[172]

'푸르름'은 완전한 초록으로 가는 전前단계에 있다. 불성의 껍질로 있던 자아가 완전하게 숙성함으로써 스스로 껍질을 벗을 준비가 되어가고 있다는 의미이다. 무아의식의 출현을 위해 자아의 자발적 희생이 준비되고 있는 것이다. 즉 세속적 인간에서 영적인 인간으로의 변환이 얼마 남지 않았음을 나타낸다.

只此更無回避處 더 이상 피할 곳 없나니

정신은 목적성이다. 정신은 혼돈의 상태에서 질서로 나아가는 과정으로 지속된다. 십우도의 저자는 그것을 더 이상 자아가 회피하거나 물러설 수 없다는 것을 알아차린다. 왜냐하면 자아의 희생은

171 『상징과 리비도』, p.96.

172 『영웅과 어머니의 원형』, pp.374~375, 『인간의 상과 신의 상』, p.137.

숙명이기 때문이다. 그러므로 자아는 그것을 운명적으로 받아들일 준비를 하는 것이다.

森森頭角畵難成 위풍당당한 쇠뿔은 그리기가 어려워라.

위풍당당한 쇠뿔만 보아서도 소가 가지고 있는 파워와 위엄을 짐작할 수 있다. 우뚝 솟아 있는 쇠뿔은 깊은 연륜을 담고 있지만, 의식세계의 언어로서는 다 담아낼 수 없다는 말이다.

4. 득우 : 소를 잡다

1) 부처는 왜 자아의 기능을 필요로 하는 것일까?

부처는 그 자체로 온전함이라고 말해진다. 그 자체로 온전함에도 불구하고 자아라는 부분정신의 기능을 발현시킨다. 온전한 부처가 왜 자아를 필요로 하였는지 그 이유를 알아볼 필요가 있을 것이다.

소가 자기(Self)와 자아 둘 다를 상징할 수 있다는 점에서 자기와 자아, 즉 부처와 중생이 둘이 아니라는 것이 밝혀졌다. 이것은 곧 '의식이 부처'임을 말해준다.[173] 의식이 부처라면 자아는 부처를 지키고 키우는 보모다. 그러므로 의식은 자아라는 기능이 있어야만 성장할 수 있다. 자아는 의식의 중심으로서 의식의 힘을 강화시키는 역할을 한다. 자아는 시간과 공간 속에서 '나'를 중심으로 에너지를 끌어들이는 역할을 하는 것이다.

자기(Self) 혹은 부처가 의식을 강화시킬 수 없는 이유는 그 자체가 전체성이기 때문이다. 전체성이란 개별성으로 구분되지 않는다는 말이다. 즉 부처는 무無, 즉 공空이다. 무와 공은 시간과 공간을 초월해 있다. 모든 개체성은 시간과 공간 안에서 성립된다. 시간과 공간은 자아가 있음으로써 가능한 것이다.

173 『인간과 문화』, pp.209~210.

'나'라는 인식주체가 있음으로써 상대를 구분하는 것이 바로 개별성이다. 인식주체인 '나'가 자신과 대상을 구분함으로써 의식의 발전은 진행된다. 그것이 없다면 의식의 발전과 강화는 일어나지 않는다. 그러므로 의식의 발전과 깨달음에 있어서 건강한 자아와 자아의 구조는 아주 중요한 역할을 한다. 이것이 바로 부처가 자아를 필요로 하는 이유이다.

앞에서 부처는 무無 혹은 공空이라고 했다. 여기서 말하는 무는 아무것도 없다는 의미가 아니라 충만으로서의 전체성이라고 융은 말한다. 그런데 충만한 무가 문제인 것은 그것에는 아무런 특성이 없다는 것이다. 특성은 오직 유有에서 나온다.

즉 유에 의해서 고유성의 윤곽이 형성되고 그것에 의해서 개별성을 완성할 수 있다. 개별성을 획득하지 못하면 정신은 다시 무無 속으로 용해되어버린다. 말하자면 부처는 중생을 통해서만이 분리되지 않고 다시 통합하는 개성화를 이룰 수 있는 것이다.

조사들이 깨달음을 얻겠다고 모든 마음을 비우고 삼매경에 빠져있는 사람들에게 호통을 치는 이유가 바로 여기에 있다. 조사어록을 보면 '사미승 혜능이 방아를 찧다가 삼매에 빠져버린 것이 옳은 일인가 잘못된 일인가'라고 묻는 질문이 나온다. 이것 또한 무에 빠져드는 위험성을 경계하는 말로써 의식의 중요성에 대한 강조다.

고유성은 자아가 '나'라는 인식을 만들어가면서 발생한다. 그러므로 고유성은 개체만이 가질 수 있는 고유한 역사인 것이다. 그 역사를 알아내는 일이 바로 인간의 숙명적 과제가 된다. 왜냐하면 그 역사인 고유성을 획득하지 못하면 다시 무로 돌아가 버리기 때문이다. 고유한 역사가 축적되어 있는 곳이 무의식이고, 그 무의식의 중심에 부처가 있다.

부처는 자아의 탄생과 성장의 근본이다. 자아가 부처의 존재를 아는 순간 자아는 자신이 정신의 중심이 아니라는 것을 깨닫게 된다. 그럼으로써 자아는 오만을 버리고 본래적 기능으로 돌아갈 수 있다.

융은 상징을 본성에 내재하는 충동력과 불가분의 관계로 본다. 왜냐하면 상징은 충동력에 의해서 형성된다고 보기 때문이다 인간을 파멸로 몰아넣을 수 있는 본성의 무질서한 충동들은 성숙한 의식의 저항에 부딪치면서 변환이 일어난다. 융은 우리의 정신에는 충동성을 변화시킬 수 있는 자율성이 존재한다는 것을 주저 없이 가정한다. 즉 정신에는 순수한 충동에 대비되어 일어나는 정신체계가 작동하고 있다는 것이다. 그러한 정신적 작동에 의해서 충동은 그것과 합치되는 유사한 표상을 만들어내게 되는데, 그것이 바로 상징으로 나타난다.

충동이 상징으로 이동한다는 것은 리비도가 충동으로 흘러가지 않도록 하기 위함이다. 리비도는 물과 같은 성질을 가진 자연적인 경향(penchant)이다. 그러므로 그것들의 방향을 바꿀 수 있는 표상들은 아주 중요한 역할을 한다. 이러한 표상들은 무의식의 구조를 이루는 원형들이다. 이 원형에 의해서 정신적 사건들이 움직여진다.

원형은 태고로부터 유전되는 형식(Formen)이다. 이 형식에 의해서 충동은 상징화되고, 인간은 충동의 힘으로부터 해방될 수 있는 것이다. 즉 원형은 충동을 '창조적 환상'으로 생산해낼 수 있는 내재된 정신적 체계다. 이것에 의해서 정신은 보다 높은 차원으로 끌어올려진다. 이것은 상징의 형성이 정신 발달과정에서 자연스럽게 일어난다는 것을 말해주고 있는 것이다.

성욕(Sexuality)은 상징에 있어서 중요한 역할을 한다. 특히나 종교적 상징에 있어서는 신과의 합일을 의미한다. 그러므로 종교적 금욕이 본질적으로 지양하는 바는 본능의 성욕 충동성에서 벗어남으로써 힘의 근원을 영적으로 변화시키는 것이다. 이 역할에 필요한 것이 바로 원형적 유비들이다.[174]

종교적 표상들을 정확하게 이해해야 하는 이유도 바로 여기에 있다. 상징에 대한 심리학적 이해는 곧 무의식에 대한 이해이다. 그러므로 상징적 진실은 종교적 믿음에만 의존할 것이 아니라 오성에도 부합하는 기초가 수립되어져야 한다는 융의 진심을 우리는 되새길 필요가 있어 보인다.

십우도의 소 역시 그러한 성적 충동력의 대응적對應的 상징이라고 볼 수 있다는 것이다. 융은 자신이 가장 숭고한 영적 상像에 대해 말하고자 함에도 불구하고 그것이 짐승 같은 것들과 연관 짓는 것에 많은 오해를 받았다고 고백한다. 그러나 그가 그것을 쉽게 포기할 수 없었던 것은 상징에 대한 깊은 이해 때문이었다.

즉 상징의 암시성은 인간을 확신에 들게 하고 원형이 가지고 있는 특별한 에너지를 체험하게 한다. 그러므로 상징은 낮은 차원으

174 『영웅과 어머니의 원형』, pp.105~107.

로 흐를 수 있는 인간의 감정을 고양시킬 수 있다는 것이다. 상징들이 가지고 있는 변환자(Umformer)의 기능은 최고의 가치를 지니고 있기에 그 중요성이 강조되는 것은 너무도 당연하다.

상징성을 다루는 방법론에 있어서 서양과 동양은 많은 차이를 보인다. 의식의 수준이 낮은 차원일수록 본능의 환상들은 살아있는 사물로서 인식되고 지각 또한 무의식적이다. 즉 무의식의 내용들은 현실적 내용이 되어 인간적 삶과 유리되지 않고 더불어 살게 된다. 상징이 상징으로서 해석되지 않고 현실로 받아들일 때 인간의 삶은 고양될 수 없다. 왜냐하면 그의 리비도는 육체에 머물러 있기 때문이다. 육체에 머물러 있는 리비도는 정신적 상승으로 이어지지 않는다.

종교의 근원은 정신에 존재하는 종교성이다. 그러므로 종교는 근본적으로 정신의 발현이다. 이것은 인간이 경험하는 환상이 인간정신의 내용물이라는 것이다. 세상의 종교는 인간이 경험한 내적 환상을 외적 세상으로 옮겨지는 것에서부터 시작된다. 즉 내부세계가 외부세계로 이동하는 것이다. 모든 종교적 이론이 공통적으로 가지고 있는 것이 바로 상징성이다. 불교 또한 육도·보살·부처와 같은 수많은 상징성들로 이루어져 있다.

왜냐하면 그것들은 의식의 내용들이 아니라 무의식의 내용들이기 때문이다. 융에 의하면 무의식은 의식을 초월해서 있다. 그것은 의식의 기준으로 판단하거나 규정할 수 없다는 의미다. 그러므로 상징성이 상징적으로 이해되지 않고 사실적으로 받아들여질 때 상징성이 가지고 있는 본래의 정신이 훼손되거나 오도誤導되는 것은 너무도 당연한 이치다.

상징성은 의식의 발달과정에서 일어나는 종교성의 발현이다. 무의식에 있는 종교적 표상들이 물질적 매개를 통해서 표현된 것이다. 의식의 발달과정을 통해서 상징의 변천사를 조명한다면 초기의식에 가까울수록 상징성은 풍부한 상상력을 동원하고 있다는 것을 알 수 있다. 그러나 의식意識이 발달하면서 정신의 상징성들은 현실의 세계 안에서 빛을 잃고 예배의식儀式을 위한 상징성으로 대체되어버린다.

하지만 최고의 의식성에 도달하면 상징성은 진리를 나타내는 방편일 뿐, 예배의식으로서의 가치는 축소된다. 불교에서 최고의 상징성은 바로 부처이다. 부처가 되기를 염원하는 사람들은 법당에 가서 불상에 대해 예배를 올린다. 그 예배의 목적은 예배하는 그 자신이 바로 부처의 상징성을 그대로 닮고자 하기 때문이다.

그런데 조사선에서는 상징적 의식儀式에 대한 설법을 찾아볼 수 없다. 조사들은 오히려 상징성을 내면화시키지 못하고 외부에서 찾는 것에 대해 단호하게 내려친다. 왜냐하면 조사선의 주요 핵심은 실재성(reality)이기 때문이다. 조사들이 이처럼 단호한 행위를 하는 이유가 있다. 상징을 행하는 사람이 그것을 현실적으로 받아들이면 상징의 노예가 된다는 것을 알고 있기 때문이다.

물론 낮은 의식적 차원, 즉 불교적 용어로 말한다면 낮은 근기根氣의 차원에서는 의식儀式행위가 잠재된 내부의 상징들을 일깨운다는 점을 부인할 필요는 없을 것이다. 그러나 조사들의 설법은 낮은 근기(下根氣)가 아니라 높은 근기(上根氣)의 사람들을 상대로 하고 있다는 점을 상기할 필요가 있다.

상징의 노예가 되어서는 결코 상징이 전하고자 하는 진정한 메시지를 발견할 수 없다. 상징의 메시지를 이해하는 것이 중요한 이유는 그것에는 본성에 대한 전면적인 인식이 들어 있기 때문이다. 자신의 본성을 있는 그대로 이해했을 때 사람은 비로소 자기 자신의 주인이 될 수 있다.

모든 상징은 비록 외부세계의 상象으로 표현되고 있기는 하나, 그것을 현실적인 것에 그대로 적용한다면 그는 현실에서 추방될 수밖에 없다. 사이비 교주들과 신도들 사이에서 일어나는 성적 문란이 언론을 통해서 알려지는 경우를 우리는 드물지 않게 본다. 그것은 정신적 여성성과 남성성, 즉 의식과 무의식의 결합의 상징성을 육체적인 것을 잘못 인식하는 데서 일어나는 비극이다.

뿐만 아니라, 실제로 물로 세례를 받는 예식에 참가하거나 아기부처를 목욕시키는 일은 모두 재탄생의 의미를 내포하는 행위다. 하지만 이런 행위 자체로 그 사람이 새사람이 되는 것은 아니다. 상징성을 이해한다는 것은 상징과 현실이 다르다는 것을 아는 것이다. 상징성의 진정한 실현은 진정한 자기 관조와 진정한 자기 이해에서 비롯된다.

이러한 모든 분별은 의식의 영역이다. 이것이 바로 순수한 의식성인 무아의식의 발현을 필요로 하는 이유다. 무아의식의 발현시키기 위해서 먼저 요구되는 것이 바로 강력한 의식성이다. 의식의 힘을 강력하기 만들기 위해서는 의식의 중심인 자아의 역할이 필수적이다. 자아는 그리스도가 이 땅에 오기 위해 먼저 길을 준비한 세례자 요한과 같다.

무의식의 내용을 충분히 수용할 수 있을 만큼의 자아구조를 확고하게 만들어야만 무아의식은 드러날 수 있는 것이다. 자아의 구조가 확고해졌을 때, 중생은 자신을 충분하게 수용할 수 있게 되는 것이다.

2) 소를 잡는 일(得牛)은 중심에 대한 온전한 집중이다

네 번째 그림에는 목동이 도망가려는 소의 고삐를 힘주어서 잡고 있는 모습이 그려진다. 소는 들소다. 그것도 힘이 가장 세다는 황소다. 그야말로 영웅의 괴력이 아니고서는 소를 잡을 수 없다. 소를 잡는다는 것은 황소보다 더 강함 힘을 가졌을 때 가능하다. 그러므로 십우도에서는 이 목우의 과정을 가장 중요하게 본다. 길들이지 않는 소는 들소일 뿐 사람의 소가 아니다. 길들여지지 않는 소는 언제든지 자기 본연의 세계로 도망가 버릴 수 있기 때문이다.

연금술에서도 변환의 물질은 가장 잘 달아날 수 있는 것으로 표현된다. 그러므로 그 물질이 달아나지 못하도록 밀봉해야만 했다. 변환의 물질은 집중이 조금만 흐려져도 빠져나가버려 작업자를 불행 속으로 빠지게 만든다. 이것은 정신이 중앙으로의 완전한 집중을 말한다.[175]

소의 고삐를 단단히 잡는다는 것 또한 연금술의 이와 같은 작업

175 『꿈에 나타난 개성화 과정의 상징』, p.212.

과 다르지 않다. 달아나는 성향을 가진 변환의 물질은 결국 십우도의 소의 성향에 유비될 수 있는 것이다. 야생에서 자란 소는 끊임없이 본래적 상태로 돌아가려고 한다. 이것이 바로 사람이 소의 고삐를 단단히 잡아야 하는 이유다.

이것을 심리적으로 말한다면 자기 자신에 대해서 명료하게 깨어있지 못하는 한, 본성의 동물성은 언제나 현실화할 위험성을 가지고 있다는 것이다. 그러므로 소의 고삐를 단단히 잡아야만 리비도와의 충돌과 갈등, 오류를 해결할 수 있다. 황소로 나타나는 리비도는 억압된 상태로 있는 동물적 충동성을 상징하는 것이다.

충동은 단순히 성적 욕구와 동일시할 수 없다고 융은 말한다. 육체적 충동이나 욕구 자체를 부정하는 것은 아니지만, 육체적 충동조차도 그 본질은 정신에 있다고 볼 수 있는 예들이 많이 있기 때문이다. 그러므로 동물형상을 한 상징들은 무의식적인 리비도의 발현發現들과 관계된다. 본능은 생명의 원리, 즉 생명의 법칙이다.[176] 생명은 육체적 생명뿐만 아니라 다시 태어나는 정신적 생명의 원리를 포함하고 있다.

> 신의 관념은 하나의 이미지일 뿐만 아니라 힘이기도 하다. 욥의 찬가에서 다시금 그러한 신의 관념에 속한 것으로 나타나는 근원적 힘, 절대성, 냉엄함, 부당함, 또한 초인성은 자연스러운 본능의 힘과 운명의 힘이 지닌 순수하고 정확한 속성이다. 그것은

176 『영웅과 어머니의 원형』, pp.23~24.

우리를 '삶으로 이끌어가는' 것이며 '가엾은 자를 죄짓게' 하는 것이다. 그에 대항해서 싸워도 결국은 소용이 없다. 인간은 이러한 의지와 어떻게든지 조화를 이루는 수밖에 없다. 리비도와의 협상은 결코 단순한 밀어붙이기가 아니다. 심리적 힘은 하나의 단일한 방향을 갖고 있지 않고 다양한 방향으로, 심지어는 상반된 방향으로 흐르기 때문이다. 단순히 그대로 흘러가게 둔다면 곧바로 치료 불가능한 혼란으로 이끌어갈 것이다. 기본 흐름을 감지하고 그로써 또한 고유한 방향을 감지하는 것은 아주 불가능한 일은 아닐지라도 대개는 힘든 일이다. 그런 일에서는 모든 경우에 충돌과 갈등, 오류를 피할 수 없다.[177]

결국 근원적인 힘은 리비도다. 리비도는 의식의 힘으로 어떻게 할 수 없는 절대성이다. 왜냐하면 그것은 의식이 원하는 것만을 행하지 않기 때문이다. 그러므로 의식의 입장에서 리비도는 따뜻하고 사랑스러운 것이 아니다. 냉정하고 엄격하며 때때로는 지극히 부당하기까지 한 것이다. 즉 리비도는 의식적 인간을 초월하여 있는 본능의 힘이다.

이 본능의 힘은 인간의 의식적 힘 밖에 있다. 그것의 속성은 정확하고 순수하다. 인간의 의지나 힘으로 통제 불가능한 것을 우리는 운명이라고 부른다. 인간은 운명과 대결하여 싸울 수 없다. 운명에 순응하여 그것을 수용할 때 운명이 지닌 의미를 알게 된다.

177 『상징과 리비도』, p.96.

그러므로 의식적 인간이 리비도의 문제를 해결하는 방법은 그것을 있는 그대로 인식하여 그것과의 조화를 이루어가는 것뿐이다. 그렇지 않다면 그것의 압도적인 힘에 의해서 의식적 인간은 파멸에 빠질 수밖에 없다. 왜냐하면 본능은 억압할수록 더 강한 힘으로 의식의 힘을 붕괴시키기 때문이다.

그러한 이유 때문에 의식을 가진 인간은 그것을 가장 무서워하는 것이다. 이러한 리비도의 압도적인 힘은 자아의식으로 하여금 본능적으로 죽음의 그림자를 느끼게 만든다. 인간이 공포와 분노의 신을 상상하는 것도 리비도의 위협적인 힘 때문이다. 그 공포가 인간을 신의 자비에 호소하게 만든다.

제4송: 득우得牛

竭盡精神獲得渠 (갈진정신획득거)

心强力壯卒難除 (심강력장졸난제)

有時纔到高原上 (유시재도고원상)

又入煙雲深處居 (우입연운심처거)

온 정신 다하여 이놈을 잡았으나
힘세고 마음 강해 다스리기 어려워라.
어느 땐 고원 위에 올랐다가도
어느 땐 구름 깊은 곳에 들어가 머무는구나.[178]

소를 잡는 것이 얼마나 힘든지를 표현하고 있다. 소는 곧 마음임이 드러난다. 소로 상징화되는 마음은 그 힘이 너무 강해서 도무지 잡고 있기도 힘들고, 더구나 그것을 다스리기는 더더욱 어렵다. 소의 고삐를 잡고 조금 앞으로 나아갔는가 싶었더니, 어느 순간 소의 형체도 보이지 않는 자욱한 구름 속에 들어가버리려 한다.

연금술 작업도 소의 고삐를 잡고 놓지 말아야 하는 과정과 거의 흡사하다. "그 안에 있는 것이 도망칠 수 없도록 너의 문을 단단히 잘 닫도록 주의하라. 그리고 – 신의 뜻에 따라 – 그렇게 해서 너의 목표에 도달하게 될 것이다. 자연은 점차로 자신의 조작을 완성해 간다."[179]

소의 고삐를 단단히 잡듯이 마음의 문을 단단히 닫아야 한다는 것이 연금술에 나타난다. 그렇다면 어떻게 십우도의 신화와 연금술의 작업(opus)이 시공간을 넘어 연결될 수 있을까? 이것은 이러한 일들이 일어나는 것은 아무런 근거가 없는 공상이 아니라는 의미가 된다. 융은 그것들을 '자연에 적합하게' 적극적으로 불러내는 상상

178 『십우도』, p.52.
179 『꿈에 나타난 개성화 과정의 상징』, p.212.

이라고 말한다. 즉 독자적인 사고, 혹은 표상작용이라고 불리는 것들은 의식으로 들어온 무의식의 내용들인 것이다.[180]

180 『꿈에 나타난 개성화 과정의 상징』, p.213.

5. 목우 : 목동이 되다

1) 첫 번째로 근원적 마음이 희생된다.

자기 자신을 만나는 일을 결코 쉬운 일이 아니다. 그것이 누구나 할 수 있을 만큼 쉬운 작업이었다면 영웅 신화는 만들어지지 않았을 것이다. 자기 자신과의 만남을 영웅에 비유하는 것도 그것이 아무나 할 수 없는 고도의 정신적 작업임을 말하고 있는 것이다. 그러한 고도의 정신작업을 하기 위해서 그것에 맞는 조건이 발생한다.

즉 무의식을 만나는 일은 의식으로서는 상당히 위험하다. 왜냐하면 자아가 무의식의 내용과 동일시되면 자아는 팽창이 일어나고, 반대로 자아가 무의식의 내용들을 수용할 수 없을 만큼 약해지면 정신의 해리가 일어나기 때문이다. 자아의 팽창과 해리를 피하기 위한 처방이 바로 황소를 길들이는 일이다. 그러므로 황소를 길들이는 일이 바로 자기제약이자 자기희생인 것이다.[181]

인간이 자연을 지배한 것 같이 보일지라도 자신의 본성을 지배하지는 못했다고 융은 말한다. 그러므로 인간은 자신의 소를 길들여야 하는 숙명을 가지고 있다. 소를 찾으러 간다는 것은 자신의 본성을 찾아서 원시적 상태로 남아 있는 동물적 본능을 길들여야만 하

181 『인간의 상과 신의 상』, p.143.

는 것이다. 그렇지 않으면 그것은 언제든지 의식을 뚫고 나와 자신의 의지와 상관없이 인간의 삶을 파괴해버릴 수 있기 때문이다. 즉 소를 찾지 못한 인간은 여전히 본성의 지배하에 놓여 있다는 것을 의미한다.

요즘 매스컴에 자주 등장하는 지식인들의 어처구니없는 성범죄나 반사회적 행위들은 인간이 본성의 지배하에 있다는 것을 여지없이 보여주고 있다. 그것들이 드러나는 경우보다 드러나지 않는 경우의 수를 감안한다면 '성공적인 사회적 인간' 뒤에 숨겨진 동물적 본성에 우리는 경악을 넘어 절망할지도 모른다.

가장 높은 지식을 연마하여 사회가 요구하는 인간에 부합할수록 본성은 억압되어 어두운 방에 갇히게 된다. 의식이 본성을 회피하는 한 그것은 '그림자'로 형성된다. 본성이 억압되면 잠재적 파괴력으로서 위험한 에너지가 되지만, 그림자를 의식화하면 생명력의 근원으로서 건강한 에너지가 된다.

지식은 지성과 논리를 키우고 '합리적인 정신'을 만들어낸다. 그러나 이 '합리적 정신'은 정감(情感, affect)이나 정동(情動, emotion)과 같은 본성에 대해서 전혀 알지도 이해하지 못한다. 아니, 그러한 것들을 억압하게 만드는 구조로 성장한다. 그러한 것들이 자기 안에 있음을 단 한 번도 배운 적이 없는 '합리적 정신'에게 본성의 힘은 의지와 관계없이 일어난다는 것에 주목해야 한다.

그러므로 '합리적 정신'으로 사는 '사회적 인간'들에게 본성의 경험들은 정신분열증을 겪게 할 수밖에 없다. 아무리 지식인이 되었다고 할지라도 내적 본성이 사라지는 것은 아니다. 본성은 정신의 본질이기 때문이다. 오히려 본성은 억압되고 외면될수록 더 큰 힘으로 압축되기 때문에 결국은 파괴적으로 의식을 덮쳐버린다. '합리적 정신'이 전체 정신을 지배하는 것처럼 느끼지만 본성까지 지배할 수는 없는 것이다.

> 사람은 그가 자기 영혼의 주인이라 믿고 싶어 한다. 그러나 그가 그의 기분이나 정동을 조절할 수 없는 한, 그리고 무의식의 요소들이 그의 계획과 결정에 교묘하게 끼어들고 있는 은밀한 방법들을 그가 의식할 수 없는 한 결코 자신의 주인이 될 수 없다. 이들 무의식적 요인이 존재하게 된 것은 원형의 자율성 때문이다. 현대인은 자신의 분열 상태를 직면하지 않기 위해 칸막이를 쓰고 있다. 즉 외부생활과 자신의 영역은 별개의 서랍 속에 보관해두고 결코 서로 대면시키지 않는다.[182]

그러므로 소를 찾고 소를 길들이는 길만이 자기 영혼의 주인이 될 수 있는 것이다. 도를 닦는다는 것은 거친 황소와 같은 본성에 직면했을 때 의식성이 분열되지 않고 무의식의 내용들을 고스란히 경험하고 수용하기 위함이다. 즉 본성의 의식화를 위하여 의식의 힘을 기르는 과정이다.

또한 깨달음을 얻었다고 하는 것은 본성이 무엇인지를 분명하게 아는 것이다. 자기 본성을 분명하게 깨달은 사람은 본성도 자아도

182 『인간과 상징』, p.90.

부처도 중생도 모두 하나임을 안다. 그러므로 그 상태에서는 더 이상 깨달으려고 하는 인위적인 의지가 일어나지 않는다. 자아의 상대의식이 무아의 절대의식을 경험함으로써 모든 인위성의 주체였던 자아가 스스로 물러났기 때문이다.

무의식은 근원적인 힘으로서 신성력神性力을 가지고 있다. 불교적으로 해석하자면 그것은 부처의 상像으로 나타나는 신비의 에너지일 것이고, 기독교적으로 해석하자면 그리스도의 상으로 나타나는 신비의 에너지일 것이다. 충동을 희생시키는 상징으로서 황소가 제물로 바쳐지지만 사실 황소는 신과 동일하게 여겨진다. 그러므로 황소를 희생시킨다는 것은 신을 희생시키는 것이다.

그런데 동물은 단지 영웅의 일부로써 희생된다. 동물로 상징되는 것은 자신의 충동성이다. 충동성은 인간 정신에 내재한 동물적 성질이다. 즉 동물의 희생은 충동성에 대한 포기다. 그것은 오직 자유의지에 의해서 강제적으로 행해지는 것이다. 그러므로 영웅은 자유의지로 희생하는 자다.[183] 즉 의식을 성장시키기 위하여 첫 번째 희생이 일어나는 것이다. 의식이 무의식의 지배를 받지 않을 만큼 독자적인 힘을 기르기 위해서 일어난 것이 바로 '근원적인 마음의 희생'이다.

> 모든 것을 둘러싸는 세계의 혼으로서 푸루샤는 또한 모성적인 특성을 갖는다. 근원적 존재로서 그는 정신적 원초적 상태를 나

183 『영웅과 어머니의 원형』, pp.423~430.

타낸다: 그는 둘러싸는 존재이면서 동시에 이미 둘러싼 것이다. 즉 어머니와 태어나지 않는 아이, 구별되지(구분되지) 않는 무의식적 상태다. 그러한 존재인 그는 끝이 나야 하고, 그는 동시에 퇴행적인 그리움의 대상이므로 희생되어야 한다. 그럼으로써 구별되는 존재, 즉 의식의 내용이 생성될 수 있는 것이다. 이러한 가정에서 다음과 같은 내용이 설명된다.[184]

융은 『리그베다』에서 푸루샤Purusha가 남자 혹은 인간으로서 근원적 존재임을 찾아내고, 푸르샤를 플라톤적인 – 세계(Weltseel)의 혼에 해당된다고 풀이한다.[185] 즉 푸르샤는 정신의 본질을 나타내는 '근원적인 마음(original mind)'이다.

현대인들은 의식을 정신과 동일시하고 있지만, 사실 의식의 뿌리가 바로 이 '근원적인 마음'이다. 의식은 근원적인 마음으로부터 탄생한 정신의 외배엽이다. 즉 의식이 발달하기 이전에는 이 '근원적인 마음'이 인간 인격의 전체였다는 것이다. 외배엽으로 성장한 의식이 분별력을 강화시키면서 자신의 뿌리인 '근원적인 마음'과 분리된다.

세계와 모든 존재하는 것이 직접적으로 표상의 창조물인 한, 과거를 되돌아보며 그리워하는 리비도를 희생함으로써 세계의 창

184 『영웅과 어머니의 원형』, p.408.
185 『영웅과 어머니의 원형』, p.407.

조가 생겨난다. 뒤를 돌아보는 자에게 세계는, 별이 반짝이는 하늘 그 자체도, 다시금 그의 위로 몸을 구부리고 사방에서 그를 감싸는 어머니가 된다. 그리고 이 상像과 상을 향한 그리움을 포기함으로써 근대적인 인식에 상응하는 세계의 상이 생겨난다. 이와 같은 단순한 기본적 사고에서 우주적 희생의 의미가 나타난다. 그 좋은 예가 용으로 등장하는 바빌로니아의 원초적 어머니, 티아마트Tiamat의 살해이다.[186]

과거를 그리워하고, 어머니의 품이 그리워서 어머니로부터 독립하지 못한다면 그는 영원히 독립된 어른이 될 수 없다. 그러므로 어머니에 대한 그리움을 희생해야만 의식은 건강한 독자적 힘을 기를 수 있다. 과거를 돌아보는 것은, 나약한 자식이 자기 삶을 감당할 수 없을 때 끊임없이 어린 시절 어머니의 안온한 품으로 돌아가고 싶어 하는 것이다.

어머니의 품은 아무것도 생각하지 않는, 즉 아무런 갈등과 고통이 없는 고요한 상태이기 때문이다. 그러나 그것은 무의식 그 자체로서 더 이상 성장이 없는 죽음의 상태를 의미한다. 그러므로 아들의 성숙한 삶, 영웅적 삶을 위하여 원초적 어머니, 티아마트의 어머니가 살해되는 상징이 나타나는 것이다.

세계는 인간이 세계를 발견할 때 생겨나는 것이다. 그러나 인

186 『영웅과 어머니의 원형』, p.406.

간은 원초적인 어머니(Urmutter) 안에서 그의 은폐를, 말하자면 원시적이고 무의식적인 상태를 희생할 때 세계를 발견한다. 인간을 이러한 발견으로 몰아간 것을 프로이트는 '근친상간 차단(Inzestschranke)'이라고 해명했다. 근친상간의 금지는 어머니를 향한 유아적 갈망을 차단하고 리비도를 생물학적인 목표의 궤도로 가도록 강요한다. 근친상간의 금지에 의해 어머니에게 강탈당한 리비도는 금지된 어머니 대신 성적인 대상을 찾는다.[187]

세계를 발견하는 것은 외배엽인 자아의식이다. 자아의식이 세계를 인식할 때 세계는 존재한다. 이것은 자아의식이 왜 눈·귀·코·혀·몸·의식이라는 지각으로 이루어졌는지에 대한 해답을 주고 있다. 자아의식은 자신의 내부에 있는 것을 외부로 투사함으로써 그 인식이 가능하다. 왜냐하면 자아의 주요 임무가 외부적 세계를 건설하는 것이기 때문이다. 사물을 인식하고 이해함으로써 내부인식에 대한 가능성을 연다.

즉 정신은 보이지 않는다. 그러므로 정신이 물질에 투사됨으로써 인식이 가능한 구조로 되어 있다. 이것이 바로 정신이 육체를 필요로 하는 이유가 된다. 육신이 없다면 정신에 대한 인식 또한 불가능하다. 이것은 또한 부처가 중생을 필요로 하는 이유이기도 하다. 융은 이것을 심리학적인 우주 진화론이라고 말한다.[188]

187 『영웅과 어머니의 원형』, pp.409~410.

188 『영웅과 어머니의 원형』, p.409.

우주의 진화는 결국 의식의 발전에 의해서 가능하다. 의식의 발전은 의식을 성장시키기 위한 '근원적인 마음'의 희생이 있었기에 일어날 수 있었다. 이와 같은 '근원적 마음'의 희생은 불성이 부처로 분화하는 과정에서 일어난 첫 번째 희생이다.

2) 두 번째로 자아가 희생된다

그런데 부처로의 완전한 분화를 위하여 두 번째 희생이 필요하다. 신화에서 그것은 제물을 바치는 행위로 상징된다.

> 해마다 용에게 처녀를 바치는 것은 아마도 신화적인 차원에서 이상적인 희생의 경우를 나타내는 것 같다. 무서운 어머니의 화를 달래기 위해 사람들의 탐욕의 상징인 가장 아름다운 처녀를 제물로 바치는 것이다. 그것보다 완화된 형태의 희생으로는 첫 아이와 여러 가지 소중한 가축들을 제물로 바치는 것이다. 두 번째로 이상적인 사례는 어머니를 위해서 자기 스스로 거세하는 행위이다: 이것을 조금 완화시킨 형태가 할례다. 이 경우에는 상징적인 행위에 의해 이미 대체 제물에 필적하는 한 조각이 최소한 봉헌된다. 희생의 대상물들은 절실히 갈구되고 존중된 소유물을 나타내는데 그와 같은 희생들과 함께 이 충동적 갈구, 즉 리비도를 새로운 형태로 다시 얻을 수 있기 위해 방기放棄되는 것이다. 희생을 하는 과정에서 사람들은 죽음의 두려움으로부터 자유로워지고 제물을 요구하는 하데스와 화해한다. 옛날부터 행동으로 모든 악과 죽음을 극복하고 신적인 대표가 된 영웅은

저 후기의 제식들에서는 사제와 같은 자기 희생자가 되고 생명을 다시 생산하는 자가 된 것이다. 그는 이제 신적인 형상이 되고 그의 희생은 하나의 초세계적인 비의이며 그 희생의 의미는 평범한 희생 제물의 가치를 훨씬 능가하므로 희생의 상징성의 이와 같은 심화는 퇴행적으로 인간 희생의 사상을 재수용한 것이다. 왜냐하면 자기희생의 사상을 선명하게 보여주기 위해서는 좀 더 강하고 총체적인 표현을 필요로 하기 때문이다. 미트라스와 그의 황소의 관계는 이미 이러한 사상에 매우 근접해 있다.[189]

신화에서 제물을 바친다는 것은 희생을 의미한다, 그런데 제물을 바치는 행위를 하는 사제는 제물을 바치는 자이면서 동시에 바쳐지는 제물 그 자체라는 것이다. 자기 자신을 바치는 희생의식은 곧 자기해체를 상징한다. 사람은 자기 자신을 희생함으로써 변화할 수 있는 것이다. 즉 자기희생이란 자아의 희생이다. 자아의 희생이 심리학에서는 자아의 초월이다.

자아의 초월에 의해서 의식의 중심은 자아에게서 무아에게로 이동된다. 절대적 객관성인 무아의식은 '있는 그대로'의 자신을 본다. 그러므로 자아의 초월은 진정한 자기 해체다. 자기해체는 자아로서는 자신의 죽음이자 희생이다. 자아에게 그것은 지옥의 징벌에 해당하는 고통이다. 연금술이나 신화에 나타나는 자기희생의 상징들이 동물의 껍질을 벗기는 풍습으로 나타나는 이유가 여기에 있

189 『영웅과 어머니의 원형』, pp.429~430.

다.[190] 자기희생의 가장 근본적인 본보기가 바로 그리스도의 십자가다.

> 그리스도는 생명의 나무이자 순교의 나무……에 매달린다. 그리고 죽음의 대가로 창조를 얻는다. 그는 다시 어머니의 품으로 들어가면서 원인간(protanthropos: 원초적 인간Urmensch)인 아담이 삶에서 죄지었던 것을 죽음으로 갚는다. 그리스도는 그의 행동으로 원죄로 더렵혀진 삶을 영적인 단계에서 새롭게 한다. 이미 언급했듯이 아우구스틴은 이런 그리스도의 죽음을 어머니와의 신성혼(Hierosgamos)이라고 했다.[191]

앞에서 나무는 생명의 상징이라고 했다. 그러므로 그리스도가 짊어진 나무 십자가는 생명을 잉태하고 탄생시키는 근원적 어머니를 의미한다. 그리스도의 부활은 근원적 어머니의 희생과 그리스도 자신의 죽음의 대가로 얻어진 것이다. 부활은 새로운 인격이 태어나는 창조의 세계다. 원죄는 무명이다. 의식이 무명과의 신성한 결혼을 함으로써 무명은 의식의 세계로 들어올 수 있는 것이다.

의식의 강화과정에서 의식이 '근원적인 마음'을 잃어버리는 것은 옳다. 의식이 건강한 성장을 이룰 때까지는 '근원적인 마음'은 인식될 수 없었다는 것이다. 즉 스스로 소를 찾아 목동이 되고, 소도 없

190 『인간과 문화』, p.265.

191 『영웅과 어머니의 원형』, pp.432~433.

고 나도 없는 경지가 되었을 때, 비로소 개체는 자신을 객관적으로 관찰할 수 있다는 것이다. '근원적인 마음'은 의식과 무의식을 모두 포괄하는 정신의 전체성이다. 의식의 발달과정에서 '근원적인 마음'에 포함되어 있던 환상·공상·고태적 사고형태·기본적인 본능과 같은 원시적 특성들은 소외되어 있었던 것이다.

그러나 정신의 전체성을 위해서는 반드시 잃어버린 '근원적인 마음'을 찾아야만 한다. 원시적 성질은 정신의 중심을 둘러싸고 있다. 그러므로 소를 발견하는 것은 정신의 전체성으로 가기 위한 필수적인 과정이 된다. '근원적인 마음'에 포함된 원시적 성질들은 '진보된 의식'에게 공포를 일으키는 요인이 될 수 있다.

그것에 대한 의식적 정보나 학습이 없는 상태에서 억압되어 있던 원시적 에너지가 분출할 경우, 신경증의 형태로 발전한다는 것은 의심의 여지가 없어 보인다. '근원적인 마음'은 의식에 의해서 반드시 조명되어져야만 온전한 전체성을 회복할 수 있는 것이다.[192]

> 희생으로 인해 충만한 힘을 얻게 되고 신들의 힘에 다다른다. 희생에 의하여 세계가 생성되었듯이, 즉 어린 시절에 대한 개인적인 유대를 버림으로써, 『우파니샤드』의 가르침에 따르면 불멸의 상태라고 부를 수 있는 인간의 새로운 상태가 생긴다. 인간의 현존 이후의 이러한 새로운 상태는 다시 또 하나의 희생, 즉 우주적 의미가 부여된 준마駿馬를 제물로 바침으로써 도달한다. 희생

192 『인간과 상징』, p.107.

된 준마가 무엇을 의미하는지 『브리하다란야카-우파니샤드』는 이렇게 말한다.…… 도이센Deussen이 주목했듯이, 준마의 희생은 '우주의 포기'를 의미한다. 준마가 희생될 때 세계는 희생되며 파괴된다.…… 준마는 인간에게 쓰도록 제공된 에너지의 값(價)을 의미한다. 그러므로 말은 세계로 들어간 리비도를 나타낸다. 위에서 우리는 세계를 생산하기 위해서 어머니에게 매여 있는 리비도가 희생되어야 한다는 것을 알았다; 여기서는 처음에 어머니에게 속했다가 그 다음에 세계로 들어간 리비도를 재차 희생시킴으로써 세계가 지양된다. 그러므로 준마는 이 리비도의 상징이라고 볼 수 있다.[193]

의식의 성장을 위해서 근원적인 마음을 희생했다면 근원적인 마음을 회복시키기 위해서는 다시 자아의 희생이 필요하다. 왜냐하면 '나'를 중심으로 인식하는 자아에는 절대적 객관성이 존재할 수 없기 때문이다. 그러므로 자아가 희생되고 무아가 드러나면 근원적인 마음은 왜곡되거나 손상되지 않고 있는 그대로 그 모습이 드러날 수 있다.

자아의 희생, 자아의 초월은 자아의 구조가 완전하게 구축되었을 때 가능해진다. 자아의 구조가 부실하면 무의식의 힘에 의해서 무너져 내린다. 이러한 관점에서 봤을 때 의식의 성장과 역할, 그리고 그 기능은 정신의 전체성을 준비하는 핵심적인 요소이다. 그러므로

193 『영웅과 어머니의 원형』, pp.414~416.

융은 자아가 곧 자기(Self)라고 말하고, 불교에서는 중생이 곧 부처라고 하는 것이다. 왜냐하면 그것은 모두 하나의 본성에 속해 있기 때문이다.

단지 분화과정에서 전략적으로 분리되어 맡은 바의 역할로 기능했을 뿐이다. 스스로 소를 찾으러 갈 수 있는 자아는 그 자신의 희생을 이미 각오하고 있다. 성장을 위해서 어머니로부터 분리되었다가 성장한 후에 다시 어머니를 찾으러 들어간 자아의식은 다시 태어나기 위해 그 자신을 스스로 죽인다. 그렇게 하는 것이 더 높은 의식세계로 나아간다는 것을 자아는 알고 있는 것이다.

> 우리들 자신의 그림자와 그 그림자의 사악한 소행을 인식하고자 하는 진지한 시도를 하는 것이 우리에겐 훨씬 더 중요한 일이다. 만일 우리가 우리 자신의 그림자(우리 본성의 어두운 면)를 볼 수 있다면, 우리는 어떠한 도덕적 정신적 감염이나 암시에도 면역이 될 수 있을 것이다. 현재의 입장이 보여주듯이 우리는 우리 자신을 모든 감염에 노출시키고 있다.…… 그것은 우리 자신이 무슨 일을 하고 있는지 알지도 못하고, 알려고도 하지 않는다는 사실이다.[194]

지금까지는 자아가 경전을 보고 부처가 되고자 애를 써왔다. 집중명상을 통해 자신의 어지러운 마음을 가라앉히고 팔정도를 닦으

194 『인간과 상징』, p.92.

며 자아를 강화시켜온 것이다. 그러나 그것은 여전히 부처와 중생이 나누어지는 자아의 상대의식이다. 자아의식의 강화는 부처, 즉 정신의 밝은 측면만을 추구함으로써 일어난다.

그러므로 자아가 강화되고 자아의 구조가 탄탄해지면 부처의 반대쪽인 어두운 측면을 인식할 차례가 된다. 왜냐하면 밝은 쪽만 인식한다면 정신의 다른 쪽을 차지하는 어두운 쪽은 내버려 두었다는 이야기가 되기 때문이다.

정신은 밝음과 어둠이라는 양 측면을 가지고 있기 때문에 어느 한쪽만을 추구한다는 것은 여전히 자신의 전체성에 대해서는 알지 못한다는 말이다. 자신의 그림자를 안다는 것은 자신이 무엇을 하고 있는지를 안다는 것과 같다. 소를 찾는 일은 자신의 전체성을 전적으로 인식하기 위한 과정이다.

자아가 강화되기 이전에는 자아가 자신의 그림자를 인식할 수 있는 용기가 없었지만, 이제 성숙해진 자아는 자신의 그림자를 직면할 수 있다. 우리가 우리 자신의 어두운 측면을 볼 수 있을 때 도덕적·정신적 문제에서 더 이상 손상을 입지 않을 수 있다. 이 과정이 자아에게는 십자가의 고난에 비유될 만큼 어려운 과정이다. 그러므로 그 힘든 과정에서 자아의 희생이 일어나게 된다. 그렇지 않으면 자아는 그림자 작업을 거부할 것이다. 무아로의 변환은 오직 자아의 헌신과 희생에 의해서 가능하다.[195]

그러므로 소를 잡아 길들이는 것은 바로 자기 자신을 잡아 자기

195 『인간의 상과 신의 상』, p.188, p.194.

자신을 길들이는 것이다. 그러한 자기 희생과정을 통하여서만이 사람은 죽음의 두려움으로부터 자유로워질 수 있다. 두려움을 벗어나는 일은 두려움을 느끼는 주체인 자아의 초월, 자아의 희생에 의해서 가능하다. 자아의 희생은 새로운 탄생을 위한 것이다. 즉 동물적 충동성의 리비도가 영적 리비도의 형태로 변환되는 것이다. 희생의 상징성이 퇴행적으로 보이지만 사실은 새로운 형태로 다시 태어나는 것이다.

3) 무의식에 대한 명료한 인식이 시작된다

다섯 번째 그림에서 소는 온순해지고 목동은 소의 고삐를 잡고 걸어간다. 목동은 소를 먹여 키운다.

제5송: 목우牧牛

鞭索時時不理身 (편삭시시불리신)

恐伊縱步入埃塵 (공이종보입애진)

相將牧得純和也 (상장목득순화야)

羈鎖無拘自蓫人 (기쇄무구자축인)

채찍과 고삐를 떼놓지 않음은
멋대로 걸어서 티끌 세계에 들어갈까 봐
잘 길들여서 온순하게 되면
고삐를 잡지 않아도 절로 사람 따르리.[196]

원시적이고 동물적인 성질을 가지고 있는 무의식은 정신의 어머니다. 그러나 어머니는 자식인 의식에게 공포로 나타난다. 그러므로 그는 어머니를 먼저 정복해야만 한다. 그래야만 그는 스스로 신이 되어 영웅을 낳을 수 있기 때문이다.[197]

본성이 야생동물로 표현되는 것은 본성 자체에 함유되어 있는 원시적 위험성을 구체화하는 것이다.[198] 원시적 위험성인 야생동물은 반드시 사람의 손에 길들여져야만 한다. 그것이 인간과 야생이 함께 살 수 있는 유일한 길이다.

그런데 여기서의 길들음이란 단순이 야생동물을 억압하는 수준이 아니다. 오히려 야생동물의 특성을 있는 그대로 인식하여 그 특성에 맞는 일을 맡기는 것을 말한다. 야생에 대한 진정한 인식이 없는 나약한 자아는 야생의 힘에 그대로 말려들어가 버린다. 그것은

196 『십우도』, pp.55~56.
197 『영웅과 어머니의 상징』, p.258.
198 『상징과 리비도』, p.27.

정신적 퇴행이기 때문에 아주 위험하다.

이것은 의식의 강력한 힘이 필요하다는 것을 나타내고 있다. "영웅은 그 자신이 뱀이며 그 자신을 희생시키는 자이며 희생되는 자다."[199] 이 말을 불교적 언어로 표현한다면, 깨달음은 소가 그 자신이라는 것을 알며, 스스로 소를 길들이고, 스스로 길들여지는 자가 된다. 다시 이것을 심리학적으로 표현한다면, 깨달음이란 자기 내면의 동물성을 있는 그대로 인식하고 이해하여 의식화하는 것이다.

> 다만 말해두고 싶은 것은 내적, 혹은 외적 필연성에서 내향화되면 퇴행하는 리비도가 반드시 부모상을 다시 살려내게 되고, 그래서 유아기의 관계를 재현하려고 하므로 근친상간적 모티브가 필연적으로 등장하게 된다는 점이다. 그러나 문제되는 것이 성인의 리비도이기 때문에 이것은 성공할 수 없다. 성인의 리비도는 이미 성욕에 부착되어 있어서 이차적인, 즉 재활성화 된 부모와의 용납할 수 없는, 혹은 근친상간적, 성적 특성을 어쩔 수 없이 끌어들이기 때문이다. 이러한 성적 특징이 근친상간의 상징을 만들어내는 데 계기를 부여하는 것이다. 근친상간은 어떤 상황에서라도 피해야만 하기 때문에, 불가피하게 아들이자 연인이 죽거나, 근친상간에 대한 징벌로 그 자신의 거세를 하게 된다. 혹은 충동, 특히 성욕의 희생이 행하여진다. 그것은 근친상간을 하려는 성향의 예방, 혹은 속죄의 조처로서 행하여진다. 성욕은

199 『영웅과 어머니의 상징』, p.353.

가장 확실한 충동 중의 한 예이므로 가장 빨리 희생의 조치를 겪게 된다. 그것은 금욕으로써 이루어진다.[200]

내향화는 본원회귀 과정의 입문에 해당된다고 말할 수 있을 것이다. 이것은 곧 자아의식의 성숙을 위해 외적 방향으로 향해 있던 리비도가 내적으로 향하게 된다는 것을 의미한다. 이 과정에서 리비도는 과거로 퇴행하여 유아기로 돌아간다. 유아기는 어머니와 땔 수 없는 관계다. 그러므로 과거로의 퇴행은 어머니와의 만남이 필연적이다.

본성 자체가 이중성이기 때문에 충동 또한 언제나 이중성이다. 충동을 정신적인 것으로 받아들일 것인지 육체적인 것으로 받아들일 것인지는 개인의 의식 수준에 따라 달라질 것이다. 충동을 정신적인 것으로 끌고 가려면 거세하는 것은 당연해 보인다. 성인의 리비도는 성욕에 밀착되어 있기 때문에 끊임없이 마음을 육체적으로 이끌고 갈 것이다. 그것은 정신을 중앙으로 집중시키지 못하게 하는 가장 큰 장애가 된다. "'거세'는 불가능한 것, 혹은 목적에 맞지 않는 것을 추구하는 리비도의 희생을 의미한다."[201] 그러므로 융은 무의식을 단순히 생물학적 가설로만 접근하지 말아야 한다는 점을 강조한다. 그것을 생물학인 것으로 단정 지었을 때 '본능'은 장애가 되어버린다는 것을 염두에 두는 것이다. 즉 본능이 장애로 단정 될

200 『영웅과 어머니의 원형』, p.64.
201 『영웅과 어머니의 원형』, p.421.

때, 생물학적인 것을 넘어 그 이상의 수준으로 올라갈 수 없게 된다는 말이다. 왜냐하면 생물학적 가설은 에너지를 물질계 안으로만 끌고 가기 때문이다. 즉 동물적 본능세계와 육체에 대한 강렬한 욕망에 사로잡히면 의식의 발전은 더 이상 일어나지 않는다.[202] 십우도의 신화가 소를 찾아 길들이고 소도 없고 나도 없는 상태로 가야 하는 이유가 바로 여기에 있는 것이다.

성애의 문제는 신격神格의 문제까지 관련이 있다. 사랑은 인간 존재의 가장 깊은 곳에 뿌리 내리고 있는 충동이다. 성적 리비도가 구체적인 대상으로부터 방향을 돌려 내면으로 향하여 심리적인 것이 될 때, 그것이 바로 신神이다. 심리학적으로 바라본 신은 매우 강력한 감정을 중심으로 모여드는 관념 콤플렉스(Vorstellungskomplex)라는 것이다.[203]

소·태양·물과 같은 상징들은 모두 재탄생을 의미한다. 재탄생은 육체적 존재에서 영적 존재로 다시 태어나는 것이고 중생이 부처로 다시 태어나는 것이다. 재탄생하기 위해서는 죽어야만 한다. 즉 황소가 죽어야만 새 생명, 새 인격으로 다시 태어날 수 있다. 죽지 않고서 부활의 기적은 일어나지 않는다. 재탄생을 위해 희생되는 것이 바로 황소다.

황소 희생의 주제는 고대 페르시아의 종교사에서 중요한 위치를

202 『티벳 사자의 서』, p.170, 융의 서문.

203 『상징과 리비도』, p.132.

차지했던 미트라Mithra교를 떠올리지 않을 수 없다. 미트라는 태양과 빛, 약속의 신이다. 신화에서 태양은 최고의 의식성을 의미한다. 그러나 대부분의 종교적 부흥은 강력한 통치를 원하는 정치세력에 의해서 일어난다. 종교가 정치 세력화되는 순간, 종교의 순수한 상징성은 권력을 위한 상징성으로 왜곡되어져버린다. 그러므로 미트라의 상징성인 태양은 최고의 의식성이 아니라 왕정王政에 부합되는 최고의 권력으로 해석된다.

미트라가 상징하고 있는 전쟁은 의식과 무의식의 대극을 표현하기 위한 정신적 문제다. 그러나 권력화 된 종교는 그것을 전쟁을 위한 이론으로 탈바꿈시킨다. 미트라교를 국교로 한 왕은 선이고 그들과 대적하는 나라들은 모두 악이다. 그것이 미트라교를 전쟁의 신으로 만들어버린 이유다.

미트라교 창조관을 보여주는 그림에는 미트라가 황소를 제물로 바친다. 젊고 강인한 힘을 가진 미트라가 황소의 등에 타서 소의 머리를 잡고 황소의 가슴을 칼로 찌른다. 황소를 타고 있는 미트라의 옆에는 하늘을 향해 횃불을 든 사람과 땅을 향해 횃불을 든 사람이 있다. 하늘로 향한 횃불은 일출을 의미하고 땅으로 향한 횃불은 일몰을 의미한다. 이것은 삶과 죽음의 상징이다.

그런데 미트라 자신은 가장 강력한 빛을 발하는 정오의 태양이다. 이것을 심리학적으로 본다면, 일출, 즉 떠오르는 태양은 아직 완성되지 않은 빛으로서 자아의식이다. 반면에 일몰은 어두움으로 다시 돌아가는 빛으로서 무의식이다.

그렇다면 정오의 태양은 최고의 인식을 의미하는 무아의 절대의식이라고 볼 수 있을 것이다. 십우도 신화에서도 깨달음의 정점에서 태양이 가장 높이 떠 있는 것으로 묘사된다. 이 희생제의는 반복적으로 일어나는데, 이것 또한 융 심리학과 십우도 신화가 의미하고 있는 순환에 유비될 수 있을 것이다.

조로아스트교의 창조론에서는 창조주 아후라 마즈다와 어둠과 악의 신 아흐리만은 태초부터 대극으로 있다. 창조주 아후라 마즈다는 일곱 단계에 걸쳐 세상을 창조한다. 제일 먼저 하늘을 시작으로 물·땅·식물을 만든 다음 다섯 번째 단계에서 동물의 조상인 황소가 창조된다. 그리고 여섯 번째의 창조물이 바로 최초의 인간 키유마르스Kiumars다.[204]

그러므로 임신한 동물과 식물들을 살리기 위해 황소를 죽여야만 했던 것이다. 황소를 죽이는 임무를 태양과 광명의 신인 미트라가 맡았던 것이다. 즉 황소가 암흑의 신인 아흐리만에 의해서 병들었다는 것은 어둠이라는 병을 얻었다는 것이다. 어둠의 병을 고칠 수 있는 것은 오직 광명뿐이다. 그러므로 미트라가 황소를 죽이는 것은 어둠을 걷어내는 것이다.

여기서 황소를 죽이는 것은 황소를 잡아 길들이는 십우도의 신화를 상기시킨다. 황소는 여성성·모성, 즉 근원적 정신으로서 무의식으로 보인다. 황소의 희생은 의식의 성장을 위한 무의식의 희생이다. 선과 악의 중재자였던 미트라는 의식과 무의식의 중재자다. 미트라는 중재자 혹은 메시아의 이름을 갖는다. 왜냐하면 창조는 미

204 『페르시아의 종교』, p.22.

트라에 의해서 일어났기 때문이다.[205]

황소를 희생시키는 미트라스식 희생 제의는 태양의 순환과 관계되어 있다. 태양은 정신의 생명력이자 육체적 생명력인 리비도다. 그러므로 태양은 정신의 생명력으로서 태양의 속성을 지닌 영웅의 형상으로 인격화되지만 동시에 남근의 상징이 되기도 한다.[206]

> 준마는 인간에게 쓰도록 제공된 에너지의 값(價)을 의미한다. 그러므로 말은 세계로 들어간 리비도를 나타낸다. 위에서 우리는 세계를 생산하기 위해서 어머니에게 매여 있는 리비도가 희생되어야 한다는 것을 알았다: 여기서는 처음에 어머니에게 속했다가 그 다음에 세계로 들어간 리비도를 재차 희생시킴으로써 세계가 지양된다. 그러므로 준마는 이 리비도의 상징이라고 볼 수 있다.[207]

동물 희생의 상징은 본능적인 리비도로서 동물적인 성질의 희생이다.[208] 여기서 준마는 소와 같다. 동물은 신 자신을 대변한다. 부처는 모든 생명체의 근원이지만 자아의식의 성장을 위해 부처를 구성하고 있는 동물적 성질, 즉 본능적 리비도를 희생시켜야만 하는 것

205 『페르시아의 종교』, pp.56~72.
206 『영웅과 어머니의 원형』, pp.60~61.
207 『영웅과 어머니의 원형』, p.417.
208 『영웅과 어머니의 원형』, p.419.

이다. 이것이 바로 첫 번째 희생이다. 자아 역시 근원에 의해서 태어나 의식을 성장시키는 중요한 임무를 맡았다. 그러나 전체적인 통합, 한마음(一心)이 되기 위해서 자아의 희생은 필수적이다. 그러므로 두 번째 희생은 자아의 희생이다. 부처라는 한마음은 자아의 희생에 의해서 완성될 수 있는 것이다.

> 혹은 충동, 특히 성욕의 희생이 행하여진다.…… 성욕은 가장 확실한 충동 중의 한 예이므로 가장 빨리 희생조치를 겪게 된다. 그것은 금욕으로써 이루어진다. 영웅들은 대개 방랑자들이다. 방랑은 그리움을 나타내는 상像이다. 어떤 곳에서도 그 대상을 발견하지 못하여 방랑하는 끊임없는 요구를 나타내는 심상이며, 잃어버린 모성을 찾고 있는 상像이다. 이러한 관점에서 보면 태양과의 비유도 쉽게 이해할 수 있다. 따라서 영웅들은 항상 태양과 비슷하다.…… 그런데 영웅은 우선 무의식을 찾아 헤매는 그리움을 스스로 표현한 것이라는 생각이 든다. 의식의 빛을 향해 나아가지만 결코 충족되지 않는, 그리고 충족될 수 없는 열망을 가진 무의식의 그리움을 말하는 것이다. 그러나 의식의 빛은 자기 자신의 빛에 의해 유혹받고, 뿌리를 잃은 도깨비불이 되기도 하여, 항상 위험 속에 있으므로, 영웅은 자연의 치유적인 힘, 존재의 깊은 원천, 그리고 셀 수 없는 많은 형상들의 의식 없는 유대를 그리워한다.[209]

209 『영웅과 어머니의 원형』, pp.64~65.

자아의식이 가장 높은 수준에 이르렀을 때만이 영웅이 될 가능성을 가질 수 있다. 의식수준이 높은 사람일수록 감각적인 충동에서 벗어나 본질적인 충동을 찾게 된다. 왜냐하면 높은 수준의 의식에서는 감각적 충동이 주는 만족으로는 삶의 무상이 결코 채워지지 않음을 알기 때문이다. 그러므로 그는 불완전한 자신에 대해서 극명하게 인식하게 되고, 그것이 그 자신으로 하여금 완전함의 세계로 가고자 하는 열망을 가지게 되는 것이다.

6. 기우귀가 : 소를 타고 집으로 돌아오다

1) 객관적 정신의 기초를 마련하다

십우도에서 소를 찾아 나선다. 소와 말은 신화와 민담에 널리 등장하는 원형으로서 우주를 상징한다.[210] 소와 말은 충동, 근원적 삶이자 전 세계를 포괄하는 어머니와 동격이며, 세계의 혼으로서 영혼의 인도자이기도 하다.

황소가 우주의 소로 상징되는 것은 정신의 모든 풍요로움이 바로 거기로부터 나오기 때문이다. 황소는 본능을 나타내는 동물이며, 욕정적인 힘을 나타내는 생산성을 상징하는 리비도다. 리비도는 생명의 원리이면서 생명의 법칙이다. 그런데 의식의 성장을 위해서는 황소를 제압해야만 한다. 황소를 제압하기 위해 황소에 올라타 황소를 희생시켜야 한다. 황소는 희생의 상이다.

황소의 희생은 원시적인 형태로 고착되어 있던 리비도의 변환을 의미한다. 원시적인 형태에 고착되어 있는 리비도는 성애적 문제와 같은 좁은 영역에 갇혀 있게 된다. 그러므로 변환은 충동으로부터의 해방이다. 충동으로부터 해방된 리비도는 더 넓은 세계를 향해 흐르게 된다.

210 『정신요법의 기본문제』, p.147.

원시적 충동들은 인간을 파멸로 몰아넣는 일밖에 하지 않는다. 성적 충동은 매우 강한 충동 중의 하나다. 리비도가 원시적인 형태로 고착되어 있는 한 리비도는 그쪽으로 쏠리기 때문에 언제나 위험하다. 그것을 깊이 있게 성찰해야 되는 이유도 바로 여기에 있다. 그러므로 리비도의 변환은 아주 중요하다.[211]

그런데 여기서 재미있는 것이 발견된다. 황소는 생명을 부여하는 욕정적인 힘의 상징인 거인이자 위험한 짐승이지만, 역설적이게도 도덕적 계율과 금지의 세계를 대표하는 정신(Geist)의 대표자로서 아버지이기도 하다. 아버지로서의 황소는 본능의 충동성을 저지한다. 이것은 어머니가 생명을 부여하면서 동시에 생명을 잡아먹듯이, 아버지 역시 충동성을 위해 사는 것 같지만 동시에 충동성을 방해하는 계율이기도 하다.

이러한 황소의 상징은 정신의 모순적 성격을 그대로 드러내고 있다. 즉 정신은 균형의 상실이 일어날 때 역동성을 발휘한다. 말하자면 소는 정신의 내적 객관성이면서 동시에 주관성인 심적 요소이다. 그러므로 융은 황소를 죽이는 의식이 명백히 동물적 충동성을 극복하는 것을 나타내지만 동시에 계율의 힘을 정복하는 것이기도 하다고 설명하고 있다. 리비도가 동물적 형상으로 나타나는 것은 억압되어 있는 충동성을 의미한다.[212]

즉 다시 말하자면 소를 타고 집으로 돌아오는 것은 동물적 충동

211 『영웅과 어머니 원형』, p.107.
212 『영웅과 어머니의 원형』, p.23.

성에 대한 극복을 의미하지도 하지만 동시에 충동성을 억압하고 있었던 계율에 대한 극복이기도 하다. 동물성을 억압했던 것은 나약한 의식이 동물적 에너지에 의해서 압도되는 것을 피하기 위함이다. 그러나 십우도의 영웅은 동물성을 있는 그대로 인식할 수 있는 만큼 의식의 에너지가 준비되어 있는 것이다.

신화에서 황소는 신성한 생명을 부여하는 자다. 신성한 생명으로의 재탄생은 죽음에 의해서 일어난다. 그러므로 신화의 영웅은 황소를 찔러 죽이려고 황소의 등에 올라탄다. 즉 더 이상 계율에 의지하지 않고도 본성을 스스로 제어할 수 있다는 의미를 지닌다.

이것은 그리스도가 나귀를 타고 예루살렘에 입성하는 것처럼, 십우도에서는 소를 찾고 길들여 소를 타고 집으로 돌아오는 것으로 표현된다. 신화의 영웅은 그리스도가 십자가를 짊어지고 가듯이 황소를 짊어진다. 그 고난의 길에서 황소가 희생된다.

이와 같이 십자가와 영웅이 끌고 가는 무거운 짐은 바로 그 자신이라고 융은 해석한다. 즉 자기(Self), 부처라고 불리는 정신의 전체성은 동물의 본성에 뿌리를 내리고 있다. 경험적 인간이 그 모든 것을 초월했을 때 신神적인 것에 이르는 존재의 충만함을 신화는 말하고 있는 것이다. 이것은 정신의 엄청난 모순과 역설을 의미한다. 정신은 동물의 성실과 신의 성질을 함께 가지고 있고, 극명하게 다른 이 두 성질의 통합에 의해서 일어나는 것이 바로 한마음(一心)이다.[213]

213 『영웅과 어머니의 원형』, pp.23~24, pp.194~195.

소는 본능의 충동력이다. 그런데 그 충동력으로부터 태어난 것이 바로 자아다. 자아는 우주라는 어머니의 근원으로부터 나온 작은 우주다. 그러므로 근원을 알기 위해서는 근원으로 갈 수 있는 것을 찾아야 한다. 그것이 바로 소로 상징되는 자아다. 소를 찾아 고삐를 잡고 길들이면 자아인 소는 더 이상 방종할 수 없다. 이제 자아는 주인 없는 들소가 아니다. 소는 자기의 중심에 주인이 있음을 알아차리고 주인에 의해 길들여지고 주인을 위해 일할 준비를 마친 것이다.

이처럼 전체성을 위해서 자아는 스스로 희생의 길로 들어선다. "이 무의식성은 희생되어야 한다. 그래야만 머리, 즉 의식적인 인식에로의 입구를 찾을 수 있다."[214] 자아의 희생에 의해서 완전한 자기 자신으로 돌아갈 수 있다. 완전한 인간이란 무의식의 성질들을 활성화한다. 태초에 무의식은 한 덩어리로 있었다. 그러나 덩어리로서는 의식에 의해서 인식이 불가능하다. 그러므로 한 덩어리였던 무의식은 사고·감각·직관·감정의 네 조각으로 쪼개진다.

융은 자신을 먹고 자신을 토해내는 우로보로스의 상징을 통해서 무의식이 의식화되는 과정을 설명한다. 즉 무의식의 혼동의 덩어리(massa confusa)가 네 부분으로 나누어지는 것은 의식에 인식되어지기 위한 하나의 과정이다. 조각으로 나누어짐으로써 무의식은 의식에 의해서 성찰되어지고 혼돈은 질서로 편입된다. 이것이 바로 융이 말하는 성격유형이다. 감각·직관·감정·사고의 네 부분에서

214 『인간과 문화』, p.291.

어느 한 면의 특성이 두드러질 때, 개체는 그것의 특성을 전적으로 실행하고 인식하는 과정을 밟을 것이다.[215]

심리학적인 인식은 내면에서 직접적으로 일어나는 것이 아니라, 정신의 내부적 내용을 외부로 투사하고, 투사된 것을 다시 내적으로 되돌림으로써 일어난다.[216] 이것을 황벽의 말로 바꾸면, 마음은 자아가 움직이지 않는 한 움직이지 않는다는 것이다.

자아의 움직임이 일어나고 그것을 관조하는 무아의식이 작용한다. 즉 자아는 마음을 외부에 투사하고 그것에 따라 갈애·욕망·미움·원망·사랑의 감정이 일어난다. 자아의 이러한 움직임을 관조함으로써 심리학적인 인식이 일어나는 것이다.

본래 정신은 부족함이 없는 완성본이지만 진정한 심리학적 인식이 없다면 그것 자체는 혼돈일 뿐이다. '소를 타고 집으로 돌아오는 것(騎牛歸家)'은 혼돈이 질서로 바뀌는 토대를 마련한 것이다. 자기 자신을 관조할 수 있는 객관적 정신의 기초가 마련되었음을 나타낸다.

2) 진정한 삶은 의식할 때라야 가능하다

"삶을 그냥 그 자체로 살아가는 것이 아니라 의식할 때라야 진정한 삶이 된다."[217] 자아를 희생한다는 것은 자아가 더 이상 인식의 주

215 『인간과 문화』, p.285.

216 『인간과 문화』, p.291.

217 『꿈에 나타난 개성화 과정의 상징』, p.105.

체로서 있지 않다는 의미다. 즉 자기 자신을 인식함에 있어서 자아의 개입에 의해서 방해를 받지 않는다는 의미다. 자아가 초월되면 의식만이 남는다. 자아의 틀을 벗어난 있는 그대로의 자신을 의식한다.

자신에 대한 의식은 내면의 그림자를 구체화하는 일이다. 자아의식에 의해서 본능적인 욕망의 감정들이 열등한 성질로 분류되어 무의식 층에는 그림자가 있다. 그림자와의 만남은 무의식과의 화해이며 자기 자신과의 화해다. 또한 이것은 자기가 누구인지를 알게 되는 관문이다.

> 그때 우리는 동물들에 의해 '물리게' 된다. 다시 말해 무의식의 동물적 충동에 노출되는데 그렇다고 그것과 동일시되지도 않으며, 또한 '거기에서 도망치지도' 않는다. 왜냐하면 무의식으로부터의 도피는 이 변환 과정의 목적을 헛된 것으로 만들어버리기 때문이다. 우리는 그대로 머물러 있어야 한다. 앞의 경우를 보자면, 자기관찰을 통해 의식에 편입해야 하는 것이다.[218]

자아의 초월로 무아의식이 출현하지만 그 자체로 무의식의 의식화는 아니다. 무아의식이 드러나야 하는 이유는 무의식을 의식화하기 위함이다. 즉 융이 말하는 변환이 일어나는 과정이다. 소를 찾으러 나선 그 과정이 엄숙하고 절제된 아폴로적 삶의 과정이었다면,

218 『꿈에 나타난 개성화 과정의 상징』, p.183.

소를 타고 집으로 오는 길은 디오니소스적 삶의 과정으로 가기 위한 초입에 선 것이다.

즉 자아의식은 부분적인 삶으로 이끌지만 무아의식은 전체적 삶으로 이끈다. 그것은 자아와 무의식을 관조함으로써 정신의 본질과 삶의 이치를 보게 한다. 생명 덩어리에 불과한 무의식을 인간으로 변신하기 위하여 필요한 것은 오직 의식성이다. 그러므로 필요한 것이 절대적 객관적 정신인 무아의식이다. 이것이 바로 깨달음이 필요한 이유이고, 깨달음 이후에 후득지가 필요한 이유이다.

융이 말하는 '자기 관찰'이란, 자아에 의한 관찰이 아니라 자기(Self)로서의 전체성에 입각한 통찰이다. 즉 자기 자신을 절대적 객관성으로 바라보는 것이다. 융은 "자기가 무엇을 하는지 아는 자는 복되다. 자기가 무엇을 하는지 알지 못하는 자는 저주받는다"[219]는 성경 외전의 글을 인용하고 있다. 자기 자신이 무엇을 하는지 알지 못한다는 것은 자기 자신에 대해 깨어 있지 못하다는 것이다.

자기 자신에 깨어 있을 때라야만 자기 자신이 누구인지를 알게 된다. 자기 자신에 대한 이해가 없는 사람은 마음이 의식과 무의식, 선과 악, 본능과 이성이라는 대극에 의해서 끊임없는 갈등하게 된다. 갈등을 인식할 때 통찰이 일어나고 자기 자신과의 진정한 화해를 이룰 수 있다. 그것은 의식의 일방성이 아니라 무의식과의 상호교류다. 그러므로 의식과 무의식의 통합은 바로 정신의 전체성을 의미한다.

219 『인간의 상과 신의 상』, p.117.

소를 타고 집으로 돌아가는 길은 자기 인식에 관해 터득하게 되었다는 것이다. 자기 인식은 있는 그대로의 자신과 삶을 받아들일 준비가 되어 있다는 의미다. 진정한 통찰은 무아의식에 의해서 일어난다. 이것이 바로 융이 말하는 초월적 기능이다. 그런데 이 초월적 기능은 무의식과의 건설적인 만남을 통해서 그 기초가 마련된다.[220] 무의식과 화해하기 전의 자아는 무의식에 대해 적대적이었다. 의식이 무의식을 적대적으로 대하면 무의식 또한 위협적인 모습으로 의식에게 나타난다.

그러나 무의식과 화해한 의식에게 무의식 또한 부드럽게 나타난다. 융은 무의식을 "대응하는 자의 고유한 존재를 인식하게 해주는 독자적인 대응"이라는 점에 그 중요성이 있다는 것이다.[221] 그러므로 진정한 삶은 자아와 무의식을 의식할 때라야 가능하다.

3) 자신의 결함을 충분히 감내하다

220 『원형과 무의식』, p.345.

221 『꿈에 나타난 개성화 과정의 상징』, p.37.

제6송: 기우귀가騎牛歸家

騎牛迤邐欲還家 (기우이리욕환가)

羌笛聲聲送晩霞 (강적성성송만하)

一拍一歌無限意 (일박일가무한의)

知音何必鼓唇牙 (지음하필고순아)

소 타고 유유히 집으로 돌아가노라니

오랑캐 피리소리 저녁놀에 실려 간다.

한 박자 한 곡조가 한량없는 뜻이려니

곡조 아는 이(知音)라고 말할 필요가 있겠는가.[222]

집단무의식은 본능의 특성과 일치하는 선천적 형식의 총합이다. 집단무의식을 자아의식의 관념적 시선으로 본다면 깊은 암흑 속에 파묻혀 있는 보잘 것 없는 것에 불과하다. 그러나 전체성에서 본다면 그것은 인류가 지닌 가장 소중하고 신비스러운 보물(Mysterium)이다.

이 신비스러운 보물은 소가 있음을 알고, 소를 탐구하려고 스스로 암흑의 두려움을 용기 있게 걸어간 영웅만이 존재의 삶 안으로 가져올 수 있다.[223] 그를 왜 영웅이라고 부를까? 소를 찾기 위해 끝도 모를 들판을 헤매면서 결국은 소를 만나고, 그 고삐를 잡아 길들

222 『십우도』, p.60.

223 『영웅과 어머니의 원형』, p.394.

일 수 있는 불굴의 의지를 가진 존재이기 때문이다.

그런데 여기서 융이 지적하는 아주 중요한 말이 있다. '어머니'에 대한 그리움이다. 어머니는 무의식을 의인화한 것이다. 무의식은 내 안에서 잃어버린 근원으로서 영원한 그리움의 대상이며, 진정으로 나를 이해해줄 수 있는 어머니 같은 존재로서 감지된다.[224] 어머니는 원형의 이마고Imago가 정신적 상像으로 나타난 것이다. 아이에게 영양을 공급하고 키워낸다는 의미에서 어머니와 황소는 같은 의미를 지닌다.

그런데 그것에는 정신의 중요한 내용들이 있다. 상징적으로 어머니에게로 돌아간다는 것, 혹은 소를 찾아 나서거나 탐구한다는 것은 곧 무의식으로 돌아간다는 의미이다. 의식이 무의식을 이원화하여 대극적인 것으로 인식할 때, 무의식과의 대면을 거부하거나 저항할 수밖에 없다.

그러나 무의식을 스스로 탐구하고자 하는 십우도의 영웅과 같은 성숙한 의식적 인격은 무의식의 탐구가 자신의 본성에 대한 근원적인 이해라는 것을 안다. 그러므로 자아인격은 스스로를 인식의 주체임을 내려놓음으로써 무의식의 주도적인 흐름에 자신을 맡길 수 있다. 자아 중심적 사고에서 본다면 그것은 퇴행이지만, 성숙한 자아인격에게 그것은 결코 퇴행이 아니다. 그는 소나 어머니의 이마고를 넘어설 수 있는 건강한 리비도를 가지고 있기 때문이다. 그러므로 십우도의 영웅은 자기희생으로서 근원적 세계로 들어갈 수 있

224 『영웅과 어머니의 원형』, p.234.

었던 것이다.[225]

근원적 세계란 모든 상들이 발생되는 곳이다. 그곳에는 불성이 분화되지 않은 채 '신적神的인 아이(göttliches kind)'로 잠들어 있다. 잠들었던 '신적인 아이'는 소를 찾고, 길들이고, 소도 없고 나도 없는 영웅의 완전한 자기희생에 의해 깨어난다. 동물은 신 자신을 대변한다.[226] 신의 동물적 영역이 희생됨으로써 정신의 배아로 있던 불성이 깨어날 수 있다. 융이 무의식의 어둠에 숨겨진 '빛나는 진주'로 표현했던 것이 바로 불성이다.

전체성이란 의식과 무의식을 포괄하는 정신이다. 전체성이 된다는 것은 정신의 중심이 자아의식이 아니라 부처라 불리는 무아의식에 의해서 가능하다. 즉 부처가 정신의 중심기능으로서의 역할을 할 수 없다면 그것은 여전히 부분정신이다.[227] 부분정신에는 고유성이 없다. 그러므로 고유한 자기 자신이 되기 위해서는 반드시 십우도의 신화를 실현해야 할 의무가 인간에게 주어진다.

> 개인적 문제에서 불충분한 자기실현과 관련된다. 그러한 개인적 문제는 이 경우에 개성화의 중요한 조건이며 따라서 절대적으로 필요한 것이다. 기대된 바대로 앞의 꿈에서 미리 수직선이 강조됨에 따라 정사각형이 다시 만들어졌다. 장애의 요인은 무의

225 『영웅과 어머니의 원형』, p.401.

226 『영웅과 어머니의 원형』, p.419.

227 『영웅과 어머니의 원형』, pp.270~271.

식(수직선)의 요구를 충분히 평가하지 않은 것이었는데, 그 결과 인격의 평면화가 이루어진 것이다.[228]

자아는 실재를 거부하고 판타지를 꿈꾸는 것이 특징이다. 왜냐하면 자아가 알고 있는 자신은 허물투성이의 지극히 보잘 것 없는 존재이기 때문이다. 그것이 자아로 하여금 언제나 자기 자신으로부터 벗어나 완전한 사람이 되기를 꿈꾸게 만든다. 그래서 그는 부처가 되고자 하거나 전지전능한 신으로부터의 구원을 염원한다.

자아가 열망하는 깨달음이나 구원은 자기 내면의 모든 결함으로부터 탈피하고자 하는 욕망에서 비롯된 것이다. 그러나 융은 정신이 완전함이 아니라 온전함이라고 말한다. 이 말은 깨달음 혹은 성불을 자아의 판타지가 만들어내는 그러한 도덕적 인격의 완성과는 정면으로 대치對峙된다.

삶이 그 완성을 위해 필요로 하는 것은 완전무결함(Vollkommenheit)이 아니라 온전함(Vollst andogkeit)이다. 이를 위해서는 '육체 속의 가시'(신약성서 「고린도후서」 12장 7절-역주), 즉 결함을 감내할 필요가 있으며, 그렇지 못할 경우 어떠한 진전도 비약도 있을 수 없다.[229]

228 『꿈에 나타난 개성화 과정의 상징』, p.246.
229 『꿈에 나타난 개성화 과정의 상징』, p.202.

전진과 비약은 결함을 감내했을 때 일어난다. 소를 찾고, 소를 길들이고, 소와 하나 되어야 하는 이유다. 소는 자신의 결함이다. 자신의 결함을 피하지 않고 적극적으로 찾아 나서고 수용했을 때만이 정신은 전진하고 비약할 수 있다. 그것은 반쪽의 부분정신을 온전한 정신, 전체적 정신이 되게 하는 일이다.

보통 깨달음을 얻는 사람이라고 생각하면 '완전한 인간'·'종교적 인간'·'진짜 신사'·'지조 있는 사람' 등과 같은 인간상을 떠올린다. 그러나 그것은 인간의 문화가 만들어낸 허성에 불과하다고 융은 말한다. 왜냐하면 그것은 인간이 본래 가지고 있는 특성과는 정반대되는 것들이기 때문이다. 앞에 열거된 상들은 모두 자아의 허상이 만들어낸 것들이다. 개성이란 훈련되고 조작된 어떤 것이 아니라 타고난 고유성이다. 고유성은 오직 무의식의 의식화를 통해서만 가능하다.[230] 그러므로 의식적 인격은 자신의 내면에서 일어나는 환영체험의 의미를 정확하게 인식하고 있어야 한다. 무의식을 대하는 의식적 인격의 적절한 태도만이 자기 운명의 요구가 무엇인지를 알게 되는 것이다. 의식적 인격의 인식이 없는 상태에서 일어나는 무의식의 독자적인 움직임이 바로 정신적 해리현상이다.

무의식의 환영들은 의식적인 힘으로는 조종할 수 있는 영역이 아니다. 그것은 무의식에 내재된 긍정적이거나 부정적인 열망과 충동들이 만들어내는 상징적인 사건들이다. 그러므로 무의식은 환영으로 체험되거나 혹은 불안증상 등으로 분출된다. 왜냐하면 정신은

230 『그런 깨달음은 없다』, p.194.

의식과 무의식으로 분열되어 있기 때문이다.

합리성을 추구하는 의식의 측면에서 보면 무의식의 내용들은 이해하기 어려운 비합리적인 것들이다. 의식이 무의식의 내용을 인식하고 수용하여 의식에 동화시킬 때 위험하게 분열되는 현상을 막을 수 있다. 의식과 무의식의 분열은 인격의 분열이다. 분열로 인해 전체정신으로부터 의식이 고립되면 정신병의 시작점인 공황장애를 불러일으킨다.[231]

소로 상징되는 무의식의 영역은 미분화된 정신의 열등한 성질들이다. 그것은 오직 자기 내면의 불완전함을 인식하고 그것을 의식화했을 때 정신적 온전함을 갖출 수 있다. 깨달음의 핵심은 평상심이다. 평상심은 자아의식의 가면이 벗겨지면서 드러나는 자연의 마음이다. 즉 자아에 의해서 조작되고 꾸며진 마음이 아닌 있는 그대로의 자기 자신이다. 있는 그대로의 자신은 무아의식에 의해서 관조된다.

무아의식은 개인의 문제를 더 이상 자아의 판타지로 덮거나 외면하지 않고 있는 그대로 직면한다. 이것은 부분정신이 전체정신이 되기 위한 필수조건이다. 개인의 문제에는 무의식의 요구가 그대로 드러난다. 그러므로 개인적 문제는 무의식의 요구가 무엇인지를 인식하는 중요한 과정인 것이다. 이것을 자아가 방해한다면 그 사람의 인격은 입체적으로 드러날 수 없다. 자아의식으로는 오직 평면

231 『영웅과 어머니의 원형』, pp.446~447.

적인 모습만을 볼 수 있을 뿐이다. 평면적인 모습으로는 실재를 알 수 없다. 개인적 문제가 개성화의 중요한 조건이 된다고 하는 것도 그것을 통해 무의식의 요구가 충분히 평가되기 때문이다. 이러한 과정에서 인격은 입체적인 실재를 고스란히 드러낸다. 불교의 후득지는 바로 이러한 과정을 말하고 있는 것이다.

4) 비로소 자기 자신이 되다

騎牛迤邐欲還家 소 타고 유유히 집으로 돌아가노라니

소를 탄다는 것은 의식이 주도권을 가지고 무의식을 인식하고 있다는 것이다. 무의식을 인식함에 있어서 의식의 주도는 아주 중요하다. 만일 의식이 주도권을 가지고 있지 않다는 것은 그야말로 무의식화 되어버린다는 것을 말한다. 그것은 정신의 분열이고 의식의 파멸이다. 그러므로 소를 타고 소를 길들이는 의식의 기능은 무의식을 탐험하는 데 있어서 핵심적이다.

이미 잘 구축된 자아구조에 의해서 의식은 전혀 다른 법칙을 가진 무의식의 구조로 말려들어가지 않는다. 즉 '의식된 의지'를 가진 주체가 무의식에 순응하여 무의식이 이끄는 데로 가기는 하지만, 여전히 상대의식으로서 무의식을 구분하고 있다는 것을 알 수 있다. 의식이 자신의 영역을 지키면서 무의식의 내용을 탐구할 수 있다는 것이다.

소를 타고 유유히 집으로 돌아간다. 집으로 가는 길에 어떤 것도 걸림이 없다. 집은 바로 자기 자신이다. 자기 자신으로 돌아온다는 것에 중요한 의미가 있다. 일반적으로 깨달음은 자기 자신이 아닌 부처가 되고 싶은 욕망을 안고 출발한다. 부처는 '완전한 사람'이라는 판타지가 투영되어 있다. 그러나 소를 찾은 사람은 안다. 깨달음은 부처라는 특별한 존재가 되는 일이 아니라, 있는 그대로의 자기 자신이 되는 일이라는 것을 말이다. 그러므로 자기 자신이 누구인지를 아는 것이 바로 깨달음인 것이다.

이것을 알지 못하면 사람은 부처 혹은 완전한 사람이 되고자 하는 열망으로 자기 자신을 완전하게 비우고자 하거나 자기 자신으로부터 달아나기 위해 온갖 노력을 다한다. 그리하여 자기 밖에 있는 수많은 스승들의 방법론에 의지해서 이리저리 떠돈다. 나를 찾기 위해서 다른 것에 의존한다면 그것은 아직 개별성을 얻지 못한 집단정신이다.

집단정신은 집단무의식에 의해서 지배되고 있다. 집단무의식에 사로잡히면 집단정신으로 살아갈 수밖에 없다. 집단정신은 고유한 삶의 주인이 아니라는 것이다. 집단정신은 미숙한 정신이다. 즉 미숙함은 유아적 감정의 유약함과 무절제에 해당한다. 그러므로 집단정신은 조직적인 종교나 단체 혹은 사상이나 물질에 의존된 정신이다. 의존된 정신에서 고유성의 발견은 있을 수 없다. 고유성은 오직 소를 찾는 것에서 시작된다.

이제 십우도의 영웅은 소를 찾아서 소를 길들였고, 이제 소를 타고 집으로 돌아온다. 소를 찾기 이전에는 자기 자신으로 살지 못했다. 즉 자기 내면의 소를 알지 못하고, 그 소를 길들일 수 없다면 그는 자기 자신의 주인이 아니다. 십우도의 영웅은 자기 내면의 가장 은밀한 곳에 있는 보물을 스스로 확인했다. 집으로 돌아옴으로써 비로소 정상적인 자기 자신이 된 것이다.

羌笛聲聲送晩霞 오랑캐 피리소리 저녁놀에 실려 간다.

많은 번역서들이 이 문장의 첫 번째 글자 '강羌'을 오랑캐로 번역하고 있다. 그러나 우리는 여기서 강羌을 오랑캐로 번역하느냐, 그냥 감탄사 '오!'로 번역하느냐를 문제 삼아야 한다. 십우도의 여섯 번째 그림에서 소 등에 탄 목동은 피리를 불며 길을 가고 있다. 그러므로 피리는 오랑캐가 부는 것이 아니라 목동牧童 자신이 분다. 그렇다면 강羌은 오랑캐가 아니라 그냥 감탄사로 하는 것이 더 정확하다.

羌笛聲聲送晩霞 아! 피리소리가 저녁놀에 실려 간다.

피리는 영웅이 목적을 이루기 위해 가는 길에 필요한 몇 가지 마법들 중의 하나다. 피리는 모든 사람을 춤추게 하는 도구다.[232] 어려운 임무를 완수했을 때, 혹은 목적한 바를 이루어냈을 때 사람들은 축제를 연다. 피리는 훌륭한 목동이 된 것에 대한 기쁨을 상징하는

232 『원형과 무의식』, p.291.

것으로 보인다.

그렇다면 저녁놀은 무엇일까? 저녁놀은 낮의 세계가 밤의 세계로 넘어가는 단계다. 즉 의식적 인격의 인식주체가 무의식적 인격인 무아의식으로의 평화로운 이동을 의미하는 것으로 봐야 할 것이다. 그것은 강제적 침입이나 점령이 아니라 합일로 일어나는 아름다운 과정이다. 의식과 무의식은 더 이상 반목하지 않고, 의식은 무의식의 소리들을 거부감 없이 한가롭게 들을 수 있다.

一拍一歌無限意 한 박자 한 곡조가 한량없는 뜻이려니

피리소리가 한 박자도 쓸모없는 것이 없다 왜냐하면 한 박자 한 박자에 담긴 의미가 무한하기 때문이다. 자아의 상대의식이 무의식을 대극으로 분리했을 때 무의식은 아주 불합리한 것들로서 아무런 가치가 없는, 오히려 삶에 방해가 되는 하찮은 것들이었다. 그러나 변환의 비의(Wandlungsmysterium)[233]가 일어나면서 인간에게 주어진 모든 다양성이 더 이상 거부 되지 않고 받아들이게 된다.

知音何必鼓唇牙 곡조 아는 이(知音)라고 말할 필요가 있겠는가.

한 박자 한 곡조에 한량없는 의미를 담고 있는 연주를 하는 사람에게 굳이 '소리에 통달한 사람(知音)'이구나 하고 말할 필요도 없

233 『꿈에 나타난 개성화 과정의 상징』, p.105.

다는 말이다. 깨달음은 자기 자신에게 여실하게 있는 그대로 깨어 있음이다. 깨어 있다는 것은 존재가 생각하고 행동하고 관계하고 고뇌하는 그 모든 것을 인식하고 있음이다. 그것은 곧 존재의 의미와 본질의 발견이다.

자아의 상대의식은 스스로 만든 관념 때문에 실재를 부정하게 만들었다. 그러나 있는 그대로의 실재를 보는 무아의식에는 존귀함도 하찮음도 없다. 아니 오히려 진리는 자아의식이 하찮은 것들이라고 거부한 무의식에 있다. 그러므로 무아의식은 하찮음 속에서 정신의 본질을 찾아낼 것이다.

무의식에 대한 이해는 바로 자기 자신에 대한 이해다. '나'를 알지 못한다는 것은 나의 생각, 나의 행위가 가지고 있는 진정한 의미를 모른다는 것이다. 그것들이 모두 무의식적으로 있는 한 '나'는 동물·인간·물건에 투사된다. 그래서 자아는 언제나 나의 동물, 나의 사람, 나의 물건에 집착한다.

심지어 신이나 부처에게 바치는 기도나 봉헌조차도 '나'의 기도, '나'의 봉헌이 된다. '나'의 기도. '나'의 봉헌을 신에게 바친다는 것은 그 대가로 무엇인가 받으려고 하는 의도가 있는 것이다. 그 의도에는 신이나 부처가 나를 지켜줄 것이고, 나를 잘되게 해줄 것이라는 기대와 요구가 내재되어 있다.[234]

자아와 무의식에 대해 알지 못하는 한, 자신의 그러한 의도들을 알아차리지 못한다. 자아는 모든 생각과 행위의 중심에 자신을 둔

234 『인간의 상과 신의 상』, p.238.

다. 그러므로 '나' 이외의 모든 것은 상대적이다. 상대적이란 제한적이기 때문에 전체성에 대한 경험을 방해한다. 전체성으로 가는 길에 있어서 자아의 희생이 요구되는 이유가 바로 여기에 있다. 자아도 무의식이다. 그러므로 자아로 사는 한 무의식으로 사는 것이다. 무의식은 잠이나 도취 상태, 혹은 죽음과 같다.[235]

235 『꿈에 나타난 개성화 과정의 상징』, p.164.

7. 망우존인 : 소를 버리니 그대로 사람이다

1) 모든 인위적 노력을 멈추다

제7송: 망우존인忘牛存人

騎牛已得到家山 (기우이득도가산)

牛也空兮人也閑 (우야공혜인야한)

紅日三竿猶作夢 (홍일삼간유작몽)

鞭繩空頓草堂間 (편승공돈초당간)

소를 타고 이미 고향에 도착하였으니

소도 공空하고 사람까지 한가롭네.

붉은 해는 높이 솟아도 여전히 꿈꾸는 것 같으니

채찍과 고삐는 띠집 사이에 부질없이 놓여 있네.[236]

소를 잊으니 그대로 사람이다. 즉 소를 찾고자 했던 자아의 상대의식이 초월되는 지점이다. 상대의식의 분별이 사라지면 소가 바로 소를 찾아다닌 바로 그 자신이었음을 알게 되는 것이다. 소와 자신이 하나임을 아는 그것이 바로 정신의 고향이다.

부처와 중생을 나누는 자아의 상대의식으로는 중생을 버리고 부처가 되고자 하는 열망이 있었다. 그러나 자아가 초월되면 인위적으로 무엇인가를 해야 하는 일이 없다. 그러므로 자아의 입장에서는 '일없는 사람'이 된다. 이제 깨달음은 자아의 노력에 의해서 되는 것이 아니다. 그것은 저절로 일어난다. 그러므로 찾아야 할 소가 있다고 말할 수도 없으니 사람 또한 한가롭다.

『티벳 사자의 서』에는 다음과 같은 말이 있다. "아, 고귀하게 태어난 아무개여! 들어라. 이제 그대는 순수한 존재의 근원에서 비치는 투명한 빛을 경험하고 있다. 그것을 깨달으라."[237] 법신은 순수한 존재의 근원에서 비치는 투명한 빛이다. 그 빛은 태양보다도 밝다. 그러므로 최고의 인식을 경험한 영혼이 아니고서는 두려워서 감히 볼 수도 없다고 『티벳 사자의 서』는 알려준다.

존재의 순수한 빛을 십우도의 신화에서는 태양에 비유한다. 태

236 『십우도』, p.64.

237 『티벳 사자의 서』, p.164, 융의 서문.

양이 높이 떠올랐다. 그것은 최고의 의식 상태를 상징한다. 태양은 '삶의 원천이자, 인간의 궁극적 전체성의 상징'이자, 단일성(한마음)과 신성의 상징이다.[238] 소는 원시적 정신을 찾아 정신의 고향으로 돌아가는 역사적 퇴행이다. 그것을 통해서 무의식과의 결합이 일어난다.

> 태양은 세계의 수태자이고 창조자이며 이 세상 에너지의 원천인 아버지 신으로서, 모든 생물이 그의 도움으로 살아간다. 어떠한 내적 분열도 모르는 자연물인 태양 속에서는, 인간의 심혼을 사로잡은 분쟁이 조화롭게 해결될 수 있다. 태양은 도움을 줄 뿐만 아니라 또한 파괴를 할 수도 있다.…… 그런데 태양이 떠오르는 것은 인간에게 자연스럽게 보인다. 그것은 태양의 고유한 성질이기 때문이다. 또한 태양은 의인과 악인을 동시에 비추며 유용한 생물이나 해로운 생물을 마찬가지로 자라나게 한다. 따라서 태양은 이 세상의 가시적인 신으로 그려지기에 적절하다. 다시 말해 그것은 우리 자신의 심혼이 지닌 충동적인 힘이다. 우리는 그것을 리비도라 부르는데, 유용한 것과 해로운 것, 선과 악이 생겨나게 하는 것이 그것의 본질이다.…… 즉 내면화를 통해 그들 고유한 존재의 심층까지 내려가게 되면, 그들은 '자신의 마음속에서' 태양의 이미지를 발견한다는 것이다. 그들은 자기 고유의 '삶의 의지'를 발견한다. 그것을 태양이라고 부르는 것은

238 『꿈에 나타난 개성화 과정의 상징』, p.108~189.

타당하다.[239]

태양은 세계를 창조하는 에너지의 원천이다. 태양 없는 세상은 존재할 수 없다. 태양의 근원적 세계는 선과 악이 분리되지 않는다. 그러므로 태양은 선도 살피고 악도 살린다. 선과 악이 모두 태양의 창조물이다. 태양이 중천에 떠올랐다는 것은 분열된 내부를 통합으로 이끈다는 의미다. 하지만 태양이 떠오른 것은 특별한 일이 아니다. 그것은 자연의 현상이기 때문에 언제나 있는 일이다. 다만 그것을 알지 못한 것은 자아의식의 좁은 영역에 갇혀 있었기 때문이다.

이제 중천에 높이 뜬 태양을 볼 수 있다는 것은 눈을 가리고 있던 자아의 껍질을 벗어던졌다는 것이다. 융은 태양을 우리 자신의 심혼이 지닌 충동적인 힘이라고 말한다. 여기서 충동적인 힘은 망아적 리비도의 상징(ekststische Libidosymble)[240]으로 나타나는 한마음을 향한 열정이다. 왜냐하면 빛과 불, 태양으로 형성되는 상징은 에너지에 대한 표현이기 때문이다.[241]

태양은 연금술에서 황금과 동의어로 묘사된다. 황금은 햇살과 달빛으로 빚어지는 찬란한 물질에 대한 비유다. 황금의 묘약을 만드는 물질의 근거가 바로 신비를 경험하는 자신이다. 이것은 황금을 만들려고 하는 그 자체가 바로 정신적 변환을 의미하고 있다. 즉 황

239 『상징과 리비도』, p.184.
240 『상징과 리비도』, p.145.
241 『상징과 리비도』, p.209.

금 혹은 태양은 정신적 변화가 일어나 높은 의식에 도달했음을 의미한다.[242]

해가 중천에 떠 있다는 말은 내면의 가장 중심부에 있다는 말이 된다. 태양은 고유한 자기 자신의 발견이고, 고유한 자기 삶의 재창조를 위한 시작을 알리는 것이며, 그것을 실현하기 위한 사람의 의지를 나타낸다고 볼 수 있다. 물론 그 의지는 자아에 의한 것이 아니라 무아에 의해서 실현될 것이다. 그것은 생명에너지의 진정한 실현이다. 왜냐하면 생명에너지들은 자아의식에 의해서 상대적으로 제한되고 억압받았다면 이제는 그 어떤 걸림도 없이 진행될 것이기 때문이다.

융은 내면에서 관조된 '태양에너지'의 예를 인도의 신화 『스베타스바타라 우파니샤드Svetasvatara Upanishad』 3부에 있는 루드라(Rudra)의 구절을 인용해 설명하고 있다.

> 4. 신들의 창조자이며 수호자인 그, 루드라. 위대한 예언자, 옛날 히라냐가르바(Hiranyagarbha: 황금의 모태母胎〔태장胎藏〕-역주)로 태어난 그가 우리에게 선한 생각을 불어넣어 주시길…….
> 7. 그는 저편에 있는 지고한 브라만Brahman을, 모든 피조물의 몸속에 숨어 있는 유일한 자로서, 주인으로서 모든 것을 에워싸고 있는 이 광활한 자를 알아보는 사람들은 불멸의 존재가 될 것이다.

242 『인간과 문화』, p.269.

8. 나는 모든 어둠의 배후에서 태양과 같은 광채를 발하는 이 위대한 인간(푸루사purusha)을 안다. 진실로 그를 아는 자는 죽음을 넘어선다. 그 밖에 길은 존재하지 않는다.
11. ……그는 모든 존재의 동굴(심장) 속에 살고 있다. 그는 모든 것을 꿰뚫어 본다. 따라서 그는 도처에 편재하는 시바(Shiva)다.
12. 이 인간(푸루샤)은 위대한 주님이다. 그는 삶의 충동력이며, 모든 것을 할 수 있는 근원적 힘이고, 빛이며 영원불멸하다.[243]

모든 신들을 창조하고 수호하며 또한 예언하는 루드라는 황금을 만들어내는 토대다. 그러므로 황금과 태양을 동의어로 본다면 루드라는 태양을 만들어낸 어머니이기도 하다. 황금과 태양의 모태인 루드라는 피조물의 몸속에도 있다. 그는 모든 피조물의 주인이다. 그의 품은 세상의 모든 것을 품을 수 있을 만큼 광활하다. 피조물인 자기 자신 안에서 그를 알아본다면 그는 불멸의 존재가 된다.

태양과 같은 광채를 발하는 것은 푸루샤다. 해가 중천에 떠 있다는 것은 푸루샤, 즉 무아의식의 온전한 출현을 의미한다. 무아의식은 존재의 심장에 살고 있으면서 모든 것을 꿰뚫어 보는 의식으로서의 통찰이다. 그러므로 무아의식의 출현은 온전히 새로운 삶, 오직 유일한 세계, 독자적인 세계를 의미하는 창조적인 삶이다.

푸루샤는 삶이 일어나고 지속하게 하는 모든 충동력의 근원적인 힘이고, 그것을 의식하고 통찰하는 빛이며, 삶과 죽음을 초월하여

243 『상징과 리비도』, pp.186~187.

있어 그것에 얽매이지 않는다. 그렇기 때문에 영원불멸이라고 말하는 것이다.

> 13. 엄지손가락보다 크지 않은 그 인간(푸루샤)은 내면에 거주하는데, 항상 인간의 가슴속에 살면서 가슴으로 생각하는 영으로 인지된다. 그를 아는 자는 불멸의 존재가 된다.…… 엄지손가락, 닥틸렌Daktylen과 카비렌Kabiren은 성적인 측면을 지닌다. 그것이 당연한 것은, 그것들은 인격화된 이미지의 힘이고 그러한 힘의 상징은 역시 남근(Phallus)이기 때문이다. 남근은 이러한 창조적 측면의 심리적 에너지인 리비도를 표현한다. 이 점은 꿈의 환상에서뿐만 아니라 언어에서도 자주 등장하는 수많은 성적 상징 전반에 해당된다. 어떤 경우에도 그러한 상징을 말 그대로 취할 필요는 없다. 그것은 기호학적으로가 아니라, 다시 말해 어떤 특정한 것에 설정된 기호로서가 아니라 상징으로서 이해되어야 한다.…… 엄지손가락 등을 통해 상징화되는 그와 같은 창조적 힘은 남근을 통해서도 표현될 수 있고, 혹은 그 근원적 사건의 또 다른 측면을 묘사하는 그 밖의 상징들을 통해서도 표현될 수 있다.…… 남근은 생명체를 만들어내는데, 역시 어둠 속에서 그 일을 한다.[244]

상징에 대한 해석이 중요한 것은 여기서도 어김없이 나타난다.

244 『상징과 리비도』, p.185~188.

엄지손가락은 남근적 상징으로서 성욕에 비유되는 자연의 힘이다. 자연의 본질은 음陰과 양陽으로 되어 있다. 자연의 힘이 선과 악을 동시에 지니고 있는 것도 그것이 본성이기 때문이다. 본성 그 자체가 선과 악으로 구성되어 있다면 본성이 도덕성과 무관하다는 것은 진리다.

그런데 모든 생명은 모순적 본성에 의해서 창조되며 종족 또한 그것에 의해서 유지된다. 뿐만 아니라 자연의 힘은 자립적인 생명체로서 인격적 능력이라고 말할 수 있는 직감을 가지고 있다. 그것을 '목표 지향적 충동'이라고 말하는 것도 이러한 근거에 기초한다. 융은 자연의 힘에 대한 이러한 묘사들을 무의식의 생산적 측면이라고 설명한다.

> 디오니소스 제의에서는 남근이 하나의 중요한 구성요소가 되었다. 예컨대 아르기브의 황소-디오니소스 제의에서 그렇다. 그 밖에도 남근 모양의 신의 주상柱像은 디오니소스-남근을 인격화시키는 계기가 되었는데, 그것은 푸리아푸스(Priapus: 생식, 풍요의 신-역주)이다.[245]

종교적 제의나 신의 주상柱像들이 성적인 형태로 나타나는 경우가 많다. 그러나 이러한 것들을 단순한 은유나 비유로 보아야 한다는 것이 융의 주장이다.[245]

245 『상징과 리비도』, p.194.

리비도는 성욕·식욕·소유욕·과시욕·강박충동·복수충동·지배충동·종교적 충동까지 모든 자연적 상태에 있는 욕구다. 이 충동의 근본을 증식 본능(Propagationstrieb)이라고 부르는데, 그것은 인간 정신의 발달과정 안에서 보다 복잡하고 세분화되어 나타난다. 물론 의식과 무의식의 통합을 위한 열정 또한 이 자연적 욕구인 충동(Trieb)에 기초되어 있다. 이것이 바로 우리가 충동에 대해 관심을 기울여야 하는 이유다.[247]

충동은 진화과정 속에서 세분화되어 나타나지만 충동의 궁극적 방향은 최고의 인식으로 향해 있다. 즉 '목표 지향적 충동'에 의해서 분리된 정신은 통합으로 갈 수 있는 것이다.

> 태양의 비유는 우리에게 늘 신들의 역동성이 심적心的인 에너지라는 사실을 가르쳐준다; 바로 그것이 우리들의 불사성不死性이다. 심적인 에너지야말로 인간으로 하여금 결코 꺼지지 않는 생명의 연속성을 느끼게 하는 것이다. 그것은 인류의 생명에서 기인한 생명이다. 무의식의 심연에서 용솟음치는 생명의 근원은 전 인류의 원줄기에서 나온다. 왜냐하면 각기 개별적인 것은, 적어도 생물학적으로 어머니로부터 떨어져 나와 이식된 가지일 뿐이기 때문이다. 정신적 생명력, 즉 리비도는 태양으로 상징화되거나 태양의 속성을 지닌 영웅의 형상에서 인격화된다. 그러나

246 『상징과 리비도』, p.202.

247 『상징과 리비도』, pp.203~205.

동시에 그것은 남근적 상징으로 표현되기도 한다.[248]

심적인 에너지가 없다면 생명은 지속하지 못한다. 무의식은 가장 깊은 곳에 생명의 근원이 있다. 이것이 우리가 무의식을 알아야 하는 이유다. 인간이 의식으로 살고 있는 것 같지만 실상은 무의식의 힘에 의해서 살고 있다는 사실을 아는 사람은 그리 많지 않다. 무의식의 에너지는 생명에 힘을 불어넣고 지속시키거나 차단시키는 근원이다.

그렇기 때문에 태양은 남근적 상징과 더불어 생명 에너지로 비유되며 정신의 중심으로서 자기(Self) 혹은 부처에 비유되는 것이다. 태양으로 상징되는 자연의 거대한 생산력은 인간 속에서 부처나 신의 형상으로 나타나는 원형의 에너지다.[249]

2) 의식의 정점에 이르다

태양의 상징성에 대한 설명은 연금술사들에 의해서 상세하게 밝혀진다. 연금술사들은 불꽃을 범심혼汎心魂 혹은 우주혼과 같은 정신적 성질로 받아들였다. 또한 불꽃은 무의식의 혼돈 속에 뿌려져 있는 인간의 이성이기도 하다. 해와 달은 자연의 빛으로서 자기(Self), 곧 부처를 상징한다.

자연의 빛인 자기(Self)는 인간이 태어날 때부터 가지고 있다. 인

248 『영웅과 어머니의 원형』, pp.60~61.

249 『상징과 리비도』, p.139.

간의 의식은 그것에 의해서 밝아지고, 무의식의 어둠도 밝혀진다. 그것에 의해서 삶이 비쳐지지만 인간이 그것을 마음대로 취할 수 있는 것은 아니다. 동물도 물론 이 빛을 가지고 있지만 그 빛은 불완전하다. '완전한 자연의 빛'은 오직 인간에게 있다. 인간이 모든 생명체 중에서 가장 우수한 존재가 되는 이유도 '완전한 자연의 빛'을 가지고 있기 때문이다. 그러므로 자연의 빛은 '가장 값진 보배'라고 부를 수 있는 것이다.[250]

융은 요가의 심리적 과정에 대한 통찰을 아미타불 명상에서 찾는다. 아미타불은 '무한한 빛을 가진 태양의 불佛'이다. 아미타불 명상은 태양에 관해 집중명상을 한다. 융은 태양에 관한 명상법은 감각을 강화시키기 위한 것이라고 설명한다. 감각 강화를 위한 가장 흔한 최면 방법 중의 하나가 번쩍거리는 대상을 사용하는 것이다.

태양을 응시하는 것은 최면과 유사한 효과를 일으킨다. 태양 명상은 태양의 형태, 성질 및 의미들을 명료하게 이해하기 위한 방법이다. 또한 태양의 둥근 원반은 둥근 환상물의 근본이 되어 지각을 만들어낸다.[251]

"삼매는 '정(定, Eingezogenheit)', 즉 모든 세계 관계가 내부로 흡수된 상태이다. 삼매는 팔정도의 여덟 번째이다."[252] 이것은 내부로부터의 이해가 외부적 이해를 먼저 이행하고 습득함으로써 얻어진

250 『원형과 무의식』, pp.51~55.

251 『인간과 문화』, pp.211~212.

252 『인간과 문화』, p.207.

다는 것을 알려준다. 그러므로 태양이 나타내는 상징성은 의식의 명징성임이 드러난다.

안스로포스Anthropos는 희랍어로 인간이다. 여기서 포스pos는 '빛'을 나타낸다.[253] 다시 말해 인간은 빛, 즉 의식이고, 의식이 곧 인간이다. 의식이 없는 인간은 더 이상 인간의 의미를 갖지 못한다는 말이 된다. 인간 존재의 기원을 '빛', 즉 의식과 동일시한다는 의미다. 태양이 높이 솟아올랐다는 것은 인간이 가질 수 있는 가장 뛰어난 의식성을 나타낸다. 그러므로 태양은 자아의 상대의식에 의해서 왜곡되고 한정된 밝음이 아니라, 있는 그대로의 자신의 실재를 정직하게 조명하는 절대적 의식성이다.[254]

> 네가 다만 유위·무위의 모든 법(인연)을 여의어 마음은 마치 태양이 항상 허공에 떠 있어서 광명이 자연스럽게 비추지 않으면서도 비추는 것과 같이 되면 이것이 힘을 드는 일이 아니겠는가? 여기에 이르는 때는 머무를 곳도 없다. 이것이 바로 제불의 행을 실천하는 것이며, '머무를 바 없이 더구나 그 마음을 낸다'고 하는 것이다. 이것이 다름 아닌 너의 청정한 법신이며, 아뇩보리라고 한다.[255]

253 「서양 중세 연금술에서의 '안스로포스Anthropos'」(『心性硏究』 13, 1998).
254 『꿈에 나타난 개성화 과정의 상징』, p.119.
255 『전심법요·완릉록 연구』, pp.171~172.

태양은 청정한 법신이며 아뇩보리다. 청정한 법신이 비추면 모든 부처의 행은 실천된다. 왜냐하면 청정한 법신은 자기 내면의 어둠을 비추지 못하는 바가 없기 때문이다. 그러나 청정한 법신의 인식에는 '나'라고 하는 주체가 없기에 집착이 없고, 인위적인 노력이 없다. 그것은 저절로 일어나는 인식이다. 그렇기 때문에 태양이 최고의 의식성으로 비유되는 것이다.

설법도 자유자재, 마음으로 종지를 통달하니, 마치 해가 중천中天에 솟음과 같다. 오직 돈교의 가르침만을 전하며, 중생을 교화(出世)하여 삿된 종지를 타파한다. 가르침에 돈頓과 점漸이 없으나, 미혹함과 깨침에는 더디고 빠름이 있다. 만약 돈교의 법문을 익히면 어리석은 사람도 미혹함도 없어지리라. 법문의 설명은 비록 여러 가지이지만 이치에 계합하면 결국 하나로 돌아간다. 번뇌의 어두운 집 한가운데서 항상 지혜의 태양이 떠오르도록 하라. 삿된 것은 번뇌 때문이요, 올바르면 번뇌는 제거된다. 삿됨과 올바름 모두 다 버리면 청정하여 텅 빈 깨달음에 이르리. 깨달음은 본래부터 청정한 것, 마음을 일으키면 곧 망념이 된다. 청정한 본성은 망념妄念 중에 있는 것, 마음이 바르면 세 가지 장애는 없어진다.[256]

혜능 역시 무아의식이 드러나는 것을 해가 중천에 솟아 있는 것

256 『돈황본 육조단경』, pp.210~211.

과 같다고 말한다. 왜냐하면 해가 없는 어둠, 어슴푸레한 빛으로는 명료하게 인식할 수 없기 때문이다. 어둠은 무명이다. 무명은 사실을 있는 그대로를 보지 못한다. 무명은 모든 것을 짐작하고 추측함으로써 실재를 왜곡한다. '마음을 일으킨다'는 것은 무명인 자아의식의 사사로운 분별성이다.

성품에는 본래 잘못된 것이 없다. 본성에 있는 것들은 정신을 구성하는 데 근원적 요소들이다. 그것들에 의해서 정신에 영양분이 공급되고 보호받으며 성장할 수 있다. 잘못된 것이 있다면 자아의식이 그것을 자신의 기준에서 볼 때 이해하지 못할 뿐이다. 자아의식이 그것을 없애야 하는 것으로 생각할 때, 그것들은 모두 망념이 되어버린다. 자아의식의 문제는 그것들을 있는 그대로 인식하고 수용할 수 있는 파워를 갖지 못했다는 것이다. 자아의 의식성이란 부분적 인식만이 가능하다.

그러므로 깨달음이란 자아가 내면에 무아의식이라는 무한한 인식능력을 발견하고 자신의 의식적 한계를 명백하게 인식하는 것이다. 자아가 그러한 자신의 편견과 관념을 인식함으로써 자아는 인식의 중심에서 물러난다. 그것은 해가 가려져 있던 구름을 벗어나는 것과 같다. 해가 중천에 솟음은 가장 강열하게 밝은 빛이다. 그 안에서 모든 진실은 있는 그대로 드러난다.

紅日三竿猶作夢 붉은 해는 높이 솟아도 여전히 꿈꾸는 것 같으니

태양은 '융합'의 의미를 갖는 한마음(一心)이다. 즉 붉은 해가 높

이 솟는다는 것은 무아의식이 명료하게 드러나 자아와 무의식을 숨김없이 비추는 것을 나타내고 있다.[257] 그러나 무아의 절대의식이 드러나도 여전히 꿈꾸는 것 같다고 하는 것은 깨달음을 얻은 이후에도 정신의 작용들은 변함없이 일어난다는 말이다.

그런데 좀 더 다른 점이 있다. 자아가 의식의 중심으로 있을 때는 자아의식이 부정하고 싶은 모든 마음의 내용들을 억압하거나 외면해 왔기 때문에 그것들에 대해서 알지 못했다. 그러나 이제 자아의 저항이 걷어지고 나면 자신의 모습은 조금도 감출 수 없이 있는 그대로 비춰진다는 것이다.

> 의식과 무의식은 동등한 자격으로 나타나며 대부분 이해할 수 없는 그것의 질서는 의식과 그 내용에 대해 대칭적으로 보완이 된다. 그때 반영되는 대상과 영상은 처음에는 아직 모호한 상태로 머문다. 그러므로 결론을 이끌어내자면, 거울에 의해 정반대로 되긴 했지만 서로 일치하는 두 세계의 교차점으로써 '중심점'을 볼 수 있을 것이다. 그러므로 대칭화의 이념은 무의식을 인식하고 그것이 보편적 세계상 속으로 편입해 들어가는 것을 받아들이는 극점이 될 것이다. 무의식은 여기서 '우주적' 특성을 얻게 된다.[258]

257 『원형과 무의식』, p.62.
258 『꿈에 나타난 개성화 과정의 상징』, p.217.

무아의식은 중심의 출현이다. 왜냐하면 자기(Self) 혹은 부처를 인격의 중심점이라고 하였기 때문이다. 중심점이 있다는 것은 그것을 기준으로 아래와 위 혹은 오른쪽과 왼쪽이 존재한다는 말이다. 균형이 잡힌다는 말은 대칭이 잘 되었다는 것이다.

의식 일변도의 인격에서 무의식은 의식과 동등하게 취급되지 않는다. 그러나 인격의 중심이 자아가 아니라 무아가 되면 의식과 무의식은 동등한 자격으로 나타난다. 삼간三芉은 천芉의 의미를 가지고 있다. 천芉은 '풀이 우거져 무성하다'로 풀이된다. 즉 삼간 혹은 삼천은 '거듭 우거진 풀로 말미암아 꿈을 꾸고 있다' 혹은 '혼미하다'로 해석되어져야 한다.

풀은 무의식이다. 펼쳐지는 무의식의 내용들이 아직은 익숙하지 않다. 마치 거울을 처음 대하는 비문명인이 거울 속에 비친 자신의 모습을 신기해하고 낯설어하는 것과 같을 것이다. 의식과 무의식이 동등한 자격을 갖는 일이 왜 중요한지는 "무의식은 여기서 '우주적' 특성을 얻게 된다"는 마지막 문단에서 찾을 수 있다.

의식이 무의식의 가치를 알아보지 못할 때 무의식은 단순한 동물적 성질, 원시성에 지나지 않는다. 그러나 그것이 '우주적 특성'을 얻게 될 때, 그것은 정신의 가장 값진 보물이 된다는 것을 깨달음을 경험한 많은 조사들이 기록하고 있다.

해는 자기 자신에 대한 진정한 관조다. 해가 중천에 떠 있다 함은 진정한 통찰, 관조가 일어나고 있음을 의미한다.

그러나 태양이 진다면, 오 야나발키아, 달이 진다면, 또한 불이

꺼진다면 무엇이 인간에게 빛을 줄 것인가?…… 그렇다면 그 자신(아트만atman) 빛을 비출 것이다. 왜냐하면 자기(自己, 심혼)의 빛이 있는 곳에서 그는 앉고 돌아다니며 일을 하고 되돌아오기 때문이다.[259]

아트만atman은 자기自己의 빛이다. 이 빛에 의해서만이 무명으로 있던 진정한 자기 모습이 실상을 드러낸다.

鞭繩空頓草堂間 채찍과 고삐는 띠집 사이에 부질없이 놓여 있네.

이제 더 이상 소를 길들이기 위한 채찍과 고삐는 필요하지 않다. 인위적인 모든 노력은 자아가 정신의 주체로 있을 때만 가능하다. 이제 정신의 주체는 무아다. 자아는 무아에게 모든 것을 맡기고 본래의 기능으로 돌아간다. 왜냐하면 정신의 본래 주인은 무아였음을 자아는 알기 때문이다.

259 『상징과 리비도』, p.240(『브라다라나카 우파니샤드』).

8. 인우구망 : 사람과 소를 모두 버리다

1) 원圓은 불성佛性이자 단일성의 상징이다

여덟 번째의 인우구망人牛俱忘에는 붓으로 원圓 그림이 그려져 있다. 둥근 모양(圓形)의 속이 텅 비었기 때문에 공空이라고 말하기도 한다. 원은 일반적으로 온전하고 원만하다는 의미로 쓰이고, 공은 모든 것을 담고 있는 전체성의 의미를 지닌다.

> 공(球)은 모든 내용을 담고 있는 하나의 전체성이다. 헛된 투쟁으로 인해 무기력하게 되었던 삶이 그것을 통해 다시금 가능하게 된다. 쿤달리니 요가에서 '녹색 모태'란 잠재 상태로 있다가 출현한 이슈바라(Ishvara: 주님, 시바Shiva신에게 부여한 칭호-역주)를 지칭한다.[260]

공(球)은 원에 대한 상징이다. 원은 즉 공즉시색空卽是色이다. 공空이 곧 색色이다. 색色은 곧 무無다. 그러므로 무는 아무것도 없는 무가 아니라 가득 찬 것이기도 하다. 십우도 여덟 번째 그림인 공空 역시 허공과 같은 것으로서 텅 비어 있기에 또한 모든 것을 수용할

260 『꿈에 나타난 개성화 과정의 상징』, p.194.

수 있는 것이다. 이것이 바로 전체성이다. 이원적 사고인 자아의식이 물러가고 그 자리에 무아의식이 드러난 것이다.

무아는 모든 것을 담고 있는 전체성이다. 지금까지 자아의 상대의식에 의해서 분별되어 일어났던 모든 마음의 갈등과 투쟁들이 사라진다. 그것은 바로 실재를 보지 못하게 가리고 있던 자아의 방해가 더 이상 일어나지 않는다는 것을 의미한다.

중세적인 표현으로 원은 소우주의 '작은 세계(mundus minor)'이며, 마음의 중심으로서 우주의 내적인 상像이기도 하다.[261] 원의 상像은 연금술에서 가장 완전한 형태, 가장 완전한 실체(Substanz)를 의미한다. 그리하여 그것은 '세계혼(animamundi)'이며, 자연의 중심인 혼(anima media natura)으로서 첫 번째 창조된 빛이다. 대우주는 둥근 구球 모양으로 창조주에 의해서 창조되었기 때문에 완전한 성질을 가지고 있다. 그러므로 원의 상징으로 드러난 만다라는 가장 단순하면서도 가장 완성된 것을 의미한다.

십우도에 나타나는 원의 상은 시간과 공간을 구분하지 않고 지구의 여러 곳에서 자연발생적으로 생겨난 관념들이라는 사실을 융은 입증했다. 즉 깨달음, 혹은 완전성에 대한 추구가 정신의 보편적 성질임을 알게 해준 것이다. 생명체의 근원인 불성은 다양한 방법으로 그 실체를 드러내고 있는 것이다. 그것이 연금술사들에게 그리스도와 동일시되는 '보다 높은 영적 인간'인 아담 카드몬Adam

261 『인간의 상과 신의 상』, p.142.

Kadmon이었다. '보다 높은 영적 인간', 혹은 불성을 찾는 방법들이 다를 뿐이었던 것이다.

연금술의 철학자들은 '신격의 상'이 물질 속에 잠자거나 혹은 감추어져 있다고 믿었다. 그러므로 그들은 물질의 실험을 통해 그것을 찾고자 했다. 원은 '물질(Materie)의 잠긴 문을 여는 마술적인 열쇠를 지니고 있다고 생각되었다. 뿐만 아니라 그것은 완전한 존재로서 양성兩性적인 성질을 가진 완전히 살아있는 존재로 상징된다.

양성적인 것을 심리학적으로 풀이한다면 의식과 무의식이고, 중국철학으로는 양과 음의 세계다. 그들에게는 보편적 인간, 현실적 인간을 상징하는 태초의 인간 아담은 무상無常한 네 요소로 이루어져 있었다. 그렇기 때문에 첫 번째 인간 아담은 죽을 수밖에 없다. 그러므로 죽지 않는 영원한 아담을 찾아야 한다. 영원한 아담은 첫 번째 아담의 육체 안에 있었기에 그것을 다시 태어나게 해야만 한다. 그것이 바로 두 번째로 태어나는 아담이다. 두 번째로 태어난 아담은 원을 발견한 사람으로 순수한 불멸의 정수로 이루어져 있다. 불멸의 정수는 시간과 공간을 초월하여 있는 영원성이다.[262]

융 심리학에서 만다라는 단일성의 상징이자[263] 개성화의 상징이다.[264] 단일성 혹은 개성화는 분리된 정신이 한마음으로 통합되는 것이다. 그러므로 만다라는 정신적 균형이 필요할 때 그 모습이 드

262 『인간의 상과 신의 상』, p.83~87.

263 『꿈에 나타난 개성화 과정의 상징』, p.40.

264 『원형과 무의식』, p.147.

러나거나 정신의 불균형을 치유하는 기능을 하게 된다.

> 진정한 만다라는 항상 (적극적인) 상상을 통해 점진적으로 구성되는 내적인 상이다. 더욱이 정신적 균형에 장애가 생긴 경우, 혹은 어떠한 생각이 신성한 교의에 내포되지 않아 찾을 수 없기 때문에 그것을 추구할 수밖에 없을 때 만다라가 생겨나는 것이다.[265]

만다라는 객관적 정신의 결여로 인해 자기 인식이 결여되어 있을 때 일어난다. 다시 말해 의식만이 정신의 전부로 알고 있는 사람에게 무의식의 정신은 부정된다. 이런 사람이 자기 자신을 있는 그대로 볼 수 없는 것은 당연하다. 의식의 일방적 발전은 무의식을 배제시키기 때문에 그 자체로 정신은 불균형이다. 그러므로 만다라의 생성은 정신의 중심에서 균형을 맞추려는 작용인 것이다.[266]

불균형을 치유하기 위한 경우에 나타나는 만다라는 그 중심에 붓다나 도르예dorje 혹은 그리스도와 같은 중요한 상이 있어서 그 상이 강조된다. 중심에 있는 그림들은 모두 정신적인 인격의 중심으로서 자기(Self) 혹은 부처를 상징한다.[267] 중심에 부처가 있는 만다라를 경험한다면, 부처를 대상으로서 인식하는 상대로서의 주체가

265 『꿈에 나타난 개성화 과정의 상징』, pp.121~122.

266 『꿈에 나타난 개성화 과정의 상징』, p.40.

267 『꿈에 나타난 개성화 과정의 상징』, p.125.

있다는 말이다. 즉 여전히 자아가 인식의 중심으로 기능하고 있는 것이다. 그러므로 중심에 신의 형상이 있는 만다라는 중심에 있는 형상의 중요성을 강조할 목적을 가진다.[268]

중심에 있는 상들은 정신의 잃어버린 중심에 대한 기억을 상기시킨다는 점에서 긍정적인 기능을 가지고 있다. 그러나 자아가 중심에 나타나는 상과 자신을 동일시해버릴 경우, 자아의 팽창이 일어난다. 즉 나는 신을 만난 특별한 사람이 된다. 특별한 사람이 되어버리는 한, 본래의 자기 자신으로 돌아오지 못한다. 자신 자신으로 돌아오지 못한다는 것은 자신의 고유한 상태를 잃어버린다는 것을 의미한다. 즉 이것은 여전히 신과 나를 나누어 보는 이원론적 사고다. 이원론적 사고는 정신의 분리 상태다. 신과 자신, 즉 자아와 부처(자기Self)가 동일한 본체라고 생각하지 못하는 것이다.[269] 그것은 주체적 삶이 아니라 종속적 삶이다. 깨달음은 고유한 자기 자신이 되는 일이다. 그러므로 그것은 깨달음과는 완전히 반대되는 길을 걷는 일이 된다.

그렇기 때문에 십우도의 원에는 중심이 비어 있다. 이것이 일반적인 만다라와 십우도 만다라의 차이점이다. "그대 마음의 텅 빈 충만(空)이 곧 불성佛性임을 인식하고, 그리고 동시에 그것이 그대 자신의 생각임을 안다면 그대는 성스런 붓다의 경지에 머물게 될 것이다."[269]

268 『인간의 상과 신의 상』, p.102.

269 『인간의 상과 신의 상』, p.142.

십우도의 둥근 원은 안에도 밖에도 그림이 없다. 그 중심이 비어 있다는 점에서 공空이다. 공은 자기희생을 통하여 얻어지는 인식의 최고 정점이다. 자아가 자발적으로 자기 존재의 십자가를 짊어지고 못 박혀 죽음으로써 새로운 인격으로 다시 부활하는 거룩한 변화를 나타낸다. 자신의 소를 찾아 소를 길들이는 목동이 되어 돌아와 소도 없고 나도 없는 것은 소, 즉 자아의 희생에서 비롯된 것이다. 자아가 희생됨으로써 자아의 인격은 무아의 인격으로의 변환이 일어날 수 있는 것이다. 그러므로 십우도의 만다라가 보여주는 공空은 분리된 자아의식과 무의식이 하나가 되는 한마음이다.

중심이 비어 있는 원은 아무것도 없는 무가 아니라 진정한 충만充滿이다. 불성은 '나'라고 하는 중심이 비어 있지만 모든 것의 근원이다. "그대 자신의 마음이 바로 영원히 변치 않는 빛 아미타바이다. 그대의 마음은 본래 텅 빈 것이고 스스로 빛나며, 저 큰 빛의 몸으로부터 떨어질 수 없다. 그것은 태어남도 없고 죽음도 없는 것이다"[271]

십우도가 나타내는 빔(空)은 동일시할 자아가 이미 초월되고 인식의 중심에 무아가 드러났다는 것을 상징한다. 무아의식은 무의식이 만들어내는 자연적인 상징이며, 대극을 화해시키는 매개자의 기능을 가지고 있다.[272] 의식과 무의식은 더 이상 대극으로 분리되지

270 『티벳 사자의 서』, p.162, 융의 서문.
271 『티벳 사자의 서』, p.164, 융의 서문.
272 『인간의 상과 신의 상』, p.135.

않고, 무아의식 안에서 하나가 될 수 있다. 의식의 중심이 자아에서 무아로 이동된 것이다. 이것이 아홉 번째, 본래의 모습으로 돌아와서 근원을 돌아보게(返本還源) 만드는 것이다. 즉 자신과 진정으로 화해할 수 있는 토대가 마련된 것이다.[273]

그러므로 중심이 비어 있는 십우도의 만다라는 더 이상 신격을 상징하는 마술적인 원이 아니라 정신의 중심자리라는 것을 의미한다. 중심자리가 드러남은 인격의 가장 중요한 부분이 드러난 것이다.[274] 중심자리는 의식과 무의식을 포괄하는 전체성이다. 자아의 초월로 의식은 최고의 명징성에 도달한 것이다. 최고의 명징성은 정신이 함유하고 있는 모든 요소들을 어느 것 하나 빠뜨리거나 부정하거나 억압하지 않고 있는 그대로 인식하게 된다. 그렇기 때문에 원은 분리되어 있던 의식과 무의식, 선과 악, 중생과 부처가 '합일하는 상징'이자 완전한 조화의 감정으로서 원만성(Vollstandigkeit)이다. 원의 중심이 비어 있음은 '나'라는 개별적 인식의 주체가 없다. 그러므로 그것은 '무아'이고 '절대정신' 혹은 '절대적 객관성'이 될 수 있는 것이다.

마음을 있는 그대로 받아들이는 무아의식에 의해서 어둠 속에 있던 무의식은 명료한 의미를 드러낸다. 무아의식은 중생과 부처라는 대극을 화해시키고 혼돈의 정신을 새로운 질서로 편입하게 만든다. 말하자면 세속적인 인간이 영적인 인간으로 변환하는 순간이다.[274]

273 『인간의 상과 신의 상』, p.123.

274 『인간의 상과 신의 상』, pp.137~138, pp.143~145.

2) 원은 순환이다

대승은 우리가 익히 알고 있듯이 큰 수레다. 수레는 바퀴와 원의 상징이 담겨진다. 융의 표현대로 공(球)은 모든 내용을 담고 있는 하나의 전체성을 나타내듯이, 대승은 어느 것을 선별해서 태우는 작은 수레가 아니라 있는 그대로 모든 것을 태울 수 있는 큰 수레다.

대승大乘의 사전적 의미를 찾아보면 다음과 같다. 개인의 해탈解脫에 주력하는 소승小乘에 대對한 것이라는 표면적 의미를 제외한다면, 그 본질적 의미는 내적內的·정신적精神的인 것이라고 풀이하고 있다. 즉 대승은 사사로운 감정이나 이익 또는 일에 매이지 않는다는 것이다. 사사로움은 자아의 성향이다. 그러므로 대승은 자아를 초월하는 것이고, 자아의 초월이 바로 무아無我다. 즉 무아가 바로 대승인 것이다. 소승이 밝음, 도덕성, 선함, 아름다움의 측면을 추구하는 것은 나약한 자아의식의 구조를 강화시키기 위함이다.

거기에 비해서 대승은 자아가 추구하는 의식적 측면뿐만 아니라 자아에 의해서 분리되어 내버려진 무의식의 측면, 즉 어두움, 비도덕성, 악함, 추함까지도 인식하고 포용하는 것이다. 큰 수레를 의미하는 대승의 의미는 연금술에서도 그 의미가 그대로 살아있다. 바퀴에 대한 연금술의 해설이 참 인상적이다.

> 바퀴에 대해 말하자면, 그것은 연금술에서 흔히 사용하는 표현으로 '순환과정(circulatio)'을 지칭한다. 그로써 한편으로는 '상

275 『인간의 상과 신의 상』, pp.120~140.

승(ascensus)'과 '하강(descensus)', 예컨대 날아오르고 낙하하는 새(침전하는 수증기)이며, 다른 한편으로는 작업의 전범이 되는 우주의 진화와 또한 작업이 성립되는 해(年)의 주기周期를 말한다. 연금술사는 '회전(rotatio)'과 그의 원圓 그림의 관련을 의식 못하는 것이 아니다. 바퀴에 대한 동시대의 도덕적 비유는 무엇보다도 신의 인간으로의 하강과 인간의 신으로의 상승을 말하는 '상승'과 '하강'을 강조하고 있다.〔성 베른하르트Bernhard의 설교에 의하면, "그는 하강함으로써 우리가 즐겁고 유익한 상승을 하도록 해주었다."〕[276]

바퀴는 구른다. 구른다는 것은 순환이다. 바퀴는 회전하지만 늘 제자리에 있는 것이 아니라 목적지를 향해서 굴러간다. 바퀴는 높은 곳으로 올라갈 수도 있고 낮은 곳으로 내려갈 수도 있다. 신은 인간에게로 내려옴으로써 인간의 변환이 일어나고, 인간은 변환에 의해서 신으로 상승하게 된다.

이것을 십우도의 신화에 유비시켜 본다면, 자아를 초월함으로써 무아를 맞이하게 되고, 무아에 의해서 온전한 부처(成佛)을 이루게 된다. 즉 의식이 신의 경지로 고양되는 것이다. 신의 경지가 바로 절대의식인 무아의식이다.

바퀴에 관한 뵈메의 해석은 연금술의 신비적 비밀을 드러내기

276 『꿈에 나타난 개성화 과정의 상징』, pp.208~209.

때문에, 그러한 관점에서 보거나 심리학적 관점으로 보면 적지 않은 의미를 지닌다. 즉 바퀴는 여기서 만다라의 상징성에서 핵심을 나타내고 있으며 따라서 '악의惡意의 신비(mysterium iniquitatis)까지도 포함하는 전체성의 표상으로서 나타난다.[277]

바퀴는 만다라의 상징성에서 그 핵심을 나타낸다고 융은 말한다. 왜냐하면 만다라의 중심은 "자아와 동일시될 수 없는 하나의 정신적인 인격의 중심을 의미"[278]하기 때문이다.

그런데 여기서 중요한 것은, 원은 모든 것을 생산하는 어머니의 본성이라는 것이다. 어머니의 본성은 선과 악을 근원으로 한다. 그러므로 모든 탄생은 선과 악을 함께 굴리고 있다. 마치 음과 양이 합해서 하나의 생명체가 이루어지는 것처럼 선과 악의 원리에 의해서 모든 탄생은 이루어지는 것이다.

그러므로 소를 찾는 것은 생명의 근원을 찾는 것이다. 그 근원에는 선과 악이 있는데, 선이 무엇인지 자아구조의 강화 과정에서 이미 알게 되었다. 이제 선의 반대편에 내버려 두었던 악의 측면을 인식하고 이해해야 할 차례다. 선과 악을 모두 담는 것, 선과 악을 모두 이해하는 것, 그것이 바로 전체성의 표상이고 온전한 정신성이다.

악을 알려면 악을 명상해야만 한다. 악을 명상하면 악의惡意가 가지고 있는 불가사의한 형상에 대해서 알게 된다. 악을 소멸할 수 없

277 『꿈에 나타난 개성화 과정의 상징』, p.211.
278 『꿈에 나타난 개성화 과정의 상징』, p.125.

는 것은 그것이 신의 본성이기 때문이다. 인간의 본성은 곧 신의 본성이다. 그러므로 악을 소멸한다는 것은 신의 몸을 절단하는 일이다.[279] 악은 없애야 할 것이 아니라 무아의식의 통찰에 의해서 의식화해야만 한다.

의식화는 한마음으로의 통합이다. 통합에 의해서 선과 악이 더 이상 투쟁하지 않고 조화로워질 수 있다. 그것은 악의 성질을 생산적 에너지 기능으로 돌아가게 만드는 것이다. 즉 자아의 지독한 자기중심적 이기심이 아니라 원만한 자기 보호기능의 역할로 돌아가게 하는 것이다. 자기 내면의 선과 악에 대한 인식은 자기이해의 가장 근원적 인식이다.

둥근 형태는 완벽한 단순성을 나타낸다.[280] '나'를 중심으로 분별하고 계산하는 자아의 상대의식은 혼돈의 복잡성이다. 만다라의 원은 무아로서 정신의 중심점이다. 중심점에 의해서 의식과 무의식은 한마음을 이룬다.[281]

'순환적 발전'에 대한 이해가 없다면 십우도는 9단계에서 완성으로 해석되어버린다. 원은 한 번의 완성이 아니라 순환적 발전을 계속한다. 즉 나선형적 과정으로 나아가는 것이다. 나선형적 과정이란 원점에서 시작에서 다시 원점으로 돌아오지만 출발했던 그 원점

279 『상징과 리비도』, p.171.

280 『꿈에 나타난 개성화 과정의 상징』, p.216.

281 『꿈에 나타난 개성화 과정의 상징』, p.217.

이 아니다. 순환은 늘 주기적으로 되풀이되지만 단 한 번도 같은 지점에 있었던 적이 없다.

그러므로 원은 깨달음의 완성이나 완전함을 의미하는 것이 아니라 새로 태어남, 재생 혹은 치유를 나타낸다. 다시 태어났다는 것은 정신의 주체를 자처했던 자아의 상대의식이 본래의 기능으로 돌아가고, 무아의 절대의식이 정신의 주체로 들어선 것이다.

원이 되었다는 것은 그 이전에는 원이 아니었음을 의미한다. 즉 하나가 아닌 둘의 분리된 정신으로 살았던 것이다. 이것을 융의 언어로 바꾸면 '중앙'은 '순환적 발전'으로 나아갈 수 있게 만드는 장소이다. '창조적 변환의 장소인 중앙으로의 완전한 집중이 이루어진 것'을 말한다.

3) 원은 위험 가득한 무의식으로부터 보호하는 마법이다

정신은 여전히 인간의 의식에게 비밀로 남겨져 있는 거대한 바다다. 바다를 항해할 때 아무런 준비가 없다면 그것은 직접적으로 죽음에 뛰어드는 어리석음일 것이다. 정신의 바다도 역시 이와 다르지 않다. 정신의 거대한 바다인 무의식에 자아의식이 함부로 다가서다가는 엄청난 화를 당하기 쉽다. 왜냐하면 무의식에는 동물적 원시성이 그대로 남아 있기 때문이다. 그러한 성질들이 빈약한 자아구조를 뚫고 나오는 것을 정신분열증이라고 부른다.

이미 잘 알려진 『티벳 사자의 서』는 무의식의 세계를 상세하게 묘사해 놓았다고 융은 보았다. 책은 의식의 기능이 멈추는 죽음의 순간에 일어나는 정신적인 현상을 설명하고 있다. 융이 『티벳 사자의 서』를 가장 차원 높은 심리학이고, 불교 심리학의 핵심을 담고 있는 지성적인 철학이라고 말하는 이유가 있다.

『티벳 사자의 서』가 '마음'이 무엇인지 직접적으로 알려준다고 보기 때문이다. 융은 이 책에서 깊은 영향을 받았다고 고백한다. 이 책에서 묘사하고 있는 정신적 현상들은 실제로 현실의 정신분열증 환자의 증상들과 구분되지 않았다는 것을 확인했던 것이다.

사자死者의 영혼은 '평화의 신'이나 '분노의 신'들을 보게 되지만 그것들은 모두 인간 정신의 투영이라는 사실을 『티벳 사자의 서』는 죽은 자들에게 알려주고 있다. 또한 경전은 정신이 이율배반적인 성격이라는 사실도 말한다. 즉 사자에게 분노의 신과 평화의 신은 본질적으로 하나지만 그것이 사자가 생전에 지녔던 의식수준과 질적 수준에 따라 다르게 나타난다는 것이다.

이것은 존재 자체가 의식의 수준과 의식의 질을 결정한다는 것을 보여준다. 즉 존재가 삶을 지속하는 동안에 의식의 수준과 질에 깊은 관심을 가져야 한다는 것이다. 그렇지 않다면 무의식의 위험으로부터 결코 안전할 수 없다.

보통 사람들은 의식이 무의식을 억압하고 있기 때문에 정신분열증과 같은 병리현상을 실제로 겪지는 않았을 수도 있다. 그러나 그렇다고 하더라도 그것이 다는 아니다. 『티벳 사자의 서』에 따르면 죽음의 순간에는 누구나 반드시 정신분열증의 과정을 거치기 때문이다.

무의식의 위험한 요소들은 수행과정에서 실제로 많이 경험된다. 그것들 가운데는 존재를 파괴할 수도 있는 위험한 것들도 많다. 그러므로 『능엄경』에서는 구경究竟으로 가는 과정에서 많은 마군들을 만나게 된다는 사실과 그것에 대처하는 법을 설하고 있다. 무의식의 부정적 작용들을 불교에서는 마구니라고 부른다.

『능엄경』은 오십여 가지의 마구니를 변별하고 유혹을 물리치는 장이 있다. 그 중에서도 심리학에서 다루고 있는 것이 바로 무서운 환영들을 경험하는 몽마夢魔와 부처의 환영이 나타나 수행자에게 신통력을 준다는 수기마授記魔다. 몽마는 『티벳 사자의 서』에서 말하는 카르마 환영과 유비되는 것이다.

정신병(Psychose)이란 의식이 무의식의 내용들을 제어하지 못할 때 일어난다. 융은 무의식의 내용들이 지극히 비이성적 성질을 가진 환영에 불과하지만, 자아의 구조가 병적으로 허약한 사람은 환영을 실체로서 경험하게 된다. 의식이 정상적으로 기능하는 순간에는 그러한 환영들은 언제든지 제약을 받는다. 그러나 의식의 기능이 사라지는 순간 그것들의 공격을 막을 수 있는 장치 또한 사라져 버리는 것이다.

쿤달리니 요가와 같은 정신수련에서도 정신적 위험성이 나타난다. 융은 이것을 의도적으로 일으키는 정신이상 상태라고 규정한다. 그러므로 심리상태가 불안정한 사람이 이러한 경험을 한다면 진짜 정신이상으로 발전할 수밖에 없는 것이다. 이것은 우리가 왜 무의식에 대해서 알아야 하며, 왜 그것에 신중하게 접근해야 하는지를 알려준다.

융이 무의식의 세계에 무지하면서 무의식에 함부로 접근하는 것은 인간존재의 뿌리를 치는 일이라고 말하는 이유가 바로 여기에 있다.

『티벳 사자의 서』 역시 지옥은 밖에 존재하는 것이 아니라 언제나 자기 자신 안에 있다는 것을 잊지 말아야 한다고 경고하고 있다.[282]

『대승기신론』에서 언급되는 마장魔障을 보면, 천상天像과 보살상이나 여래상이 나타나 신비한 주문을 설하는 환상을 보는 것, 참된 열반이라며 공적空寂함에 빠져 있는 것, 다른 사람의 과거와 미래를 보는 타심지他心智를 얻는 것, 진여삼매라면서 아무것도 하지 않고 며칠이고 정定 중에 머물러 있으면서 기이한 행동을 하는 것 등이다.

자아가 무의식의 신비를 체험하면서 자아는 스스로 특별한 존재가 된다. 이것은 수행자가 가장 착각하기 쉽고 그 유혹을 이겨내기 힘든 것으로 알려져 있어서 그것에 대한 경각심이 높기도 하다. 또한 경에서는 수행을 하지 않는 사람은 일상생활이 그대로 마장魔障의 세계라고 말한다.

마장의 세계란 무의식의 세계다. 자신의 무의식에 대해서 인식하지 못한다는 그 자체가 바로 마장의 세계다. 무의식으로 산다는 것은 자신이 누구인지 모른다는 말이다. 자신이 누구인지도 모르니 자신의 행위에 대해서 인식하지 못하는 것은 당연하다. 그러므로 그것이 어찌 정상적인 세계라고 할 수 있겠는가.

사람은 자신이 의식으로 살고 있다고 생각하지만, 실제로는 거의 무의식적으로 산다는 사실을 알지 못한다고 한 융의 말은 몇 번이고 언급하여도 지나치지 않는다. 왜냐하면 자아 자체가 무의식이기 때문이다. 그러므로 '나'가 누구인지를 스스로 찾아 나서는 수행자

282 『티벳 사자의 서』, pp.175~176.

는 자기 자신을 의식하고자 하는 열망으로 가득 차 있다. 수행의 과정에서 마군을 만나는 것은 자기 안의 또 다른 인격을 만나는 것이다. 그러므로 수행자들이 그것에 대처하는 방법을 알아야 하는 것은 두말 할 필요조차 없다.

『능엄경』은 마군의 세계를 그 자체로 공空하다고 말한다. 공하다는 것은 실체가 아니라는 것이다. 왜냐하면 마군은 무의식이기 때문이다. 자아 중심의 삶이란 곧 무의식의 삶이다. 무의식적으로 산다는 것은 곧 미혹의 세계에 얽매어 있다는 말이다. 무의식이란 정신의 내용이 의식화되지 못했기 때문에 그 정체가 드러나지 않았다는 것이다. 진여의 의식성이 비치면 무의식의 내용들은 의식의 내용으로 바뀐다.

무의식에 대한 자아의식의 몰이해가 무의식으로 하여금 두려운 환영으로 드러나게 한다. 무아의식에 의해서 무의식의 본래적 성질이 이해되면 그것은 더 이상 마군의 역할을 하지 않는다. 대신 그것은 정신의 근원으로서 에너지 기능을 한다. 인간은 정신적 에너지를 본성에 의해서 공급받는다. 즉 무의식은 의식적 에너지를 만드는 정신의 뿌리다. 무의식이 긍정적 에너지가 될지 부정적 에너지가 될지는 자아의식의 성숙도에 달려 있다.

『능엄경』은 마군들을 변별하고 그것의 유혹으로부터 빠져나오는 방법으로 여래장묘진여성如來藏妙眞如性을 알려준다. 진여는 광명이다. 광명이란 곧 의식성이다. 진여의 의식성이란 무아의식이다. 그것은 부분의식으로 전체를 부정하는 거짓된 의식이 아니라, 있는 그대로 보는 참된 의식이다.

경이 의식성을 해결방법으로 제시한다는 것 자체가 마장이 무의식이라는 사실을 말하고 있다. 그런데 재미있는 것은 십우도에는 마장에 대한 언급이 없다는 것이다. 왜 그럴까? 그것을 융에게서 들어본다.

> 의식과 무의식이 서로 접촉하면 이미 그때는 둘 사이의 대립도 사라진다. 따라서 꿈의 처음 부분에서 상반된 방향으로 달아나는 뱀들은 곧장 제거되어야 한다. 다시 말해 의식과 무의식 간의 갈등이 곧 바로 단호하게 지양되며 의식은 '순환적 발전'이 되는 가운데 긴장을 견뎌내지 않을 수 없게 된다. 그런데 그렇게 생겨난 마법의 원 때문에 무의식 역시 밖으로 뚫고 나올 수 없게 된다. 밖으로 뚫고 나온다면 그것은 정신병(Psychose) 같은 상태가 될 것이다.[283]

의식과 무의식이 대립한다는 것은 의식이 무의식의 내용을 부정하거나 억압한다는 의미다. 의식하지 못하는 한 무의식은 무의식으로 남아 있을 뿐이다. 분리된 정신은 더 높은 차원으로 성장되지 않는다. 오직 무의식에 대한 관조만이 정신의 순환적 발전을 가져오게 할 수 있다.

마법의 원이란 만다라다. 이것을 왜 마법의 만다라라고 하는가 하면, 만다라는 통합의 원이기 때문이다. 통합은 의식과 무의식의

283 『꿈에 나타난 개성화 과정의 상징』, p.186.

대립이 사라지게 만든다. 대립이 사라지면 무의식은 더 이상 의식에게 위험성으로 드러나지 않는다. 뿐만 아니라 두 영역은 상호 보완적이 된다. 그러므로 무의식의 내용들은 지극히 자연스럽게 의식화 과정을 밟게 된다.

> 오늘날 우리가 만다라 상징에 관해 알아낼 수 있는 것은, 그것이 언제나 반복되며 어디에서나 동일한 현상학적 특징 속에서 정신의 자율적 사실을 표시하고 있다는 것이다. 그것은 마치 그 심층 구조와 최종적 의미가 아무것도 알려진 바가 없는 일종의 원자핵과 같다. 또한 그것은 하나의 의식 태도의 실질적인(다시 말해 효과적인) 영상으로 볼 수도 있는데 그것은 목표도 의도도 제시할 수 없고, 이러한 포기로 인해 자체의 활동력을 만다라의 잠재적인 중심점에 완전히 투사하게 된다.[284]

만다라는 정신의 자율성이다. 그러므로 그 자체적으로 결정하고 그 자체적으로 진행한다. 자아의식의 생각과 목표가 그것에 개입할 수 없는 이유도 바로 여기에 있다. 무아의 절대의식이 드러나면 자아의 상대의식은 스스로 주도권을 포기하게 된다. 즉 모든 삶은 무아의식에 의해서 진행되고 관조된다.

자아는 자신의 의도대로 살지 못하고 무아의 관조 대상으로 남게 된다. 자아가 이렇게 되는 필연성을 융은 다음과 같이 본다. 즉 자

284 『꿈에 나타난 개성화 과정의 상징』, p.233.

아는 무아의 이러한 자율성이 자신에게 더 도움이 된다는 것을 알고 있다는 것이다.

의식과 무의식으로 분리된 정신은 분열이며 혼란이자 무질서다. 그러나 중심으로의 완전한 집중이 일어나면 '마법의 원'이 생겨난다. 마법의 원은 불교의 한마음(一心)이다. 한마음은 '디오니소스적 비밀의 심연'을 적극적으로 체험할 수 있게 된다. 마법의 원을 이끄는 것은 무아의식이다.

그러므로 무의식과의 갈등은 더 이상 일어나지 않는다. 무아의식에 의해서 자아와 무의식은 있는 그대로 관조되고, 자아에 의해서 왜곡되었던 모든 진실은 그 실재를 드러낸다. 융은 이것을 다음과 같이 표현하고 있다.

> 탁월한 지성만이 할 수 있는 어려운 조작 – 말하자면 역설성으로 생각해야 하는 – 이 성공했음을 꿈은 보여주고 있다. 뱀들은 더 이상 달아나지 않고 네 모퉁이에 배열되며, 변신이나 통합의 과정이 이루진다. 적어도 꿈이 예견한 바에 의하며, '변용(Verklarung)'과 규명(Erleuchtung), 즉 중심의 의식화가 이루어지는 것이다. 잠재적인 성과가 의미하는 것은 – 그것을 주장할 수 있다면, 다시 말해 의식이 그러한 중심과의 연관 관계를 또다시 상실하지 않는다면 – 인격의 신생新生이다.[284]

'중심의 의식화'는 인식이 자아의 상대의식에 의해서 일어나는 것이 아니라 무아의 절대의식을 중심으로 일어난다. 이것은 부처 혹은 자기(Self)의 의식화이다. 다시 말해 이것은 불교가 말하는 깨달음(Erleuchtung)이다. 의식이 중심과의 연관관계에서 일어나기 때문에 인격은 새로 완전히 태어나는 것이다. 왜냐하면 이전의 인격이 자아 중심의 인격이었다면, 새로 태어난 인격은 무아 중심의 인격이기 때문이다. 그러므로 융은 이것을 의식의 변용(Erleuchtung)이라고 말하는 것이다.

인격의 새로운 탄생은 결코 평범한 지성에서 일어날 수 없다. 뱀이 네 모퉁이에 배열된다는 것은 배제되었던 악의적 측면을 포함하는 것을 나타낸다. 이전의 인격이 선의적 측면만이 강조되었다면 새로 태어난 인격은 선과 악의 양 측면을 모두 포괄하는 전체성이다. 전체성을 이룬다는 것은 너무나도 어려운 작업이다. 그렇기 때문에 탁월한 지성만이 할 수 있다고 말하는 것이다.

십우도의 길은 탁월한 지성에 의해서 가능해진다. 탁월한 지성은 지식의 축적에 의해서 되는 것이 아니라 자기 자신을 알고자 하는 열정적인 충동에 의해서 만들어진다. 즉 무아의식은 최고의 의식수준과 최고의 질적 수준이다. 그러므로 그러한 수준에서는 무의식이 가지고 있는 위험성을 겪지 않는다. 깨달음을 얻어야 하는 이유가 바로 여기에 있는 것이다.

4) 원(空)은 '참된 의식'이 드러남이다

참된 의식이란 무엇일까? 경전에는 '참된 의식'에 대한 설명을 텅

285 『꿈에 나타난 개성화 과정의 상징』, p.187.

비어 있다고 말한다. 왜 텅 비어 있다고 말하는 것일까? 소도 없고 나도 없으니 빈 것이 맞다. '나'는 소를 보았고, 나는 소를 길들였고, 나는 소를 타고 집으로 왔다. 즉 그때까지만 해도 소를 찾고자 했던 '의식된 의지'를 가진 주체로서의 '나'가 있었다. 즉 소를 분별하여 찾아내고 소의 문제를 발견하고 그것을 해결할 수 있는 '의식된 의식'을 가진 인간이 필요했었다.

그러나 소를 대상으로 인식하는 의식된 주체가 있는 한 소와 '나'는 분리되어 있는 것이다. 분리된 의식은 '참된 의식'이 아니다. 왜냐하면 분리되어 있는 한 통합은 일어나지 못하기 때문이다. 그러므로 이제 '의식된 의지'를 가진 인간의 역할은 여기서 끝나야 한다.

'나'라는 의식된 의지를 가진 '나'가 사라진다. 말하자면 자아의식의 완전한 희생이다. 그러므로 주체로서의 인식이 텅 비어버린 것이다. 그러나 텅 비어 있다고 해서 아무것도 없다는 것이 아니다. 왜냐하면 나와 소를 버린 그 자리에 진정한 주인인 '참된 의식'이 돌아왔기 때문이다.

참된 의식은 무아다. 무아는 '나'를 중심으로 모든 기준을 책정하고 관념을 만들어내는 '나'를 초월하여 있다. 그러므로 행복과 불행을 나누는 기준이나 분별도 없다. 그저 자아와 그것에 연결되어 일어나는 모든 움직임을 고요하게 있는 그대로 관조할 뿐이다. 이것이 바로 무아의식이 절대적 객관성이 되는 이유다. '참된 의식'은 눈에 보이지도 않고 만질 수도 없다. 왜냐하면 그것은 존재가 아닌 정신의 기능이기 때문이다.

참된 의식이란 불교의 법신(다르마카야)이다. 법신은 완전한 깨달음을 말한다. 그런데 무엇을 깨닫는 것일까? 그것은 바로 '자기 마음이 곧 참된 의식이며 완전한 선을 지닌 붓다임'을 깨닫는 것이다. 왜냐하면 '참된 의식'은 모든 생각들을 창조해내는 근원에 있기 때문이다. 그러므로 생각들을 일으키는 것도 근원이고, 일어난 생각들을 관조하는 것도 근원이다. '참된 의식'이란 생각을 관조하는 기능이다.[286]

'생각이 일어나야만 부처도 일어난다'는 조사 황벽의 말은 여기서 그 해답이 찾아진다. 이것은 결국 자아가 작용해야만 법신도 작용한다는 것이다. 자아가 움직이지 않으면 자아를 관조하는 법신 또한 기능할 필요가 없다.

참된 의식이라는 말은 거짓된 의식이 아니라는 말이다. 그렇다면 거짓된 의식이란 무엇일까? 거짓된 의식이란 곧 자아의식이다. 자아의식은 페르소나가 상징하고 있는 것처럼 실재가 아니라 판타지를 추구한다. 자아의식의 기능은 '나'라는 생존을 위해서 자신의 모든 부정적인 모습을 적절하게 감추고 좋게 위장하는 것이다.

그러므로 자아의식으로서는 절대로 자기 자신의 참모습을 볼 수 없다. 참모습은 조금의 인위적 가감이 없는 '있는 그대로'의 자기모습이다. 그것은 오직 참된 의식에 의해서만 인식이 가능하다. 자아에 의해서 꾸며지고 숨겨진 모습 하나하나를 발견하고 인식하며 이해하는 것이 법신이다.

그렇다면 우리는 왜 있는 그대로의 자신의 마음을 관조해야만 하

286 『티벳 사자의 서』, p.164, 융의 서문.

는 것일까? 『티벳 사자의 서』에서 그 답을 알려준다. "아 고위하게 태어난 자여! 그대의 현재의 마음이 곧 존재의 근원이며 완전한 선이다."[287]

그러므로 자신의 마음을 알지 않고서는 자신이 누구인지를 알 수 없다. 자신의 마음은 현재의 자신을 있게 하는 존재의 근원으로서의 선이다. 생각은 모든 존재를 결정하는 조건일 뿐 아니라 동시에 존재 자체인 것이다.[288]

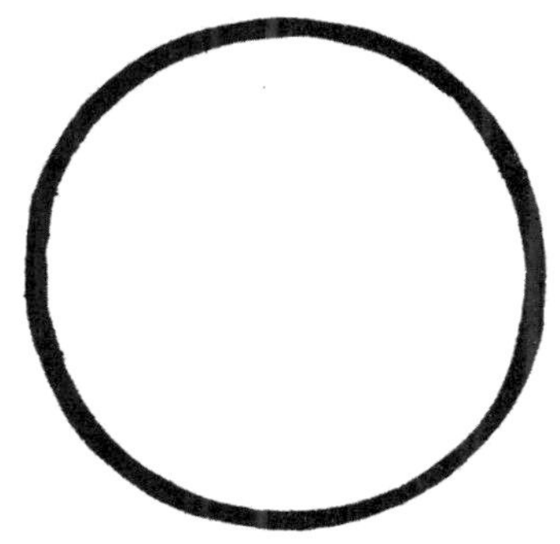

제8송: 망우존인忘牛存人

鞭索人牛盡屬空 (편삭인우진속공)

碧天寥廓信難通 (벽천요곽신난통)

紅爐焰上爭容雪 (홍로염상쟁용설)

到此方能合祖宗 (도차방능합조종)

287 『티벳 사자의 서』, p.164, 융의 서문.

288 『티벳 사자의 서』, p.163, 융의 서문.

채찍과 고삐, 사람과 소는 다 비어 있으니
푸른 허공만 아득히 펼쳐져 소식 전하기 어렵구나.
붉은 화로의 불꽃이 어찌 눈(雪)을 용납하리오.
이 경지에 이르러야 조사의 마음과 합치게 되리.

비로소 무아의식이 전면에 드러났다. 그러므로 자아의 상대의식에 의해서 구분되었던 소와 사람도 있을 리가 없다. 길들일 소도, 소를 길들이는 사람도 없는데 채찍과 고삐가 있을 리가 없다. 무아의식은 절대의식으로서 인식 그 자체이다.

碧天寥廓信難通
푸른 허공만 아득히 펼쳐져 소식 전하기 어렵구나.

자아의 좁은 틀에 갇혀서 볼 수 없었던 정신의 전체성이 그대로 모습을 드러낸다. 그것은 허공과도 같다. 하늘은 이것이다 저것이다 규정지을 수 있는 한정된 것이 아니다. 푸른 허공은 정신의 무한성을 표현하고 있다.

紅爐焰上爭容雪 붉은 화로의 불꽃이 어찌 눈(雪)을 용납하리오.

태양의 상징은 불꽃으로 바뀐다. 불과 해는 모두 하나의 빛이고 가장 강렬한 에너지다. 융은 인간을 모든 생물로부터 구분해주는 것이 바로 언어와 불의 사용이라는 점을 상기시킨다. 불과 언어가 모두 정신적 에너지(리비도)의 산물이라고 해석하는 융은 그 근원을 산스크리스트어인 '테자스tejas'에서 찾는다.

> ①예리함, 날, 불. ②광채, 빛, 작열, 열기. ③건강한 모습, 아름다움. ④인체 내에 있는 색을 만드는 힘(담낭 속이라고 생각된다). ⑤힘, 에너지, 생명력. ⑥격정적인 존재. ⑦정신적이고 또한 마술적인 힘, 영향력, 명성, 품위. ⑧남성의 정자.
> 그러므로 테자스tejas라는 단어는 '리비도'라는 표현이 뜻하는 심리학적 사실을 묘사하는 것이다.…… 산스크리트어로 불은 아그니스(agnis: 라틴어의 이그니스ignis)이며, 인격화된 불은 신적 중재자인 아그니Agni 신으로서, 그의 상징은 기독교적 관념과 얼마간 맞닿아 있다.[289]

활활 타오르는 화로 위의 불은 작열·열기·힘·에너지로서 정신의 마술적인 힘이라고도 표현된다. 그것은 자아의식의 작은 불빛과는 비교할 수 있는 없는 엄청난 내적 에너지를 상징하는 말이다. 타오르는 불은 동토에서 얼어붙었던 생명들을 살아나게 한다. 무의식의 생명력을 억압하는 파괴적 삶에서 생명 그 자체를 있는 그대로 피워 올리는 창조적 삶으로의 변환이다.

생명 그 자체를 온전히 드러내는 사람은 격정적 존재일 수밖에 없다. 그는 자기 삶의 순간들에 온전하게 깨어 있어 자기 존재의 근

289 『상징과 리비도』, p.245.

원을 찾아갈 수 있다. 그것은 자기만의 독창적 삶의 방식을 발견하는 일이고, 자기만의 고유한 색깔을 채워 넣는 일이다. 그렇기 때문에 만다라는 개성화의 상징이 되는 것이다.[290] 그러므로 후득지는 고유성을 선명하게 드러내는 과정이다.

그렇다면 왜 무아의식을 참된 의식이라고 하고, 참된 의식은 왜 기능해야만 하는 것일까? 무아의식은 원형의 에너지로서 정신의 절대의식이자 절대적 객관성이기 때문이다. 소를 찾고자 하는 의식은 '의식의 의지'다. 그것이 비록 소를 찾고자 하는 의지를 갖고 소를 찾아내고 길들이기는 했지만 결국은 자아의식이 만들어낸 주관적 힘이다. 그런데 주관적 의식으로는 의식과 무의식을 한마음으로 통합할 수 없다. 그러므로 인격의 통합은 반드시 정신의 절대적 객관성이 개입해야만 한다.

객관성이란 '합목적적인 숙고이자, 도덕적이고 신체적인 힘에 대한 집중'이라고 융은 풀이한다. 그것은 자아의식을 초월하여 있는 정신영역의 기능으로서 자발적으로 일어난다. 이 순수한 객관성에 의해서만이 '누가, 어디서, 무엇을, 어떻게, 무엇 때문에'라는 것에 대하여 주관적 개입이 전혀 없는 '사실 그대로'의 명백한 인식이 가능해진다. 그러한 인식에 의해서 개인의 인격은 '비상한 성취에 도달할 정도'로 통합될 수 있다.

무아의식은 '지금, 여기'에 단순히 깨어 있음이 아니다. 원형의 객관성은 사실의 인과관계를 분명하게 알아차리는 이해다. 이것을 다

290 『원형과 무의식』, p.147.

른 말로 표현하자면 자기 자신에 대한 숙고熟考다. 이러한 무아의식의 객관적 숙고가 일어나야만 마음의 모든 갈등은 스스로 멈추게 된다. 무아의식이 드러나지 않는 사람은 자신의 마음에서 일어나는 일들에 대해서 무의식적으로 반응한다.

무의식적인 반응이란 정확하게 의식하지 못하는 것이다. 즉 무의식에 대한 분명한 의식성이 없다면 그것은 단순히 정감적으로 반응할 뿐이다. 정감적 반응은 대결상태로 만들어버리기 때문에 끊임없이 갈등이 일어난다. 갈등이 멈춰야 혼란이 사라지고 자기 자신에 대한 명백한 인식이 일어날 수 있다. 이 과정들은 정신통합을 위해서 필수적인 것들이다.

자기 자신에 대해서 신중하게 생각하는 경향이 없는 사람은 자기 자신이 누구인지를 알 수 없다. 그것은 정신적으로 육체적으로 위기의 순간을 맞이할 때 극복할 수 있는 힘을 가질 수 없다는 의미다. 자기 성찰을 통해서만이 현재의 처지와 근본적 목적에 대해 인식할 수 있다.

그것은 진정한 지혜이자 '성숙한 인격'으로 거듭나는 길이다. '성숙한 인격'으로 거듭나는 일은 외부적 존재가 도울 수 없다. 오직 자기 자신에게 의지했을 때만이 가능하다. 왜냐하면 존재 자체가 고유성이기 때문이다.[291]

291 『원형과 무의식』, pp.289~291.

9. 반본환원 : 근원으로 돌아가다

1) 전체적 인격으로의 완전한 전환이 일어나다

융은 "종교는 전체성과 일치한다. 정말로 그것은 '삶의 충만함' 속에서 이루어지는 자기의 통합을 표현한 것으로 보인다"[292]고 말한다. 여기서 전체성이란 의식과 무의식을 온전하게 포괄하는 정신이다. 의식과 무의식의 어느 한 부분으로만 산다는 것은 결국 온전한 정신이 될 수 없다. 그러므로 종교는 본성의 어떤 부분을 없애거나 교정하는 것이 아니다.

오히려 진정한 종교는 자기 자신이 가지고 있는 그대로의 참모습(제법실상諸法實相)을 경험하는 것이 되어야 한다. 그래야만 자신의 본성인 천연 그대로의 심성心性이 드러난다. 천연 그대로의 심성은 밝은 측면만이 아니라 어둠으로 남아 있는 측면까지를 포함한다. 정신의 어두운 측면에 대한 인식 없이는 전체성으로의 전환은 불가능하다.

전체적 인격은 무아가 정신의 중심이 되었기 때문에 가능하다. 자아의식으로는 무의식의 두려움을 견디지 못한다. 자아가 끊임없이 판타지 속으로 달아나는 것도 무의식에 대한 두려움 때문이다.

292 『꿈에 나타난 개성화 과정의 상징』, p.249.

그러나 무아의식이 중심이 된 정신에서 자아는 더 이상 도망칠 곳이 없다는 것을 안다. 그러므로 자아는 자신의 본래적 기능으로 돌아가 충실하게 본분을 다할 수밖에 없다.

자아의 움직임에 의해서 정신적 실상은 밝혀진다. 자아를 매개로 하여 본성은 맨 얼굴을 들어낼 수 있다. 본성은 새롭게 채워 넣어야 할 그 어떤 부족함도 없다. 이것이 불교에서 "자기 본성 그대로의 부처님이다"[293]라고 말하고, 융이 삶의 충만함이라고 말하는 이유다. 그러므로 깨달음은 없는 것을 만들어서 이루어내는 것이 아니고 있는 그대로의 정신을 통합하는 것이다. 분리된 정신은 통합에 의해서 비로소 한마음(一心)이 될 수 있다. 그러므로 십우도의 아홉 번째 단계는 깨달음의 과정에서 정수精髓에 해당한다.

> 단일체는 원을 통해, 네 요소는 정사각형을 통해 표현된다. 넷으로 하나를 만드는 일은 '순환' 형태로 진행된 증류 내지는 승화 과정의 결과다. 다시 말해 '심혼' 혹은 '정신'이 순수한 모습으로 걸러질 수 있도록 증류수는 여러 가지 증류 과정을 거친 것이다. 결과물은 일반적으로 정수精髓라고 지칭된다.…… 가장 순수한 최고의 단순성……최고로 순수하고 섬세한 하나,…… 정신(혹은 정신과 심혼)은 처음으로 그 육체와 분리되어 정화된 후 다시금 육체 속에 주입되는 셋의 수(Ternarius)다.[294]

293 『육조단경』, p.150.

294 『꿈에 나타난 개성화 과정의 상징』, pp.157~158.

정신의 네 요소는 선과 악을 모두 포함하는 전체성이다. 융이 말하는 네 요소는 전체성을 담고 있는 원과 같은 의미를 지닌다. 전체성을 하나로 만드는 일, 즉 본래의 한마음(一心)으로 회귀시키는 일은 순환형태로 진행된 승화과정의 결과다. 다시 말하면 나를 찾아 나를 떠났지만 다시 나 자신으로 돌아오는 것이다.

물이 순환을 통하여 불순물을 걸러내듯이 나를 찾아 떠나고 다시 돌아오는 그 과정은 정화의 과정이다. 왜냐하면 정화는 완전한 변환이기 때문이다. 더 이상 자아가 의식을 주도하지 않는다. 인식의 중심은 무아다. 무아는 늘 자기중심으로 알음알이를 내는 복잡성이 아니라 가장 순수한 최고의 단순성이며, 자기 자신에 대해서 어느 하나도 놓치지 않고 관조하기 때문에 가장 섬세하다. 정신적 추구는 육체를 부정하게 된다. 그러나 자기 자신으로 돌아온다는 것은 자기 자신이 가지고 있는 모든 것을 수용하는 것이다. 그러므로 그것을 본래의 모습으로 돌아온다고 말하는 것이다.

고대의 논문 「결합의 권고(Consilium coniugii)」에는 '철학적 인간'은 '돌의 네 가지 성질'로 이루어져 있다고 설명되어 있다. 그 중 셋은 지상적 성질을 지니거나 지상에 존재하며 "네 번째 성질은 돌의 물, 즉 붉은 고무로 지칭되는 접착성 금으로서 세 가지 지상적 성질이 그것으로써 물들여진다." 우리가 여기서 살펴본 바대로 고무는 비판적인 네 번째 성질이다. 즉 그것은 이중적, 즉 남성적이고 동시에 여성적이다. 그리고 또한 오로지 '메르쿠리우스의 물'일 뿐이다. 둘의 융합은 따라서 일종의 자기수정授精(Selbstbefruchtung)인데 그것은 바로 메르쿠리우스 용에 의한 것으로 여겨진다. 이러한 암시에서 철학적 인간이란 어떤 사람인지 쉽게 알 수 있다. 즉 그것은 양성 인간, 혹은 그노시스 설에서의 안트로포스Anthropos로서, 인도의 경우에 그와 유사한 것은 아트만이다. 『브라다라니아카 우파니사드Brhadaranyaka Upanished』는 이에 대해 "그것은 말하자면 서로 껴안고 있는 한 여자와 한 남자만큼이나 컸다. 그는 이러한 자기(Selbst, 아트만)를 두 부분으로 나누었다. 거기에서 남편과 아내가 생겨난 것이다. 그는 그녀와 결합하였다"는 등의 말을 하고 있다. 이러한 생각의 공통된 근원은 양성兩性을 지닌 근원적 존재에 대한 원시적 관념에 있다.

네 번째 성질은 -「결합의 권고」의 원전으로 돌아가자면 - 인간이 있기 전부터 존재했으며 동시에 인간의 목표를 표현하는 인간의 전체성의 표상인, 안트로포스 이념과 직접 연계된다. 그는 네 번째로서 셋에 합류하며 그로써 통합을 향한 넷의 합성(Synthese)을 만들어낸다.[295]

즉 네 번째 성질은 아트만이다. 아트만은 '인간이 있기 전부터 존재한다.' 인간이란 자아의식의 발달에 의해서 구성된다. 그러므로 여기서 인간은 의식이다. 의식은 아트만에 의해서 태어났고 그것으로부터 분리되어 성장한다. 아트만은 의식을 있게 했을 뿐만 아니라 의식의 성장하도록 스스로 물러남으로써 첫 번째 희생을 했다. 의식은 성장과정에서 아트만의 존재를 잊어버리지만 그 존재를 다

295 『꿈에 나타난 개성화 과정의 상징』, pp.204~205.

시 깨우쳐 주는 일도 역시 아트만에 의해서다. 왜냐하면 아트만은 전체성의 표상이기 때문이다.

그러므로 '철학적 인간'이란 의식과 무의식이 통합된 전체적 인격이다. 십우도의 아홉 번째에서 부분적 인간은 '철학적 인간'으로 다시 태어난다. '철학적 인간'이란 진정한 자기 자신의 본래의 모습으로 돌아온 사람이다. 이것은 개성화 혹은 천상천하 유아독존으로서의 고유성을 발견하기 위한 전제조건을 갖춘 것이다.

그렇다면 왜 이와 같은 '철학적 인간'이 요구되는 것일까? 깨달음은 중도의 도리를 아는 것이다. 중도는 어디에도 치우치지 않고 실상을 있는 그대로 보는 것을 말한다. 그런데 자아는 허구적 상상을 연기하는 배우다. 그러므로 자아는 실재를 보지 않고 끊임없이 자신의 이상을 향해 꿈꾼다.[296] 허구는 실재를 거부한다. 그러므로 허구 안에서는 자기 자신을 있는 그대로 볼 수 없다. 이것이 자아로서는 자기 자신을 알 수 없는 이유다.

자기 자신의 실재를 이해하는 것은 오직 무아의식이다. 무아의 절대의식은 자기 발전의 내적 원리이며 영성의 완성작용(엔텔레키 Entelechie)이다. 즉 의식의 발전과 전체성의 완성을 위한 목적성이 정신에 이미 선험적으로 내재되어 있고 그것을 현실화시키는 작용을 아리스토텔레스는 엔텔레키라고 이름을 붙였다는 것이다. 이 엔텔레키가 관철되면 의식은 전혀 다른 능력을 발휘한다.[297]

296 『꿈에 나타난 개성화 과정의 상징』, p.235.

297 『원형과 무의식』, p.253.

자기 자신에게 유익하고 자신을 고취시키는 것만 보고 싶어 하는 자아를 무아의식은 관조하게 된다. 그것은 자아의식의 인식과는 차원이 다른 인식능력이다. 그것에 의해서 정신의 전체성은 드러난다. "생명 샘은 끊임없이 새로워지는 생명의 상징으로서 좋은 반려자이지만 위험을 갖고 있다."[298]

끊임없이 새로워지는 것만이 생명이다. 고정된 것은 생명이 없다. 자아는 영원히 변치 않고 고정되어 있기를 바란다. 왜냐하면 새로워지는 것은 죽음을 전제로 하기 때문이다. 먼저 나온 세포가 죽음으로써 새로운 세포가 생겨난다. 의식이 완전히 다른 능력을 발휘하기 위해서 그것을 덮고 있는 껍질인 자아가 희생되어야만 한다.

죽지 않는 한 새로움이 없다. 그것은 자아에게 엄청난 위험이다. 끊임없이 새로워진다는 것은 '나'라고 주장할 테두리를 만들지 않을 때 일어날 수 있다. 이것이 바로 무아의식이어야 하는 이유다.

2) 완전한 인격은 절대적 객관성에 의해서 완성된다

"일정한 장소에 일정한 시간이 주어지면 우리는 빠른 속도로 현실성을 얻게 된다. 그렇기 때문에 보석이란 선물이 있다. 또 한편 결정에 대한 두려움도 있다 그러나 두려움이 그에게서 결단력을 빼앗아간다."[299] 무아는 외부의 대상을 보는 기능이 아니다. 그것은 오직 자기 자신을 명상하는 기능이다. 부처의 명상에 의해서 중생의 어

298 『꿈에 나타난 개성화 과정의 상징』, p.154.

299 『꿈에 나타난 개성화 과정의 상징』, p.244.

리석음은 반야의 지혜로 거듭나게 된다. 혜능 역시 자아의 본질을 파악하는 것이 곧 부처라고 말한다.

……사람들이 만약 중생(의 본질)을 파악한다면, 그것은 불성을 알았다는 것이 된다. 만약 중생(의 본질)을 파악하지 못한다면 영원히 부처님을 찾아도 만나기는 어렵다.…… 부처님을 만나고 싶다면, 다른 것이 아니라 바로 중생을 파악하는 일이다. 왜냐하면 중생이 부처님을 알아보지 못하기 때문이며, 부처님이 중생을 알아보지 못하는 것은 아니다. 자기 본성이 깨어 있으면 그 중생은 바로 부처님이다. 자기 본성이 잠자고 있으면 부처님도 중생밖에 되지 않는 것이다. 자기 본성이 평등·솔직하다는 점에서 중생은 부처님이며, 자기 마음이 비틀려 있으면 부처님도 중생에 지나지 않는다. 그대들 마음이 비틀려 있으면 부처님은 중생 속에 파묻혀버린다. 일념一念의 마음이 평등·솔직하게만 있는 것, 그것이 바로 중생이 부처님으로 되는 것이다.[300]

즉 자아 중심으로 사는 사람이 중생이고 무아 중심으로 사는 사람이 부처다. 자아는 자기 자신을 객관적으로 볼 수 없지만 무아는 자기 자신을 절대적 객관성을 본다. 절대적 객관성은 혜능의 말처럼 '마음이 평등·솔직하게만 있는 것'이다. 혜능은 만물의 도리를 양변으로 설명한다. 모든 진리란 양변을 통하지 않고서는 도달할

300 『육조단경』, pp.182~183.

수 없다.

지금까지 중생이 부처를 알기 위해 열망해 왔다면, 이제 부처가 중생에 대해서 알아야만 한다. 이것이 바로 깨달음을 얻고 세상으로 돌아와야 하는 이유다. 견성 이후에야 비로소 자아와 무의식은 무아의 절대의식에 의해서 명상될 수 있기 때문이다.

> 만약 누가 그대들의 의견을 물어올 경우, 유有를 질문 받으면 무無로 대답하고, 무를 질문 받으면 유로 대답하고, 범凡을 질문 받으면 성聖으로 대답하고, 성을 질문 받으면 범으로 대답해야 한다. 대립된 한 쌍의 개념이 서로 조건이 되어 중도中道의 의미가 우러난다. 그대들은 하나를 질문 받으면 그 하나를 대답해야 한다. 다른 질문도 모두 그렇게 처리하면 도리를 벗어나지 않을 것이다. 만약 누가 '무엇을 어둠이라 부르느냐'고 물으면 이렇게 대답해야 한다. '밝음이 원인이며 어둠은 연분이다. 밝음이 침몰하며 어둠이 된다'고. 이와 같이 밝음으로써 어둠을 나타내고 어둠으로써 밝음을 나타내며, 드러내는 것(來)과 제거해버리는 것(去)이 서로 조건이 되어 중도란 의미가 완성되는 것이다. 그 밖의 질문에서도 이와 같이 해야 한다.[301]

자아의식의 특성은 상대적이다. 왜냐하면 자아는 선과 밝음을 추구하기 때문에 악과 어둠에 대해서는 반대하기 때문이다. 그러므로

301 『육조단경』, p.169.

그것은 중도가 될 수 없다. 그렇다면 중도가 왜 중요할까? 일방성은 전체성이 아니기 때문이다. 정신은 선과 악, 밝음과 어둠의 양변으로 형성되어 있다.

밝음은 어두움이 있기 때문이고, 그 밝음에 의해서 어둠이 분별된다. 어둠에 대한 밝음의 분별은 어둠의 내용들을 인식하기 위함이다. 이것이 바로 의식성이 필요한 이유다. 어둠을 분별하는 의식성에 의해서 무의식은 의식화될 수 있는 것이다.

부처는 정신의 중심이다. 중심이란 밝음의 측면인 의식과 어둠의 측면인 무의식을 포괄하고 있다는 말이다. 그러므로 의식이 무의식을 배척한다면 정신의 균형은 무너지고 만다. 자아의 상대의식으로는 결코 무의식을 내 것으로 인식하지 못한다. 왜냐하면 그것이 자아의 특성이기 때문이다. 그러므로 '주관·객관의 대립이 없는 상태인' 무아가 드러나야 하는 것이다.

무아에 의해서 무명인 자아와 그 뿌리인 무의식을 전체적으로 조명할 수 있다. "무란 것은 주관·객관의 대립이 없다는 것이며, 사람을 현혹시키는 번뇌의 마음이 없음을 말한다. 염이란 것은 있는 그대로(眞如)의 본성을 생각함(꿰뚫어 봄)을 말한다"[302]는 혜능의 말에서 무無는 인식주관과 객관을 나누어 구분하는 자아의식이 아니라 무아의식임을 명백하게 볼 수 있다. 자아의 상대의식이 무의식과 대립되어 있는 이상 있는 그대로의 본성을 볼 수가 없다는 것을 알려준다.

302 『육조단경』, p.78.

그러므로 무아가 드러나야 자기 자신에 대한 있는 그대로의 관조가 가능해지는 것이다. 무아는 자아에 의해서 막혀 있던 근원의 모습으로 돌아갈 수 있게 한다. 근원으로 돌아간다는 것은 자기의 본래 모습에 대한 정직한 인식이다. 무아의 절대적 객관성은 자기 자신에게 작용된다. 그것에 의해서 자아가 전체성에 대한 관조를 어떻게 방해를 하고 있었는지를 모두 알게 된다.

자아의 상대의식에게는 산은 산이 아니고 물은 물이 아니다. 실재를 보지 않으려고 하는 것이 바로 자아의 특성이다. 왜냐하면 자아는 모든 것을 자아를 중심으로 보고 생각하고 판단하기 때문이다. 즉 자기중심적 사고에 의해서 실재는 왜곡될 수밖에 없다. 그러나 무아의식이 드러나면 자아는 그 어떤 트릭도 쓸 수 없다. 자아의 모든 움직임은 태양의 빛과도 같은 무아의식에 의해서 그대로 관조되기 때문이다.

융은 무아의식을 새로운 인격의 중심이 형성되었다고 본다. 새 인격의 중심인 부처 혹은 자기(Self)의 탄생이다. 자아가 다만 의식의 중심이었다면, 부처 혹은 자기(Self)는 의식과 무의식의 전체성의 중심이다.[303] 이것을 십우도에서 근원으로 돌아가다(返本還源)'로 표현하고 있다.

수행자들로 하여금 당장에 부처님의 지혜를 깨닫고 각자가 자기 마음을 관찰하여, 자기 본성에 눈뜨도록 하려는 것이다. 자기 스

303 『꿈에 나타난 개성화 과정의 상징』, p.56.

스로 눈뜨지 못하면, 반드시 덕망 있는 지도자로서 가장 뛰어난 가르침을 아는 이를 찾아서, 바른 길에 대한 직설적인 가르침을 받도록 해야 한다.[304]

혜능은 우리가 본성에 대해서 알 수 있는 길은 오직 관찰뿐이라고 한다. 본성을 관찰하는 것이 곧 부처님의 눈이고 부처님의 지혜다. 혹시 자기 스스로 자기 자신에 대해 알지 못한다면 본성을 관조하는 법을 아는 사람에게 도움을 받아야 한다. 혜능은 본성을 직접적으로 볼 수 있게 만드는 사람은 가장 뛰어난 스승이라고 말한다. 왜냐하면 본성을 아는 것만이 자기 자신이 누구인지를 알 수 있기 때문이다.

자신을 알지 못하는 사람은 자기 자신이 누구인지 알려달라고 타인에게 묻고 다닌다. 자기를 보여주는 거울은 자기 안에 있다. 역사적 인물인 고타마 붓다가 나타나도 '나'가 누구인지를 알려줄 수는 없다. 왜냐하면 그 거울은 유일무이한 자기 내면의 거울이기 때문이다. 그러므로 그것은 오직 내 안에서 나의 거울을 찾아내야 한다.

그렇다면 왜 이토록 마음을 관찰하는 일이 중요할까? 혜능은 그 대답을 다음과 같이 한다. "관심이라면 자기 본성을 관찰하는 것. 마음은 만물의 주체로서 마음에서 우러나지 않는 것은 한 가지도 없으므로, 마음을 관찰하는 것은 만물을 관찰하는 것이 된다. 따라서 사물을 구명하고 도리를 관찰하는 것."[304]

304 『육조단경』, p.125 주석.

자기 본성은 만물의 주체이다. 그러므로 밖에 있는 것은 모두 자기 본성 안에 있다. 마음을 관찰하는 것은 곧 만물을 관찰하는 것이 된다. 즉 '나'를 아는 것이 곧 만물을 아는 것이 되는 것이다. 혜능이 마음을 관찰하여 본심을 이해하는 것이 바로 깨달음이라고 말하는 이유가 여기에 있다.

"만약 능히 스스로 본심을 알고 염념으로 연마하는 자는, 염념念念 속에서 항상 시방의 항사제불의 12부경을 공양하고, 염념으로 항상 법륜을 굴린다", "바라건대 모두들 본심을 알고 당장에 성불되기를."[306] 위와 같은 문장들에서 볼 수 있는 염념이 '끊임없이 일어나는 생각들' 혹은 '여러 가지 생각들'이라는 말이라면, 무수한 생각을 관조하여 그것을 의식화하는 것이 바로 분리된 정신을 하나로 통합하는 한마음이다.

왜냐하면 본심은 일어나는 모든 생각들 속에 있기 때문이다. 그 생각들을 알지 않고서는 자신을 알 수 있는 방법이 없다. 자아는 생각을 자신과 동일시하여 생각에 얽매인다. 그렇기 때문에 자아에게 생각은 번뇌가 된다. 그러나 무아는 생각들과 동일시하는 주체가 없는 절대의식이다. 그러므로 생각에 구애를 받지 않고 생각을 관조할 수 있게 되는 것이다. 혜능은 그것을 '법륜을 굴린다'고 표현한다.

그러므로 마음을 관찰하지 못하는 것이 무기無記다. "마음이 미

305 『육조단경』, p.125 주석.

306 『육조단경』, p.126 주석.

처 청정하지 못할 때, 행주좌와行住坐臥에서 항상 뜻을 가다듬어 보고 마음을 관찰함으로써 미처 청정하게 마음의 근원을 비춰보지 못하는 것, 이를 무기無記라 일컫는다. 또 이는 누심漏心으로서 생사의 큰 질병을 면하지 못한다."[307]

본성은 마음의 근원이다. 무기는 마음의 근원인 본성을 보지 못하는 것이다. 즉 무기는 의식하는 삶을 살지 못하고 있다. 의식하지 않는 삶이란 죽음이다. 삶에 집착하는 자아로 사는 한 자신의 본성을 의식할 수 없다. 자기 자신의 본성은 알지 못하는 한 죽고 사는 문제에서 자유로울 수 없다.

불도를 배운다는 것은 자기 본성에 눈뜨는 것이고 이것이 바로 돈오다. 그러므로 혜능은 "본성을 보는 것은 자기 자신을 진정으로 아는 것이다. 그것이 바로 깨달음이고 참된 지혜이다. 바른 지혜가 드러나야 바른 생각과 바른 행동이 될 수 있다. 그러므로 진정한 참회 또한 본성을 인식했을 때 가능해진다"[308]고 말하는 것이다.

307 『육조단경』, p.127 주석, 『수심요론』.

308 『육조단경』, p.128.

3) 자기 본성과 자기 마음을 바로 꿰뚫어 보다

제9송: 반본환원返本還源

返本還源已費功 (반본환원이비공)

爭如直下若盲聾 (쟁여직하약맹롱)

庵中不見庵前物 (암중불견암전물)

水自茫茫花自紅 (수자망망화자홍)

근원으로 돌아가 돌이켜 보니 온갖 노력을 기울였구나.

차라리 당장에 귀머거리나 장님 같은 것을.

암자 속에 앉아 암자 밖 사물을 인지하지 않나니

물은 절로 아득하고 꽃은 절로 붉구나.[309]

인용한 해석에서는 십우도가 말하고자 하는 뜻이 명료하게 드러

309 『십우도』, p.73.

나지 않는다. 이것을 다음과 같이 해석해보자.

返本還源已費功　爭如直下若盲聾
庵中不見庵前物　水自茫茫花自紅
본성에 돌아와 거듭 돌아보니 너무 경전에 매달렸구나.
귀먹고 눈멀어서 곧바로 반야를 따르지 아니하고 논쟁만 하다 보니
암자 속에 앉아 암자 밖을 보지 못했구나.
물은 스스로 아득하고 꽃은 스스로 붉건만.

외부를 지향하는 성질을 가진 자아의식으로는 내부를 보지 못한다. 자아의식은 대극으로 인식되는 무의식이 두려워 적대시했었다. 자아는 자기 자신의 모순적 성질을 떠나 완전한 존재인 부처가 되고자 했던 것이다. 그것이 그로 하여금 염심을 버리려고 평생을 노력하고 살게 만들었다. 그러나 본래의 자리로 돌아와 보니 그것들은 자아의 허상이었다. 이제 그 모든 자아의 인위적인 노력들은 그쳐야 한다는 사실을 알게 된 것이다.

爭如直下若盲聾 귀먹고 눈멀어서 곧바로 반야를 따르지 못하고 논쟁만을 따르다보니

부처에 대해서 허상을 가지고 있는 자아가 경전이 말하는 본질적 의미를 제대로 이해했을 리가 없다. 그러므로 자아는 반야를 읽고

반야에 대해서 수없이 들었지만 반야의 진정한 뜻을 알지 못했다. 논쟁을 한다는 그 자체가 바로 반야의 진정한 뜻은 이해하지 못하는 행위다.

"언제나 자기 본성과 자기 마음을 바로 꿰뚫어 보는 것, 이것이 자기 본성 그대로의 부처님이다."[310] 자기 마음을 꿰뚫어 볼 수 있는 것은 무아인 자성밖에 없다. 부처님은 자기 본성 그 자체다. 깨달음을 얻지 못한 자아로서는 자기 자신으로 살 수 없었다.

자아는 자기의 본성을 거부하고 스스로 만들어낸 허상인 거룩한 부처님을 찾아 밖으로 도를 구하러 다녔다. 그러나 이제 자기 자신으로 돌아와 보니 그 모든 것이 부질없는 짓이었다는 것을 알게 된 것이다. 자아의 부질없는 행동을 깨닫는 것, 그것이 바로 반야다.

> 일념 일념으로 반야의 지혜가 사물의 진실을 비추어 내고, 항상 사물(法相)을 떠나서 자유자재다. 모든 사물에 대하여 마음대로 작용할 수 있으므로, 내세워야 할 아무것도 없다. 자성 그대로가 스스로 깨닫는 것이며, 일거에 깨닫고 일거에 행하는 것일 뿐, 단계란 없다. 그러므로 아무것도 정립시킬 것이 없다. 부처님은 적정寂靜이라고 말했으니 거기에 무슨 까닭이고 연유가 있겠는가?[311]

310 『육조단경』, p.150.

311 『육조단경』, p.151.

무아의식이 드러나면 반야의 지혜가 사물의 진실을 그대로 비추어 낸다. 이제 어떤 관념도 무아의식을 묶을 수 없다. 스스로 틀을 만드는 자아의식은 매우 제한적이다. 그러나 모든 것을 있는 그대로 비추어 만법이 드러나게 하는 무아의식은 무제한적이다. 부분으로 전체를 판단할 수 없다. 전체를 인식하는 무아의식이 최고의 지혜가 되는 것은 당연하다. 혜능이 위대한 지도자의 조건을 자기 본성을 깨우쳐주는 사람이라고 말하는 이유도 바로 여기에 있다.

> 무릇 지도자라면 위대한 조건(인연)을 갖추고 있는 법이다. 말하자면 사람들을 교화하여 자기 본성을 깨우쳐주는 사람이다. 일체의 훌륭한 가르침은 지도자에 의하여 그 힘이 발휘되기 때문이다.…… 자기 스스로 깨어나지 못하면 반드시 지도자의 가르침을 받아야 하며 그래야 비로소 깨어날 수 있다. 자기 스스로 깨어난 사람이라면 바깥에서 가르침을 받을 필요가 없다.[312]

자기 마음이 왜 부처일 수밖에 없는지를 가르쳐줄 수 있는 그 사람이 바로 위대한 스승일 것이다. 그것은 부처에 대한 잘못된 인식을 하고 있는 자아가 무엇인지를 알게 해주기 때문이다. 자아에 대해 정확하게 인식하는 것이 바로 무아의식이다. 무아의식은 본래 정적도 혼란도 없다. 그러므로 자아가 인위적으로 고요함을 만들 필요가 없는 것이다.

312 『육조단경』, pp.122~123.

자아는 스스로 고요해지기 위해서 끊임없이 노력한다. 그러나 자아의 그런 노력은 모두 깨달음을 거스르는 것이다. 왜냐하면 있는 그대로의 자기 모습을 끊임없이 외면하는 일이기 때문이다. 있는 그대로 자신을 외면하고 어디 가서 자신을 찾을 수 있을 것인가? 그러므로 억겁을 닦아도 부처가 될 수 없다고 혜능은 말하는 것이다.

> 법박法縛: 『달마어록』 "묻건대,…… 마음을 모아잡고 선정을 하는 것이 움직이지 않는다는 것인가?" 대답하기를, "그것은 박정薄情이란 것이다. 소용없는 짓이다. 또 4선정에서도 모두 일단은 진정되지마는 다시 혼란해지므로 좋지 못하다. 이는 작법作法이다. 도리어 이어 파괴법이며 구경법究竟法이 아니니다. 능히 자성의 정적과 혼란이 없음을 터득한다면 곧 자유자재를 얻게 된다. 정적과 혼란에 묶여들지 않는 것, 이는 정신이 있는 사람이다."[313]

인위적인 고요함은 언제든 다시 혼란으로 돌아간다. 대승과 최상승선의 차이는 바로 여기서 드러난다. "대승이라면 보살이 단壇바라밀을 수행하는 데서 탐진치 3사(事: 毒)의 체공體空을 관찰함과 같은 것이다.…… 최상승이란, 만약 본디부터 자성을 공적空寂으로 본다면……관찰을 일으키지 않고……최상승선이라 일컫는다."[314]

대승에는 자아의식이 관찰한다. 왜냐하면 수행이라는 인위적 수

313 『육조단경』, p.127.

314 『육조단경』, p.120, 『신회어록』.

단을 동원하는 것은 자아이기 때문이다. 그러나 최상승선에는 이미 무아의식이 드러나 있다. 그러므로 무아에는 수행이라든가 관찰이라는 인위적 개념 자체가 성립되지 않는다. 인식주체가 없는 무아의식은 오직 스스로 작용할 뿐이다. 대승에는 자아가 인식주체이고 최상승선에는 무아가 인식주체이다.

……일체의 가르침에 모두 정통하고, 일체의 수행이 완전히 갖추어지고, 일체에 얽매이지 않고, 모든 가르침의 틀을 벗어나서, 아무것도 얻은 바가 없게 된 것을, 최상승이라 일컫는다.…… 자네는 자네 스스로가 수행해야 한다.…… 언제 어떠할 때라도 자기 본성은 있는 그대로의 진실인 것, 이것이 4승의 뜻이다.

"언제 어떠할 때라도 자기 본성은 있는 그대로의 진실인 것"이라는 말은 자기 본성을 있는 그대로 진실로 보지 못하는 중생의 어리석음을 지적하는 것이다. 최상승은 있는 그대로의 본성을 보는 것이다. 부처님은 3승과 최상승선을 가르쳤다.

庵中不見庵前物 암자 속에 앉아 암자 밖을 보지 못했구나.

암자란 집이다. 집은 자기 자신을 상징한다. 암자 속에 앉아 있다는 것은 주관성이다. 주관성은 눈이 멀고 귀가 멀게 한다. 그러므로 그는 자기 집에서 살고 있지만 정작 그 집에 대해서는 전혀 알 수 없었던 것이다. 자신의 집이 어떤 모습인지 알고자 한다면 자신의 집을 나와서 그 집을 전체적으로 볼 수 있는 적당한 거리가 필요하다. 그때 비로소 집의 전체적 모습이 보인다. 무아의식의 절대적 객관성이 얼마나 중요한지를 말하고 있다.

水自茫茫花自紅 물은 스스로 아득하고 꽃은 스스로 붉건만.

물은 무의식이다. 무아의 절대인식으로 보면 무의식은 스스로 존재하는 것이다. 그것의 존재를 인식하고 이해하면 된다. 그런데 지금까지 자아의식은 의식적 관점으로 무의식을 보아서 판단했기 때문에 그것들은 모두 염심染心이라 생각하여 없애고자 노력했던 것이다. 그러나 이제 알고 보니 염심은 무의식이 아니라 무의식을 염심이라고 규정하여 통합을 방해했던 자아의 상대의식이었던 것이다.

이제 본성에 대한 인식을 막았던 자아의식의 분별이 무엇인지를 알게 되었다. 그러고 보니 모든 것은 있는 그대로 진리를 담고 있었던 것이다. 자아는 있는 그대로를 보려고 한 것이 아니라 자신이 스스로 상상한 것들만 보고자 한 것이다. 그것은 정신의 실재가 아니라 정신의 허상이다. 정신을 수정하거나 억압하지 않고 있는 그대로 인식하고 이해하고 수용해야만 하는 이유를 융은 다음과 같이 설명한다.

객체적 정신은 고도로 독립적이다. 그렇지 않다면 고유한 기능인 의식에 대한 보상 작용을 이행할 수 없을 것이다. 의식은 앵

무새처럼 길들여질 수 있지만 무의식은 그렇지 않다.…… 무의식의 일종은 정신적인 것(Psychisches)으로서 그것을 훈련시키는 어떠한 시도도 겉보기에는 성공한 듯하지만 결국은 의식에 상당한 해를 입히게 된다. 그것은 어떠한 주관적 자의성으로부터도 벗어나 있으며 앞으로도 마찬가지다. 그것은 우리가 엿들을 수 있을 뿐 손으로 붙잡을 수 없는 비밀의 영역이다.[315]

이것이 바로 무아의식의 출현이 절대적으로 필요한 이유다. 무의식은 의식에 영향을 받지 않는 고도로 독립적인 정신이다. 그러므로 그것을 의식의 방식으로 길들인다면 그것은 오히려 의식에게 해를 입히게 된다. 왜냐하면 무의식은 의식에게 영향을 공급하는 모체이기 때문이다. 무의식을 길들인다는 것은 무의식의 생명력을 없애는 것과 같다.

융은 무의식을 심하게 억압하는 사람일수록 매우 무미건조한 삶을 산다는 사실을 밝힌 바 있다. 모든 생동감은 무의식에 나온다. 무의식을 있는 그대로 인식함으로써 그것과 조화를 이루는 사람들이 독창적이고, 생동감 넘치는 삶을 산다.

수행을 통해 마음의 고요함을 유지하는 사람들이 있다. 또한 인격적 교육이나 훈련을 통해 훌륭한 인격을 연마하여 마치 무의식을 정복한 것처럼 보이는 사람들이 있을 것이다. 그러나 그것들은 모두 일시적인 현상일 뿐, 근본적인 해결책이 될 수 없다는 사실은 굳

315 『꿈에 나타난 개성화 과정의 상징』, pp.62~63.

이 융의 이론으로 강조하지 않더라도 알 수 있는 일이다.

무의식에 해를 당하지 않고 오히려 도움을 받을 수 있는 길은 오직 무의식을 의식화하는 것이다. 무의식의 진정한 의식화는 무아의식에 의해서 가능해진다. 이것이 바로 깨달음을 얻은 이후에 후득지가 필요하고 다시 장터(세상)로 나와야 하는 이유다.

10. 입곽수수 : 저잣거리로 들어가 손을 드리우다

1) 감성의 꽃이 만발하다

십우도의 마지막 열 번째의 제목은 '입곽수수入廓垂手'라고도 하고 입전수수入廛垂手라고도 전해진다. 입곽入廓이나 입전入廛의 일반적인 해석은 '저잣거리에 들어가다'가 된다. 저잣거리로 돌아간다는 말이 가장 근본적인 뜻에 가까울 것이다. 그리고 수수垂手라는 단어에 대한 사전적 해석을 보면 '남에게 가르침의 손길을 드리우다'로 해석된다. 즉 자신만의 수행에 전념하던 것을 그치고 가르침의 손길을 다른 이들에게 내민다는 뜻이다.

그런데 여기서 문제는 '중생'이 밖에 있는 다른 존재들을 말하는지, 아니면 자기 내면의 무의식으로 남아 있는 조상들의 흔적인, 유전적 존재들을 말하는지가 될 것이다.

만일 중생이 외부에 있는 존재들이고, 십우도의 마지막 장면이 타인에게 봉사하고 타인을 구체하기 위한 삶으로 해석되어야 한다면 열 번째에서 모든 깨달음은 이미 완성된 것으로 해석되어야 한다. 그렇다면 불교가 말하는 후득지의 세계는 허구가 된다. 그러나 '중생이 타인이 아니라 자기 내면의 집단무의식이 되고, 그것을 의식화해야만 하는 과정이 요구'된다면 후득지는 실재가 된다.

만일 '자신만의 수행에 전념하던 것을 그치고 가르침의 손길을 다른 이들에게 내민다'로 해석되어지는 수수垂手의 의미를 조금 다르게 해석해 본다면 어떨까? 즉 자신만의 수행을 할 때는 오직 깨달음이라는 욕망에 속박되어 있었다. 그러나 지금은 자신의 근원으로 돌아가 자신을 되돌아보는 상태다. 그러므로 깨달음을 얻어야 한다는 속박으로부터 자유로운 몸이 되었다. 이러한 경우라면 수수垂手는 깨달음이라는 욕망에 의해서 버려두었던 자기 자신을 보살피는 손길로 해석될 수 있는 여지가 충분하게 있다.

버려진 자기 자신에 대한 눈뜸이 바로 깨어 있음이고, 깨어 있음이야말로 진정한 감성이다. 그러므로 수수垂手는 자신의 모습을 있는 그대로 보고, 있는 그대로 이해하며, 자신을 진정으로 보듬어주고 수용하는 따뜻한 감성의 손길이라고 보아야 할 것이다. 자아의 두꺼운 껍질 아래서 잠들어 있던 온몸의 감성 세포가 따스한 봄날에 만개한 꽃처럼 일제히 피어오르는 것이다.

왜 이렇게 해석될 수 있는지 그 이유를 『수심요론』에서 들어보자. "경전에서 말하기를, 중생은 마음을 앎으로써 스스로 제도한다. 부처님은 중생을 제도하지 못한다."[316] 왜냐하면 마음을 안다는 것은 자신의 무의식을 인식하고 이해하여 의식화하는 일이기 때문이다.

무의식의 의식화는 억겁의 무명을 밝히는 일이고, 분리된 정신의 통합이며, 한마음을 회복하는 일이다. 이것은 '중생을 구제하는 일'이 역사적 존재인 석가모니 부처가 아니라는 것을 분명하게 드러낸다.

316 『육조단경』, p.126 주석.

인간은 라면처럼 기계에 의해서 찍어낼 수 있는 단순한 존재가 아니다. 수많은 조상을 거쳐서 진화되어 오늘의 존재에 이르렀다. 한 존재의 내부에는 무수한 조상인 중생들의 역사가 고스란히 담겨 있다. 그러므로 모든 존재는 자기 내면의 중생들은 스스로 제도해야 하는 중요한 의무를 갖고 있는 것이다. 스스로를 제도하는 일은 언제나 경계를 만들고, 그것에 묶여 있는 자아의 상대의식으로는 불가능하다. '경계에 묶여 있음을 스스로 떨쳐버리는' 무아의식이 출현해야만 하는 것이다.

제10송: 입전수수入廛垂手

露胸跣足入廛來 (노흉선족입전래)

抹土塗灰笑滿腮 (말토도회소만시)

不用神仙眞秘訣 (불용신선진비결)

直敎枯木放花開 (직교고목방화개)

맨가슴 맨발로 저자에 들어오니

검정 재투성이 흙투성이라도 얼굴에 가득한 함박웃음.
신선이 지닌 비법 따윈 쓰지 않아도
당장에 마른나무 위에 꽃을 피게 하누나.[317]

자아는 참으로 연약하고 예민하다. 그러므로 자아는 너무도 쉽게 상처받을 수밖에 없다. 자아는 늘 자신이 없어져버릴지도 모른다는 불안에 떨어야만 한다. 안으로 무의식이라는 엄청난 힘에 대적해야 하고, 밖으로는 복잡한 사회적 관계들과 호랑이 입보다 더 무섭다는 삶의 환경으로부터 자신을 보호하기 위해 경계심을 놓지 않아야 한다.

그러므로 자아는 치명적인 상처나 죽음으로부터 자신이 보호받을 수 있는 갑옷과 같은 보호 장치를 필수적으로 원하게 된다. 전지전능한 신의 구원·완전함에의 열망·집단의식·이데올로기·출세·물질과 사람에 대한 집착 같은 것들로 마음의 갑옷을 입는다. 특정한 갑옷으로 무장하지 못한 사람들은 자신의 근원적 불안감을 망각하게 해주는 다양한 중독에 빠져들기도 한다.

자기 자신에게 만족할 수 없는 자아의 마음은 언제나 현재를 떠나 미래로 가 있다. 언젠가는 나의 욕망이 이루어질 것이라는 판타지 때문이다. 그러나 이제 본성으로 돌아와 자신을 보니 자아의 허상이 그대로 드러난다. 그러므로 존재 그 자체로, 모든 것이 있는 그대로 파악된다(如如).

317 『십우도』, pp.77~78.

모든 길은 바로 도道다. 도는 우주의 근본 원리다. 자아는 도라는 것에 온갖 판타지를 덕지덕지 붙여놓았다. 알고 보니 그 모든 것은 실재를 보지 못하게 막는 마음의 방어막들이었다. 그 방어막들을 떨쳐버리니 마음은 너무도 홀가분하다.

더 이상 인위적으로 자신을 꾸미지 않는다. 꾸민다는 것은 자신을 있는 그대로 드러내기를 두려워하기 때문이다. 두려움에는 불안과 고통만이 존재할 뿐 즐거움이 없다. 있는 그대로의 자신을 대면한다면 본성은 지혜의 샘물이 된다. 지혜의 샘물을 마시는 사람은 기쁠 수밖에 없으니 저절로 함박웃음이 가득해진다.

자연은 애써 만드는 것이 아니라 그 자체적 법칙에 의해서 저절로 일어난다. 외부에서 빌려오는 지혜는 남의 것이고 그것은 그 만큼의 한계를 지닌다. 왜냐하면 모든 존재는 누구도 흉내 낼 수 없는 고유성이기 때문이다. 고유성은 동일한 패턴을 성립시키지 않는다. 선험적 지혜란 바로 고유성에서 나온다. 선험적 지혜는 스스로 일어난다. 그러므로 인위적 주체인 자아의 상대의식은 더 이상 주인이 될 수 없다.

不用神仙眞秘訣 신선이 지닌 비법 따위를 쓰지 않아도,
直教枯木放花開 당장에 마른나무 위에 꽃을 피게 하누나!

나무는 '정신적 에너지(Psychische Energie)로서 생명의 근원을 상징한다.[317] 자아의 상대의식으로서만 살아간다는 것은 무의식과의 단절이다. 무의식과의 단절은 정신의 수원水源으로부터 단절되어 있음을 의미한다. 정서는 정신의 뿌리인 무의식에서 온다. 무의식을 부정하는 이성적인 사람이 정서적으로 메말라 있는 이유도 바로 여기에 있다.

무아의식의 출현은 생명수를 막고 있는 자아를 초월하게 하기 때문에 죽어 있던 감성세포를 되살리는 일이다. 닫혀 있던 감성의 봉우리가 한꺼번에 열리면서 감성의 꽃은 만개한다. 그것은 신선의 비법으로 일어날 수 있는 것이 아니다. 오직 자아의 두꺼운 껍질이 떨어져 나갈 때 피어나는 정신의 꽃이다.

또한 무아의식의 출현은 임제가 말하는 '일없는 사람(無事人)'이 되는 일이다. '나'는 깨달아야 한다는 것은 자아의식이다. 무아의식에는 '나'가 없다. 그러므로 '나'는 깨달아야 한다는 생각도 없다. 이제 모든 일은 저절로 일어나고 저절로 인식되고 저절로 이해된다. 자아의식이 더 이상 인식의 중심에 있지 않고, 무아의 객체로서 관조될 뿐이다.

대덕大德들이여! 나는 그대들이 경전과 교리의 해설서(論)에 대해서 정통한 것을 인정하지 않는다. 나는 또한 그대들이 국왕, 대신이라도 인정하지 않는다. 나는 그대들이 급한 물이 흐르는 듯하는 유창한 달변을 가졌더라도 인정하지 않는다. 나는 그대들의 총명한 지혜를 인정하지 않는다. 오직 그대들이 진정한 견해가 투탈자재透脫自在하기만을 바랄 뿐이다. 함께 도를 닦는 여

318 『상징과 리비도』, p.203.

러 벗들이여! 설사 백 권의 경과 율을 잘 해설할 수 있다 하여도 꾸밈없는 현재를 사는 한 사람의 삶이 더욱 위대한 것이다. 그대들이 좀 아는 것이 있으면 바로 다른 사람을 우습게 여겨서 지식을 과시하여 승부를 다투는 아수라阿修羅가 된다. 그래서 '나'다, '너'다 하는 분별심으로 악업을 짓는다. 선성비구善星比丘는 십이분교를 다 이해했지만 지옥에 산 채로 떨어져 대지大地도 용납하지 않았다. 꾸밈없는 현재를 자유롭게 사는 것만 못한 것이다. 그러므로 "배고프면 밥을 먹고 잠을 자고 싶으면 잠을 잔다. 어리석은 사람은 나를 비웃지만 그러나 지혜 있는 사람은 안다"는 옛사람의 노래도 있는 것이다. 함께 도를 닦는 여러 벗들이여! 문자 속에서 정신의 자유를 구하지 말라. 지식을 갈구하는 마음이 동요하면 피로하게 되고 찬 기운만 마셔서 이익 됨이 없다. 한 생각의 연기緣起로 이루어진 법은 본래 불생불멸不生不滅임을 깨달아서 삼승三乘의 방편설을 배우는 보살의 지위마저 벗어나는 것이 으뜸이다.[319]

임제의 설법은 언제나 통렬하다. 투탈자재透脫自在는 임제선의 특징을 그대로 보여준다. 즉 부처도 조사도 그 어떤 위대한 존재에게도 매이지 말라는 것이다. 부처를 만나, 부처를 믿는다면 그는 부처에게 종속된다. 종속된다는 것은 자기의 고유 세계를 잃는다는 것이다. 고유성이 아니고서는 그 어디에서도 깨달음을 찾을 수 없다.

319 『임제록』, p.224.

그러므로 역사적 존재인 부처에게 귀의하거나 조사를 믿는다는 것은 깨달음의 길에서 완전히 어긋난다. 자신을 구원하는 사람은 오직 자기 자신이어야 한다. 전지전능한 신도, 역사적으로 존재했던 위대한 부처도, 예수도 나를 구원하지 못한다. 왜냐하면 그것은 오직 나 자신만이 알 수 있는 고유성이기 때문이다.

그럼에도 불구하고 사람들은 왜 그토록 위대한 존재나 전지전능한 신에게 자신을 의존하고 싶어 할까? 그것이 바로 연약한 자아의식이 스스로 자신을 정신의 주체라고 생각하기 때문이다. 자아는 자기 내면에 어느 누구도 흉내 낼 수 없는 위대한 능력이 있다는 사실을 인정하지 못한다. 왜냐하면 자아가 자신에 대해서 알고 있는 것은 모순투성이의 마음뿐이기 때문이다. 그렇기 때문에 자아는 깨달음에 이른 부처와 조사를 자신과 다른 존재로 보게 되는 것이다.

투탈자재透脫自在한다는 것은 자기 자신을 깨닫는 일에 부처나 조사에 의해서 구속拘束되어서도, 방해妨害받아서도 안 된다는 것이다. 임제는 부처를 만나면 부처를 죽이고 조사를 만나면 조사를 죽이라고 한다. 이것은 임제가 자아의 특징을 너무도 잘 알고 있다는 것을 말해준다. 자신의 고유성에 대해 인식하지 못하는 자아로서는 끊임없이 외부에 있는 위대한 인물을 찾아서 모방하려고 하는 것이다. 모방은 의식이 아니라 무의식이다. 무의식은 자기 자신에 대해서 알지 못하는 무명이다.

그러므로 모방은 자기 자신의 고유성을 버리는 일이다. 모든 존재는 천성천하 유아독존이다. 즉 우주에서 오직 자기 자신만이 가지고 있는 고유한 성품이다. 그러므로 투탈자재는 그 누구를 모방하거나 그 누구에게도 종속되지 말고, 스스로 그러한 존재의 모습을 깨달으라는 것이다.

경전에 대해서 해박한 지식을 자랑하고, 깨달음의 방법을 찾아 세계를 헤매고 다니는 사람일수록 자신이 알고 있는 것에 대한 자부심이 강하다. 자부심은 서로 승부를 다투는 아수라의 세계를 살게 만든다고 임제는 말한다. 자아의 분별심은 '나'를 중심으로 이루어진다. '나'라는 것은 좁은 틀이다. 틀은 꾸며진 삶을 요구한다. 임제에 의하면, 진정으로 위대한 사람의 삶이란 꾸밈없는 현재를 사는 것이다.

'배고프면 밥을 먹고 잠을 자고 싶으면 잠을 잔다'는 말은 지극히 단순한 일상이지만, 이것만큼 진리를 대변하는 것도 없다. 왜냐하면 그것만큼 정직한 것도 없기 때문이다. 진정한 도는 일상을 벗어나 있지 않다. 즉 밥 먹고 잠자는 '나'를 떠나서 그 어디에서 도를 찾는다는 것인가? '나'는 부처를 담고 있는 그릇이다. 그러므로 그릇에 무엇이 담겨 있는지를 아는 것이 중요하다.

하지만 자아는 '나'에게 담겨 있는 것을 보는 것을 두려워한다. 자아가 인식하는 자기 자신은 거룩한 부처와는 너무도 거리가 멀었기 때문이다. 이것이 자아 스스로 부처에 대한 판타지를 만들고 그것을 찾아 세상을 헤매는 이유다. 그러므로 십우도의 마지막은 임제가 말하는 투탈자재다.

그렇다면 부처란 무엇일까? 십우도의 마지막에는 부처가 무엇이라고 묘사될 수 있을까? 만일 부처가 존재라면 부처는 부처를 만난 사람에 의해서 그려질 수 있을 것이다. 마치 사찰 중앙에 모셔져 있는 불상의 모습으로 말이다. 그러나 깨달음의 시조인 석가모니 붓다에게서도, 깨달음의 스승들인 조사에게서도, 심지어 융에게서도 존재로서의 부처는 찾을 수 없다.

> 우리가 알고 있는 의식의 입장에서는 제시할 수 있는 목표와 의도가 있다. 그러나 자기(Selbst)에 대한 입장은 제시할 수 있는 어떤 목표도, 어떠한 명백한 의도도 지니지 않은 유일한 것이다. 물론 우리는 '자기'라고 말할 수 있다. 그러나 그것이 무슨 의미인가 하는 것은 '형이상학적' 어둠에 싸여 있다. 나는 '자기'를 의식적 정신과 무의식적 정신의 전체성이라고 정의한다. 그러나 그러한 전체성은 조망할 수 없다. 그것은 실제적인 '보이지 않는 돌'이다. 왜냐하면 무의식이 존재하는 한 자기는 진술될 수 없고, 실존적으로 단순한 명제에 지나지 않아 그것이 지니고 있을 만한 내용은 전혀 표명될 수 없기 때문이다. 전체성이 오직 부분적으로만 경험되는 한 그 부분들은 바로 의식의 내용이다. 그러나 전체성으로서의 그것은 필연적으로 의식을 초월한다.[320]

부처가 존재의 모습으로 상상되는 것은 원형에 있는 수많은 상像들의 영향이다. 그것에 의해서 거룩함과 비속함으로 나누는 자아의 상대의식은 판타지의 세계를 꿈꾸게 된다. 자신을 이상화하고 싶은 자아의 꿈이 부처와 같은 이상적인 존재를 필요로 하는 것이다.

320 『꿈에 나타난 개성화 과정의 상징』, p.229.

그러나 우리가 안다고 하는 것은 오직 의식에 의해서다. 그런데 자기(Self) 혹은 부처는 의식을 초월해 있다. 그러므로 부처를 표현하거나 묘사할 수 있는 방법은 없다. 이것을 융은 '자기는 대극과의 갈등 속에서 표명된다'[321]고 말하고, 황벽은 자아가 움직이지 않으면 부처도 움직이지 않는다고 말한다. 즉 부처는 자아가 있음으로써 알 수 있는 정신의 기능인 것이다.

대답: "지금 실제로 말을 하고 있는 것이 바로 너의 마음인 것이다. 만약 말을 하지 않으면 작용도 하지 않는다. 마음의 본체는 마치 허공과 같아서 모양도 없고, 또한 위치나 방향도 없다. 그렇다고 해서 완전히 존재하지 않는 것이 아니라 존재하고 있으면서도 볼 수 없는 것이다. 그러므로 조사가 말하기를, '사람의 진성은 깊은 마음의 바닥에 숨겨져 있어서 머리도 없거니와 꼬리도 없다. 그러나 연緣에 대응하여 중생을 교화하기 때문에 편의상 그것을 지혜라고 이름붙인 것이다'고 한 것이다. 만약 연에 대응하여 나타나지 않을 때는 그것을 있다고도 없다고도 규정할 수 없지만, 바로 호응하여 나타나고 있을 그때에도 그것을 보이는 자취는 없다. 자기의 마음이 이와 같은 줄을 안 이상 지금 다만 '없는' 그 가운데 머물러야 한다. 그것이 곧 모든 부처의 길을 가는 것이다. 경에서 말씀하시기를, '머무는 곳 없이 더구나 그 마음을 내어야 한다'고 했다."[321]

321 『꿈에 나타난 개성화 과정의 상징』, p.237.

깊은 마음의 바닥에 숨겨져 있는 진성眞性은 형상을 가지고 있는 것이 아니다. 그러므로 그것의 자취를 묘사할 수 없다. 다만 그것이 '연緣에 대응하여 중생을 교화하는 지혜'라고 황벽은 설명한다. 이 말에서 우리는 그것이 '의식'이라는 것을 알 수 있다.

무아의식은 자아가 작용할 때 그것을 관조하는 기능이다. 그 관조에 의해서 자아와 그것의 본질인 무의식이 밝혀진다. 자아는 의식되지 않는 한 무의식이다. 그러므로 부처란 외부에 있는 중생을 구제하는 존재가 아니라 자아를 관조하는 정신적 기능이다.

모든 지혜는 자기 자신을 있는 그대로 인식함에서 온다. 자기가 누구인지를 아는 사람만이 자신의 어리석음이 무엇인지를 인식할 수 있고, 인식하고 이해함으로써만이 어리석음에서 벗어날 수 있다. 이것을 황벽은 '연緣에 대응하여 중생을 교화하는 지혜'라고 말하는 것이다.

즉 연이란 관계다. 자아는 관계 속에서 움직인다. 관계가 없으면 자아도 작용하지 않는다. 자아가 작용하지 않으면 '나'가 누구인지를 알 수 없다. 이것이 바로 깨달음 이후에 저잣거리로 돌아와야 하는 이유다.

2) 저잣거리는 현실세계이자 동시에 무의식의 세계다

저잣거리는 가장 번잡한 삶의 현상이 일어나는 곳이다. 현대로 말한다면 저잣거리는 도시의 번화가다. 견성한 이후에 왜 저잣거리로

322 『전심법요·완릉록 연구』, p.262.

돌아가야 하는 것일까? 무아의식이 출현하는 목적이 바로 자아에 대한 관조에 있기 때문이다. 자아는 관계 속에서 작용한다. 즉 자아는 상대의식이다.

상대의식이란 '나'를 중심으로 대상이 만들어진다. 자아는 '나'와 마주하고 있는 대상이 있음으로서 움직인다. '나'는 번잡한 삶의 일상이 만들어내는 관계 속에서 가장 많은 자극을 받고, 가장 활발하게 움직이며, 그것에 의해서 본래의 모습을 드러낸다. 그러므로 저잣거리는 후득지를 위한 가장 적합한 현실적 장소인 것이다.

그런데 십우도의 저잣거리는 융이 말하는 도시의 상징성과 유비될 수 있다. 물과 나무와 마찬가지로 도시는 어머니의 상像 안에 있는 고정된 리비도로서 무의식이다.

> 어머니는 우리가 맨 처음 체험한 외부세계였고, 동시에 내면세계이기도 했다: 내면세계에서는 하나의 상이 나타났는데 겉으로 보기에는 외부에 있는 어머니 상의 반영처럼 보이지만, 사실은 이보다 더 오래되고 근원적이며 영원한 어머니 상으로, 코레Kore로, 즉 영원히 젊어진 형상으로 변환한 것이다. 이것이 곧 집단적 무의식을 의인화한 아니마이다.…… 어머니와 자식의 재결합을 주체와 객체의 합류合流라는 명백한 상징성으로 묘사하고 있다.[323]

323 『영웅과 어머니의 원형』, pp.262~263.

정신은 자신의 근원적 상을 잊어 본 적이 없다. 왜냐하면 근원적 상은 정신의 뿌리이기 때문이다. 어머니의 상은 주체와 객체의 합류를 나타내는 상징성이다. 그러므로 그것은 영원한 그리움의 대상이 된다. 융은 도시가 모성이자 여인의 상징이라 것을 성경과 고대 이집트신화를 비롯해 인도와 유럽의 표상, 중국의 풍습들에서도 찾아내고 있다.

> 끊임없는 교접交接의 주체는 또한 인도의 수많은 절에서 볼 수 있는 유명한 링감Linggam 상징에서도 묘사되고 있다; 기초가 되는 밑바닥은 여성을 상징하고, 그 가운데에 돌출된 것은 남근이다. 이 상징은 그리스의 남근 바구니, 또는 남근 상자와 유사하다. 상자나 궤는 여성을 상징하는 것으로, 말하자면 어머니의 자궁인데, 이미 고대의 신화학에서는 잘 알려진 것이다. 귀중한 내용물을 담는 상자, 그릇, 바구니 등은 종종 물 위에 떠도는 것으로 여겨졌고, 또한 이것은 태양의 운행과 유비되었다. 왜냐하면 태양은 저녁마다 어머니의 바다로 침수하였다가 아침이면 다시 새롭게 탄생하는 불멸의 신으로, 바다 위를 헤엄쳐 가기 때문이다.[324]

힌두교에는 창조의 신 브라흐마Brahma와 유지의 신 비슈누Vishnu와 파괴의 신 시바Shiva가 있다. 시바는 불교에 수용되어 '대

324 『영웅과 어머니의 원형』, pp.74~75.

자재천大自在天'으로 불린다. 시바는 수미산에서 황소를 타고 다닌다. 황소가 생산에너지, 생명에너지를 의미하는 리비도라는 사실을 여기서 또한 증명하고 있는 셈이다. 시바는 본래 남성과 여성을 함께 가지고 있는 양성체이다. 시바 몸의 절반을 아내에게 주었다는 것은 여성성과 남성성 사이에 끊임없는 교접을 상징하는 것이다.

모든 사물의 속성이 음과 양으로 이루어져 있다고 하는 것은 동양의 고대사상과 중세철학의 일반적 흐름이다. 융은 의식을 남성성이라고 보았고 무의식을 여성성이라고 보았다. 정신에 있는 남성성과 여성성 중에서 더 발달된 성에 의해서 남자로 태어나거나 여성으로 태어나는 것이라고 본다.

즉 남자로 태어난 사람의 내면에는 여성적 성질이 열등기능으로 남아 있다. 여성으로 태어나는 사람은 남성적 기능이 열등기능으로 남아 있다. 이 두 기능이 어느 한쪽으로 치우치지 않고 균형적으로 발전할 때 건강한 정신이 될 수 있다. 시바가 상징하고 있는 여성성과 남성성 사이의 끊임없는 교접이 의미하는 것이 바로 의식과 무의식의 건강한 교류다.

남성성인 아니무스가 사고思考라면 여성성인 아니마는 감정이다. 여성은 감정적 측면이 강하게 발달하면서 사고적 측면이 무의식으로 남게 되고, 남성은 이성적 측면이 강조되면서 감정적 측면이 무의식으로 있게 되는 것이다.

그런데 무아의식이 드러나면 자아의식에 의해서 억압되어 있던 내면의 열등한 기능들이 본격적으로 드러나기 시작한다. 여성에게는 내면의 열등기능으로 있는 남성성, 즉 아니무스가 드러나고, 남성에게는 열등기능으로 남아 있던 여성성인 아니마가 드러난다.

여인은 무의식[325]이다. 저잣거리로 돌아오는 것은 미분화되어 있던 본성을 분화하기 위한 과정이다. "그것은 자궁으로 되돌아감으로써 새롭게 태어나고자 하는 그리움이다. 그것은 태양처럼 불멸의 존재가 되려는 것을 의미한다."[326]

자궁으로 돌아간다는 것은 재탄생을 의미한다. 재탄생은 자아의식의 좁은 관념을 초월하는 무아의식이라는 새로운 인격으로 다시 태어나는 것이다. 하지만 이처럼 중요한 상징은 금기와 맞닥뜨린다.

> '근친상간의' 욕구가 성교를 목적으로 하는 것이 아니라 다시 아이가 되려는, 즉 부모의 보호막으로 되돌아가려는 그런 독특한 생각에 기초하고 있는 것이다. 이 목적지로 가는 도중에 어머니로 다시 들어가기 위해 근친상간이 필연적으로 일어나는 것이다. 가장 단순한 방법 중 하나는 어머니를 수태시켜 자기 자신을 생산하게 하는 것이다. 이를 방해하며 끼어드는 것이 근친상간의 금지이다. 이런 이유로 이제는 태양신화들, 혹은 재생신화들이 새삼스럽게 어머니에 관한 모든 연결 가능한 유비를 찾아낸다. 그리하여 리비도를 새로운 형태들로 흘러가게 하고, 그로써 리비도가 어떤 실제적인 근친상간으로 퇴보하는 것을 효과적으로 저지하려고 한다. 그 방법 중의 하나는 예를 들면 어머니

325 『영웅과 어머니의 원형』, p.76.

326 『영웅과 어머니의 원형』, p.80.

를 다른 존재로 변화시키거나 젊게 만드는 것이다. 그렇게 하면 어머니는 출산 후 다시 사라지며 그녀의 옛 모습으로 되돌아간다. 그러므로 찾고 있는 것은 근친상간적 동침이 아니라. 재탄생이다. 근친상간의 금지라는 장애물은 독창적인 환상을 만들어낸다: 예를 들어 수태의 마술로써 어머니를 임신시킨다. 근친상간 금지의 성공과 이행 시도는 결국 환상연습이 된다. 환상연습은 점차 가능성들을 창조하면서 리비도가 활동할 수 있는 길을 열어가게 된다. 이로써 리비도는 어느새 눈치 채지 못하는 사이에 영적인 형태로 인도된다. '항상 악을 원하는' 힘이 영적 삶을 창조한다; 그 때문에 종교에서는 이런 노정路程이 체계화된다.[327]

다시 어린아이가 되어 부모의 보호막으로 되돌아간다는 이야기는 당대唐代의 승려 향엄지한香嚴智閑이 스승 위산으로부터 받은 '부모미생전 본래면목父母未生前本來面目'이라는 화두와 유비된다. 어느 날 위산이 제자 지향에게 말했다. '그대가 부처께서 말씀하신 삼장 십이부경三藏十二部經의 뜻에 의지하지 않고서 그대가 아직 어머니의 배 안에서 나오기 이전, 아무것도 모르고 분별하지도 못하던 때의 자신의 본성에 대해서 한마디 일러 보게나.' 지한은 스승에게 여러 가지 대답을 하였으나 인정받지 못했다.

그 뜻을 알고 싶은 지한이 스승 위산에게 답을 알려달라고 말하자, 위산이 대답하기를 '나의 말은 그저 나의 견해일 뿐 그대의 안

327 『영웅과 어머니의 원형』, pp.99~100.

목에 어떤 도움도 주지 못한다'고 했다. 즉 이 말은, 자기 자신의 본성은 자기 자신 이외에 그 누구도 알 수 없다는 것이다. 각 개체가 가지고 있는 고유성을 타인이 언급해줄 수 있는 일은 아닌 것이다. 이것이 바로 재생의 목적이다. 오직 하나뿐인 자기의 본성을 아는 것이 바로 무아의식이고, 무아의식이 드러남이 곧 재생이다.

그러므로 여기서 말해지는 '근친상간' 욕구의 근본적인 의미는 본래의 자리, 본성의 한마음이 되기 위한 것이다. 재탄생은 불교의 견성에 해당한다. 견성은 자아의식이 절대의식으로 다시 태어나는 것이다. 견성은 자아의 삶이 아니라 자기(self)인 부처의 삶이다. 즉 부처가 부처 자신을 관조하는 새로운 삶을 살아가게 된다.

환상연습은 그것이 현실이 아닌 상징적 의미임을 나타내고 있는 것이다. 상징을 현실적으로 받아들이면 물질적인 것에 중요성을 부여하게 된다. 그것은 정신의 감관작용을 흐리게 하여 정신적 고양을 가져올 수가 없게 한다. 그러므로 어머니와의 결합이라는 상징을 현실로 잘못 해석하면 그것은 금지영역이 된다. 이것이 바로 금지영역에 담겨 있는 '여인'에 대한 상징을 '도시'로 바꾸어야만 하는 이유다.

> 상징을 형성하는 과정이 어머니 대신 그 자리에 도시, 샘, 동굴, 교회 등을 내세운 것이다. 이러한 대치는 리비도의 퇴보가 어린 시절의 수단과 방법, 무엇보다 어머니와의 관계를 다시 활성화시키는 데서 나온 것이다. 이것은 아이에게는 한때 자연스럽고 유용하던 것이지만 성인에게는 근친상간의 상징으로 표현되

는 심적인 위험을 의미한다. 근친상간의 금기가 그러한 리비도의 흐름을 저지하여 리비도의 퇴행적인 방식을 제지하기 때문에, 리비도는 무의식에 의해 생산된 어머니의 유비들로 이행移行될 수 있게 된다. 이로써 리비도는 다시 진지하게 되고 심지어는 이전보다 더 고양된 의식의 단계로 발전된다. 이와 같은 이행의 합목적성은 어머니의 자리에 도시가 등장할 경우 특히 분명해진다: 어머니에 대한 갓난아기의 유착은(1차적이든 부차적이든) 성인의 제약이자 마비를 의미하다. 이에 반해서 도시에 결합된 사람은 시민으로서의 덕목을 촉진하고 적어도 도시에 유용한 존재가 되도록 한다.[328]

모든 상징들은 무의식의 언어들이다. 무의식은 의식되지 않는 한 밖으로 투사된다. 그러므로 상징이 상징으로서 정확하게 이해할 수 있는 성숙한 의식이 아니라면, 상징이 현실적 사실로 투사될 수 있는 위험성을 갖는다. 상징이 심적인 위험을 내포하는 한 리비도는 본래의 목적대로 흘러갈 수 없다. 그러므로 어머니와 맞대어 비교할 수 있는 다른 상징을 찾게 되는 것이다.

물의 상징은 우리가 오기게스를 언급할 때 도시와 연관 지은 바 있다. 물이 지니고 있는 모성적 의미는 신화의 영역에서 가장 분명한 상징에 해당한다…… 물에서 생명이 나온다. 그러므로 여

328 『영웅과 어머니의 원형』, p.81.

기에서 우리가 가장 관심을 두는 두 신이 그리스도와 미트라스이다. 기록에 따르면 미트라스는 강가에서 태어났고, 그리스도는 요단강에서 '재탄생'을 경험하였다. 더구나 그는 '샘, 즉 사랑의 영원한 샘', 즉 신의 어머니에서 태어났다. 이교적-기독교 전설에서는 신의 어머니를 샘의 요정으로 만들고 있다.[329]

도시는 곧 물이다. 물은 이미 앞에서 진술된 바와 같이 생명을 탄생시키는 근원이다. 모든 신화적 영웅들은 물과 관련을 갖는다. 왜냐하면 물은 창조의 신이자 창조의 어머니이기 때문이다. 저잣거리는 도시이자 동시에 물이다. 그러므로 십우도에서 다시 저잣거리로 나온다는 것은 재탄생을 위한 순환의 과정을 의미하는 것이다.

어머니-이마고를 물에 투사하면 물에 누미노제나 마술적 특질을 부여하는데 그것은 어머니에 합당하다. 그 좋은 예가 교회에 있는 세례용 성수의 상징이다. 꿈과 환상에서 바다나 큰물은 무의식을 의미한다. 물의 모성적 측면은 무의식의 성질과 일치한다. 물이 (특히 남성인 경우에) 의식의 모체 혹은 모상母床이라고 볼 수 있기 때문이다. 따라서 무의식도-주관단계로 해석한다면-물처럼 모성적 의미를 지닌다.[330]

329 『영웅과 어머니의 원형』, p.87.
330 『영웅과 어머니의 원형』, pp.90~91.

어머니의 상을 물에 투사한다는 것은 물에 신성을 부여하는 것이다. 말하자면 신성은 무의식에 있다. 그러므로 어머니로부터 다시 태어난다는 것은 무의식의 의식화이다. 무의식을 의식화하는 일은 의식과 무의식의 통합이다. 통합된 정신, 즉 한마음은 의식과 무의식으로 분리된 마음과는 전혀 다른 정신이다.

그것을 새로운 인격의 탄생이라고 말하는 이유가 바로 여기에 있다. 견성 이후의 삶은 자아의 조각난 인격이 아니라 무아의 온전한 인격에 의해서 진행된다. 온전한 인격이란 자기 삶의 모든 순간들이 생생하게 살아있는 실재로서 존재하는 것을 말한다. 단순히 소비하고 소유하는 편협한 병적 삶의 존재방식이 아닌 것이다.

3) 중생은 바로 자아이면서 무의식이다

일반적으로 깨달음의 정신을 아무 생각도 일어나지 않는 고요함과 동일시하는 경우가 많다. 그래서 명상을 하는 많은 이들이 '청정한 마음'이 되기 위해서는 자기 내면에 일어나는 생각을 깨끗하게 비우는 것이라고 알고 있다. 그러나 혜능은 그러한 관념적 깨달음에 대한 어리석음을 지적한다.

> 자기 스스로의 의식에서, 언제나 모든 대상에 얽매이지 않고 자유로우며, 그 대상에 대하여 마음을 일으키지 않아야 한다. 만약 아무런 사물도 생각하지 않고 생각을 죄다 떨쳐버린다면, 그 사람은 최후의 의식이 끊어질 때는 그대로 죽었다가, 다른 세상에 새로 태어날 것이다. 수행자는 깊이 생각하여, 가르침의 참뜻(法

意)을 알아차리지 않으면 안 된다.…… 그래서 나는 무념無念으로써 종지를 삼는다. 여러분 어째서 무념으로써 종지를 삼을까? 그것은 다만 입으로만 견성見性을 해설하더라도, 본성을 알아보지 못하는 사람은 바깥 대상에 대하여 의식을 일으키고, 그 의식으로써 곧 잘못된 생각을 일으키기 때문에, 모든 번뇌와 망상이 거기서 생겨나기 때문이다. 자기 본성은 본디부터 '이것이다'고 내세울 것은 아무것도 없다.…… 무無란 것은 주관・객관의 대립이 없다는 것이며, 사람을 현혹시키는 번뇌의 마음이 없음을 말한다. 염念이란 것은 있는 그대로(眞如)의 본성을 생각함을(꿰뚫어 봄)을 말한다. 있는 그대로란 것은 곧 염의 본체이며, 염은 곧 있는 그대로(진여)의 작용이다.…… 여러분, 있는 그대로의 자성이 염을 일으키기 때문에, 눈・귀・코・혀・몸・마음의 감각기관은 보고 듣고 느끼고 알고(見聞覺知) 하는 작용이 가능하면서도 온갖 대상에 더럽히지 않을 뿐더러……밖으로는 대상에 대하여 분명히 여러 가지 물체 모습을 인식하면서도, 안으로는 궁극진리에 뿌리박혀 요지부동이다.[331]

깨달음이란 대상을 보지만 대상에 매이지 않고, 생각을 하지만 생각에 매이지 않는 자유로움이다. 즉 자아의 상대의식은 자신과 대상을 둘로 나눔으로써 그것에 얽매이고 고통받는다. 그러한 자아의식을 관조하는 것이 무아의식이다. 무아의식은 자아가 인위적으

331 『육조단경』, pp.77~79.

로 만들어낸 고요함이나 청정함이 아니다. 자아의 사사로움에 물들지 않는다면 의식은 그 자체로서 청정하다.

그러므로 이 책에서는 그것을 무아의식이라고 말하고, 융은 무아의식을 자아의 상대의식과 구분하여 절대의식이라고 말한다. 청정한 의식은 정신의 가장 위대한 정신기능이다. 다만 그것이 제대로 기능하지 못하는 것은 자아의 어리석음 때문이다.

혜능은 사람이 생각이 일어날 때마다 떨쳐낸다면, 죽을 때 그대로 죽었다가 다시 윤회할 뿐이라고 말한다. 왜 그럴까? 생각과 사고는 인간이 인간일 수 있는 가장 중요한 기능이다. 다만 그 생각과 사고의 주체가 자아일 때 객관적 진실이나 진정한 지혜를 기대할 수 없다. 융 또한 숙고熟考의 중요성에 대해 말한다. "인간은 신처럼 무지개다리 위를 걸어갈 수 없다. 그가 뜻대로 할 수 있는 숙고라는 수단을 가지고 그 아래를 통과해야 한다."[332]

불교에서 생각을 막는 것은 초기 집중수행 과정이다. 우선적으로 시급한 것은 자아의 구조를 강화시키는 것이다. 그러므로 에너지를 생각에 빼앗기지 않고 모으는 것이 필요하다. 자아의식이 무의식을 대극으로 인식하여 억압하거나 저항하려고 할 때 의식의 에너지는 급격하게 소모된다. 의식의 에너지가 집중되어야 자아의 구조가 강해진다.

그러므로 집중수행을 통해서 생각을 없애고 마음을 한곳으로 모으는 과정이 필요한 것이다. 이 과정에 의해서 자아의 구조가 확고

332 『꿈에 나타난 개성화 과정의 상징』, p.256.

하게 구축되면 자아의 초월이 가능해진다. 일어나는 생각을 떨쳐버리는 것은 오직 자아구조를 강화하기 위한 초기 단계에서만 필요하다. 그 후에도 계속 생각을 없앤다면 그의 정신적 성장은 멈추어버린다. 정신적 성장은 숙고의 결과다. 진정한 숙고는 무아의식의 절대적 객관성에 의해서 일어난다.

왜냐하면 자아의 사사로운 생각과 분별은 집착의 원인을 만들 뿐이기 때문이다. 집착은 철저한 주관성이다. 주관성에는 진리가 없다. 모든 진리는 진정한 객관성에서 온다. 무아가 나타나면 자아는 무아의 법칙에 순종하여 자신의 의지를 희생한다.[333] 즉 깨달음 이후에 자아는 더 이상 정신의 중심에 있지 못하고 주변으로 밀려나 절대적 객관성에 의해서 관조된다.

자아의 상대의식으로 본다면 십우도의 가장 마지막에서 깨달음이 완성되는 것이 맞을 것이다. 자아의식에게 있어서의 깨달음이란 무아의식의 존재를 깨닫는 것이기 때문이다. 무아의식의 출현은 자아의 의지와 노력과 희생의 결과다. 그러므로 무아의식이 정신의 주체적 기능으로 돌아올 때, 깨달음을 향한 모든 인위적 노력이 멈추게 된다.

이것을 자아의 입장에서 본다면 임제가 말하는 '일없는 사람(無事人)'이다. 무아의식이 출현함으로서 깨달음에 대한 자아의식의 모든 인위적인 노력은 중지되기 때문이다. 무아의식에는 깨달음이니 깨닫지 않음이니 하는 이원적 사고가 존재하지 않는다. 오직 있

333 『인간의 상과 신의 상』, p.123.

는 그대로의 자신을 볼 뿐이다. 자아는 곧 무의식이다. 그러므로 무아의식이 자아를 봄으로써 무의식의 의식화는 일어난다. 무의식의 의식화는 존재의 근원에 대한 자기 이해다.

세상으로 다시 돌아오는 일, 혹은 자기 자신으로 다시 돌아오는 일이 바로 순환이다. 순환의 과정에서 보편적이고 필수불가결한 결정요소는 시간과 공간이라는 현실이다.[334] 시간과 공간은 자아가 의식을 성장시키고 그 구조를 튼튼하게 만드는 데 결정적 기여를 한다.

뿐만 아니라 시간과 공간이 없다면 육체가 없을 것이고, 육체가 없다면 자아의 작용도 없고, 자아의 작용이 없다면 무아가 인식할 것도 없다. 이것은 깨달음에 있어서 시간과 공간이 얼마나 중요한 것인지를 말해준다.

무아의식의 출현은 정신의 중앙으로의 완전한 집중에서 온다. 완전한 집중이 일어나면 순환의 과정으로 다시 세상에 돌아와야 한다. 다시 돌아온 세상은 깨달음을 위해 떠났던 그 때와는 완전히 다르다. 왜냐하면 이미 인식의 주체가 자아에서 무아로 이동되었기 때문이다.

깨달음은 정지가 아니라 움직임이다. 움직임은 현실 안에서만 일어날 수 있다. 현실이야말로 평상심이 가동되는 곳이다. 평상심은 인위적 조건에 의해서 꾸며지지 않은 자연스런 마음이다. 즉 자아의 작용이 활발하게 일어난다. 자아의 활발한 움직임이 일어날 때

334 『꿈에 나타난 개성화 과정의 상징』, p.242.

무아의 자아에 대한 명상은 본격적으로 시작된다.

여덟 번째에서 소도 나도 없는 단일체인 한마음을 경험하고, 아홉 번째에서 근원으로 돌아간다는 것은 이원성이 사라진 상태다. 그러므로 열 번째는 스스로 자신이 만들고 있던 경계가 무엇인지를 보기 때문에 스스로 그것으로부터 벗어날 수 있는 것이다. 자아의 모든 움직임은 무의식과 연결되어 있다. 다시 돌아오는 세상은 자아에 연결되어 있는 무의식을 본격적으로 의식화하게 되는 과정이다.

열 번째 그림에서 스님이 술병을 들고 저잣거리에 서 있다. 현실적 존재로 되돌아오는 것에 자아는 언제나 두려움을 느낀다. 자아의 상대의식으로 본다면 그러한 그림은 위험하다. 그러므로 술병을 든 그림을 보고 그 상징성을 잘못 이해할까 우려한 사람들이 술병을 없애고 중생들에게 도움을 주는 그림으로 바꾸어버린다. 술병을 들고 다니는 모습이 거룩한 관념적 부처님의 세계와는 반대로 보인다고 할지라도 그것은 순환의 과정으로서 참으로 중요한 의미를 담고 있다.

경계에 묶여 있는 삶은 자아의 상대의식이 주체가 된 삶이다. 그러나 공空인 무아의식이 주체가 된 삶에는 더 이상 경계가 없다. 경계 안에 있을 때는 경계 밖의 세상을 알 수 없다. 그것은 인위적 삶이지 본연의 삶은 아니다. 그러므로 무아가 주체인 삶은 자아가 구분하고 경계에 빠져 해매는 모습을 있는 그대로 본다. 그것이 바로 본연의 삶이 무엇인지 눈뜨게 되는 과정이다.

모든 경계는 자아의식이 만들어낸 무의식에 대한 방어체계다. 그것은 광대한 바다에 빠져 죽을지도 모른다는 자아의 두려운 마음을 잠시 합리화해줄 수는 있을 것이다. 반면에 바다에 있는 수많은 고귀한 보물들을 포기해야만 한다. 하지만 이제 정신의 주인은 무아의식이다. 무의식의 바다를 두려워하지 않는 무아의식은 바다에 있는 온갖 진귀한 보물들을 하나씩 꺼내 올릴 것이다.

4) 무아의식은 '나'를 해방시키는 길이다

교접은 바로 탄생과 연결된다. "해를 삼켰다가 다시 출산하는 바다를 우리는 이미 알고 있다. 의식이 생기는 순간, 즉 주체와 객체가 갈라지는 순간은 하나의 탄생이다."[335] 즉 첫 번째 탄생은 자아의식의 탄생이다. 자아의식의 탄생은 무의식의 희생에 의해서 가능하다. 두 번째 탄생은 무아의식의 탄생이다. 무아의식의 탄생은 자아의 희생에 의해서 가능해진다. 무아의식의 탄생은 성불成佛이고, 그리스도의 부활이며, 분석심리학의 개성화다. 그것은 분리된 마음이 한마음(一心)으로 다시 태어나는 것이다.

십우도의 과정은 무아의식의 출현을 위한 정신의 중앙 집중 과정이다. 무아의식은 정신이 중앙에 완전하게 집중되었을 때 작동된다. 그러므로 십우도는 무아의식의 출현을 위한 과정이고, 후득지는 무아의식이 기능하는 관조觀照 과정이다. 무아의식의 관조에 의해서 자아와 자아의 뿌리인 집단무의식의 본질은 드러난다. 그것은

335 『영웅과 어머니의 원형』, p.263.

의식과 무의식의 합일을 이루는 것이고, 한마음으로의 진정한 통합이다.

그렇다면 이처럼 자아를 명상해야만 하는 이유는 무엇일까? 모든 감정과 욕구들은 본능이다. 자아는 본능과 연결되어 있고 그것에 의해서 지배를 받는다. 그것들이 어떻게 일어나고 어떻게 영향을 미치는지를 안다는 것이 바로 '나'라는 존재를 이해하는 지름길이다. 자아에 대한 이해는 바로 본성에 대한 이해다.

자아의식은 시간과 공간에 의해서 학습되고 인식되는 틀이다. 이러한 자아의식의 구조와 특성이 자아를 초월하여 있는 모든 것들에 대한 인식과 이해를 방해한다. 융은 『티벳 사자의 서』 서문에서 그 이유를 다음과 같이 설명한다. "우리는 항상 우리를 밀쳐대고 억누르는 수많은 것들에 둘러싸여 있기 때문에 우리에게 '주어진' 이 모든 것들이 과연 누구에 의해서 '주어진' 것인지 궁금해할 시간적 여유가 없다. 사자는 바로 이 '주어진' 것들의 세계로부터 자신을 해방시켜야 하며……."[336]

자아의식의 관심은 오직 표피적 문제에 집중되어 있다. 표피적인 것에 관심을 갖는 한 본질적인 것에 대해서 알 수 있는 기회는 상실된다. 그러나 무아의식은 본질적인 것에 관심을 갖는다. 이것이 바로 후득지에서 해결되어져야 하는 것들이다.

'주어진 것'들을 '주는 자'가 바로 우리 자신이다. 해방된다는 것

336 『티벳 사자의 서』, pp.165~166, 융의 서문.

은 자신을 가두고 있는 근본적인 이유를 앎으로써 일어난다. 우리 자신을 구속하는 것도 우리 자신이기 때문에 우리 자신을 해방시키는 것도 우리 자신이어야 한다. 우리는 스스로 모든 것을 창조해내었고, 모든 것을 결정해 왔다. 그러므로 모든 것은 '나'에 의해서 이루지고, '나'에 의해서 해결되어야 한다. 문제의 핵심이 바로 '나'인 것이다.

그러므로 '나'를 아는 것이 '나'라는 생각에 의해서 묶여 있는 '나'를 해방시킬 수 있는 길이다. 융은 초월이란 사고와 관점의 대전환이라고 말한다. 즉 사고와 관점은 '나'라는 자아가 만들어내는 틀이기 때문이다. 그것의 전환이 일어날 수 있는 것은 바로 '나'가 무엇으로 구성되어 있는지 알 때 가능하다. 자아가 무엇인지를 아는 것이 바로 무아의식의 절대적 객관성이자 자아의 초월이다.

고와 허무, 무상이나 무아는 모두 자아의 상대의식에 있는 것이다. 왜냐하면 무아의 절대의식에서는 그러한 분별이 없기 때문이다. 그러므로 무상과 무아를 느끼는 것은 자아다. 대극의 쌍은 불교의 기본원리이다. 대극의 쌍이 드러나는 것은 대극을 나누는 자아의식이 있음으로써 가능하다. 그렇다면 깨달음 또한 자아의식이 대극현상으로 스스로 고통에 빠져 있다는 것을 깨닫는 것이다. 이것이 바로 조사들이 자아가 없다면 깨달음도 없다고 말하는 이유다.

그러므로 후득지는 자아희생의 길이다. 무의식의 희생 없이 자아의식의 성장이 불가능했던 것처럼, 자아의 희생 없이 무의식 속에 은폐되어 있는 정신의 보물들을 건져 올릴 방법은 없다. 왜냐하면 무의식은 자아가 만들어내는 대극에 의해서만이 인식될 수 있기 때문이다.

이것은 견성을 한다고 해서 자아가 없어지는 것이 아니라는 것을 알게 해준다. 자아는 없어지는 것이 아니라 인식의 주체 자리에서 물러날 뿐이다. 자아의 기능이 작용해야만 무의식이 작용할 수 있고, 그것을 무아가 명상할 수 있다. 그것은 부처가 중생을 명상하는 일이고, 부처가 부처를 명상하는 일이고, 부처가 중생을 구하는 일이다.

무아의식의 관조는 억압과 억제의 방어기제에 묶여 있는 모든 정신적 요소들의 작용을 인식하고 이해하여 통합하는 과정이다. "그녀는 즉석에서 깨달았고 무소유의 정신을 달성했고, 그 후부터는 무슨 결과가 일어난다 할지라도 그것을 참고 견디어낼 준비가 되어 있었다."[337] 이것은 무아의식이 금강석과 같은 정신이라는 것을 말해준다. 무아의 절대의식이 금강석과 같다고 말하는 것은 외부적 내부적 자극에도 동일시되지 않고 있는 그대로의 관조가 일어나기 때문이다.

반면에 자아의식은 모든 자극에 대해 직접적으로 반응하기 때문에 쉽게 자극받고 흔들리고 상처받고 지친다. 그러므로 자아로서 자아를 관조한다는 것은 그만큼 위험부담이 크고 한계가 분명할 수밖에 없다. 그럼에도 불구하고 자아는 깨달음에 있어서 아주 중요한 역할을 한다. 집단무의식 혹은 아뢰야식은 자아를 통해서 의식의 표면 위로 올라올 수 있고, 외부적 세상과 내부적 세상 또한 자

337 『인간과 문화』, p.210.

아에 의해서 연결되기 때문이다.

불교에서는 깨달음에 대한 여러 용어가 있다. 대표적으로 점오漸悟와 돈오頓悟가 있다. 말 그대로 점오는 점진적으로 깨달음에 이른다는 것이고, 돈오는 일시에 깨닫는다는 것이다. 점오는 자아의 관점이고 돈오는 무아의 관점이다. 그러므로 깨달음을 무아의식의 출현으로 본다면 돈오가 더 적합할 것이다.

자아의식도 매 순간 작은 깨달음으로 나아갈 수는 있다. 이것은 자아의 구조를 튼튼하게 하는 역할을 한다는 점에서 기본적인 수행에 속한다. 하지만 여전히 자아가 중심이 되어 있기 때문에 무아의식의 절대적 객관성이 드러날 수 없는 한계를 지닌다. 그러므로 진정한 깨달음은 돈오라는 용어가 더 어울린다.

그런데 돈오는 돈오점수頓悟漸修와 돈오돈수頓悟頓修로 구분되기도 한다. 고려시대 불교는 선종과 교종이라는 극단적 대립이 형성되었다. 그러한 대립에 화해의 토대를 구축했다고 알려진 사람이 바로 승려 지눌이다. 지눌은 돈오점수를 주장한다. 왜냐하면 수행은 깨달음을 얻은 다음에야 일어날 수 있다고 보기 때문이다.

이 말에는 일리가 있다. 깨달음이란 무아의식의 출현이다. 무아의식의 절대적 객관성에 의해서만 마음이 진정으로 관조될 수 있다는 것은 의심의 여지가 없다. 이미 위에서 언급된 바와 같이 자아의식의 수행이란 자아구조의 강화과정이다. 자아의 상대의식으로서는 자기 마음을 있는 그대로 볼 수 없다. 그렇기 때문에 무아의식에 의해서만 마음은 있는 그대로의 관찰이 가능한 것이다. 이렇게 이해한다면 지눌의 주장은 옳다.

한편으로 현대불교사에 큰 족적을 남겼다고 알려진 승려 성철性徹이 돈오점수에 반박하며 돈오돈수를 주장하게 된다. 돈오돈수란 단박에 깨치고 수행 또한 단박에 행해진 것이라고 보는 것이다. 즉 무아의식이 출현함으로 일어나는 후득지는 모두 무아의식에 의해서 진행된다. 이것을 조사 임제의 말로 하자면 '일없는 사람(無事人)'이다. 후득지는 인식주체가 무아이기 때문에 수행이라고 이름을 붙일 수 있는 것이 없다. 왜냐하면 깨달음을 향한 자아의 인위적 노력이 더 이상 일어나지 않기 때문이다.

무아의 관점에서 본다면 돈오돈수가 더 적합하다. 그러나 돈오돈수나 돈오점수는 모두 관점을 달리할 뿐 그 의미는 같다. 결국 지눌이 돈오점수라고 한 것은 깨달음을 순환의 과정으로 보았다는 것이다. 돈오 이후에는 비록 자아의 인위적인 노력은 더 이상 일어나지 않지만, 무아의식에 의해서 정신의 실체가 드러난다는 점에서 깨달음은 계속적으로 이어지는 것이다.

5) 저잣거리는 자기 인식을 위한 마당이다

돈오를 근본지根本智라고 한다. 근본지는 자아의 상대의식이 알고 있는 표피적인 앎이 아니라 근본자리에서 일어나는 앎이다. 근본지는 무분별지無分別智가 된다. 왜냐하면 자아의 사사로운 분별이 끊어져 대상을 '있는 그대로' 파악하기 때문이다. 근본지根本智이자 무분별지 상태에서 일어나는 수행이 바로 후득지後得智다.

사전은 후득지를 다음과 같이 정의한다. "근본지에 이른 후에 얻는 지혜라는 뜻. 모든 분별이 끊어진 경지에 이른 후에 다시 차별 현상을 있는 그대로 확연히 아는 지혜. 모든 번뇌와 망상이 끊어진 깨달음에 이른 후에 다시 온갖 차별을 명명백백하게 아는 지혜."[338] 즉 무분별지는 무아의 절대의식이다.

무분별의 앎은 '다시 차별 현상을 있는 그대로 확연히 아는 지혜', '다시 온갖 차별을 명명백백하게 아는 지혜'다. 차별현상을 일으키는 것은 바로 자아의식이다. 자아의식의 분별기능에 의해서 무의식은 대극으로 놓이게 된다. 그러므로 자아를 명상한다는 것은 곧 무의식을 명상하는 것이다. 후득지에서 일어나게 되는 무아의식의 관조 대상은 자아다.

이것은 깨달은 사람이 저잣거리로 돌아오는 것이 외부의 중생들을 구제하기 위함이 아니라는 것을 말하고 있다. 오직 자기 내면의 중생들을 구원해야만 하는 것이다. 그러므로 십우도의 마지막 그림에 저잣거리 주막 앞에서 술병을 들고 서 있는 그림은 잘못된 것이 아니다.

돈오는 중앙으로의 집중이 일어난 것이다. 순환적 발전은 중앙으로서의 집중이 일어났을 때만이 가능하다.[339] 융은 내적 발전을 나선형적으로 일어난다고 설명한다. "불멸성은 멈추지 않는 시계이며 창공과도 같이 영원히 순환하는 만다라다. 왜냐하면 우주적 측면은 되돌아오고 또 되돌아가는 것"[339]이기 때문이다. 그러므로 순환적

338 『시공 불교사전』, 네이버 지식백과. http://terms.naver.com/

339 『꿈에 나타난 개성화 과정의 상징』, p.241.

발전 과정에서 언제나 다시 제자리로 돌아오는 것처럼 보인다.

그러나 사실 다시 돌아온 그 지점은 똑같은 것이 아니다. 그것은 완전히 다른 차원, 새로운 인격으로 다시 태어나는 것이다. 새로운 인격의 탄생은 완전히 새로운 삶이다. 새로운 삶에서는 '나'가 무엇인지 '나'의 본성에 대해 절실하게 경험하게 된다. 그러기 위해서는 무엇보다도 질펀한 삶이 리얼하게 펼쳐질 현실세계로 돌아와야 한다.

왜냐하면 모든 마음의 보물은 시간과 공간이라는 세상이 있음으로써 얻을 수 있기 때문이다.[341] 자아의 상대의식이 경험하던 현실적 세계와 무아의 절대의식이 경험하는 현실적 세계는 전적으로 다르다. 자아의 상대의식에서의 경험에서는 '나'를 경험할 수 없다.

반면에 무아의 절대의식은 존재 그 자체를 경험한다. 자아의식의 관념적 시각 안에 갇힌 부분적 경험이 아니라, 무아의식의 통찰에 의한 전체적 경험이다. 온전한 경험이 가능한 것은 자아에 의해서 조금도 제재를 받지 않기 때문이다. 모든 것은 있는 그대로 드러난다. 자아는 관계 속에서 자극을 받는다. 자극은 자아와 연결되어 있는 무의식의 내용들이 의식의 표면으로 올라오게 만든다. 이것이 바로 깨달음을 얻은 다음 세상이 필요하고 세상으로 돌아와야 하는 이유다.

내면에 억압되어 있던 어두운 성질들, 즉 심리학에서 말하는 자

340 『꿈에 나타난 개성화 과정의 상징』, p.228.

341 『꿈에 나타난 개성화 과정의 상징』, p.244.

신의 부정적인 자아인격인 '그림자'를 본격적으로 인식하게 된다. 깨달음을 추구하는 과정 안에서는 자아인격의 부정적인 모습들은 이해되는 것이 아니라 억압된다. 왜냐하면 자아로서는 그것들을 인식하고 수용할 수 있는 역량을 지니지 못했기 때문이다.

자아와 무의식은 어떻게 연결되어 있으며, 자아의식은 무의식에 어떻게 반응하는지, 무의식의 뿌리는 어떻게 형성되었는지, 그 모든 과정을 무아의식은 관조하게 된다. 무아의식의 관조가 진정한 무의식의 의식화이자 의식과 무의식의 통합이며 한마음(一心)이다.

한마음으로 통합되면 그림자는 더 이상 밖으로 투사되지 않는다. 뿐만 아니라 정신의 열등기능은 고유성을 회복하여 창조적 활력으로 되살아난다. 분화되지 않는 본성의 동물적 성향들은 단순히 생명 덩어리에 불과하지만 의식화에 의해 인간적인 것으로 변환하게 된다.[342]

> 대사가 말했다. 여러분(大家), 여러분이 (지금) 말하지 않았는가. "모든 생물은 한량이 없으나 반드시 구제하고자 맹세합니다" 하고. 이렇게 말하는 것은 내(혜능)가 여러분 마음속의 '생물(중생)' 따위를 구제한다는 것이 아니다. 그릇되고 진리를 간직하지 못하는 마음씨, 거짓되고 황당한 마음씨, 좋지 못한 마음씨, 남을 헐뜯는 마음씨, 남을 미워하는 마음씨, 이러한 마음씨들은 모두 마음속에 깃들인 '생물'들이란 말이다. 이런 것들은 각자가 반드

342 『꿈에 나타난 개성화 과정의 상징』, p.224.

> 시 자기 본성에 의하여 스스로 구제해야 하며, 이를 참된 구제라 한다. 그렇다면 어떤 것을 일컬어 자기 본성에 의하여 스스로 구제한다고 하는가? 그것은 자기 마음속에서 일어나는 비뚠 견해라든가 헤맴이나 어리석음이라는 생물 따위를, 바른 견해(정견正見)로서 구제함을 말한다. 이미 바른 견해(판단력)가 있으므로 그 청정한 지를 작용하여 어리석음과 헤맴 같은 모든 '생물 종류'를 깨뜨림으로써, 각자가 스스로 구제하는 것이다.[343]

생물이란 살아있다는 말이다. 즉 마음은 무의식이다. 무의식에 뿌리를 두고 있는 자아 역시 무의식이다. 이 무의식은 죽은 것이 아니라는 것이다. 무의식이 무생물이거나 생명이 없다면 아무런 영향을 미치지 못한다. 마음이 끊임없이 일어난다는 것은 무의식이 생생하게 살아있다는 것을 증명하는 것이다.

그것이 시끄럽게 요동치는 것은 자신들의 존재를 의식에게 알리고자 함이다. 무의식의 외침은 바로 의식의 고통이다. 그러므로 그것들을 정직하게 인식하고 구제하지 않는 한 의식의 혼란과 고통은 끝나지 않는다. 이것이 바로 마음속의 오래된 중생들을 구제해야만 하는 이유다.

무의식은 의식에 의해서 인식되지 않아서 무의식이라고 할 뿐이다. 그러므로 그것들은 모두 생명이 있는 존재들이다. 무의식은 살아있기 때문에 의식에 의해 무시 받을 때 더 강력한 영향을 미친다.

343 『육조단경』, p.95.

무의식은 미움·거짓됨·꾸밈·질투·황당한 마음으로 끊임없이 변신을 거듭하면서 의식을 밀고 올라와 완벽하기를 끊임없이 꿈꾸는 자아의식을 괴롭힌다.

그러므로 중생은 밖에 있는 존재들이 아니다. 혜능은 분명하게 말한다. 자기 자신 안에 살아 움직이는 생물이라고. 생물들은 자아의식에 의해서 억눌려 있기는 하지만 여전히 그 작용력이 막강하다. 그것들은 반드시 중심에너지인 무아의식에 의해서 구제되어야만 한다. 그것이 바로 후득지가 필요한 이유다. 왜냐하면 저잣거리는 자아를 통해서 무의식이 가장 활발하게 일어나게 할 수 있는 장소이기 때문이다.

> 미트라스 희생과 그리스도의 희생을 비교하면 기독교적 상징의 우월성이 어디에 있는지 분명히 나타난다: 그것은 동물로 묘사된 동물적인 충동성만 희생시켜야 하는 것이 아니라, 동물 모습의 상징이 표현하는 것, 이상으로 모든 자연적인 인간이 희생되어야 한다는 직접적인 통찰이다. 전자가 동물적인 충동성, 즉 종種의 법칙에 전적으로 예속되는 것을 묘사하는 데 비해서 자연적인 인간은 그것을 넘어서 인간 특유의 것, 다시 말해 법칙이탈능력(Vom-Gesetz-abweichen-Konnen), 종교적으로 말하면 '죄'를 지을 능력이라고 이해할 수 있다. 항상 다른 길을 열어두고 있는 이러한 가변성은 주로 호모 사피엔스에게 정신적인 발전을 가능하게 하였다. 그러나 불리한 점은 우리가 원하기만 하면 본능에 의해 설정된 절대적이고 믿을 만한 길잡이도, 유인원에

서도 발견되는 비정상적인 학습능력에 의해 억압된다는 것이다. 본능의 확실성 대신에 불확실성이 등장하고, 그럼으로써 인식하고 평가하고 선택하고 결정하는 의식이 요구된다. 만일 의식이 본능의 확실성을 성공적으로 보상한다면, 의식은 점점 더 많이 믿을 만한 규칙과 행동방식들로써 본능적인 행동과 직관적인 탐지를 대체할 것이다. 그럼으로써 결국 의식이 자신의 본능적인 토대와 분리되고 자연의 충동 대신 의식된 의지를 내세우는 대립적인 위험이 나타난다.[344]

사실 불교의 '나(我)'와 심리학의 자아自我는 그 강조점이 약간은 다르게 나타난다. 불교의 '나'는 본질적 특성이 더 강조되는 반면, 심리적 자아는 기능적 특성이 더 강조된다. 불교의 궁극적 추구가 '나'가 아니라 전체성인 부처에 있었다면, 심리학의 접근은 존재에 대한 이해에 있었기 때문이라고 볼 수 있을 것이다.

불교에서 말하는 '나'는 동물적 본성의 총합이다. 왜냐하면 나는 자기 자신을 지키기 위한 이기심의 발로이기 때문이다. 나는 오관五官의 욕망이 존재하는 세계다. 즉 탐욕貪欲·진에瞋恚·우치愚癡가 근원적으로 일어나는 마음작용이다. 그러므로 그것을 무명無明이라고 부른다. 무명은 '나'가 날 때부터 가지고 있는 것이다. 이것이 융이 말하는 집단무의식의 한 측면이다. 이러한 '나'의 특성은 모든 번뇌와 악업惡業의 원인이 된다.

344 『영웅과 어머니의 원형』, pp.434.

그런데 정신에는 그 나를 뛰어넘으려는 '의식된 의지'가 존재한다. 그 '의식된 의지'가 꽃피워낸 것이 바로 불교에서 말하는 팔정도八正道다. 불교의 중요한 교리인 팔정도는 고통을 소멸하는 참된 진리인 여덟 가지 덕목으로 되어 있다.

①정견正見: 올바로 보는 것.
②정사正思(正思惟): 올바로 생각하는 것.
③정어正語: 올바로 말하는 것.
④정업正業: 올바로 행동하는 것.
⑤정명正命: 올바로 목숨을 유지하는 것.
⑥정근正勤(正精進): 올바로 부지런히 노력하는 것.
⑦정념正念: 올바로 기억하고 생각하는 것.
⑧정정正定: 올바로 마음을 안정하는 것이다.

이 팔정도를 수행함으로써 나(我)가 가지고 있는 동물적 성질을 극복할 수 있는 것이다. 이 동물적 본성인 나를 극복한 사람을 불교에서는 화신불과 보신불이라고 한다. 소를 찾아 길들이고 소를 타고 집으로 온 것은 '의식된 의지'를 가진 '자연적인 인간'으로서의 사람이다. 즉 우리가 자아自我를 이야기할 때, 아我가 동물적 성질이었다면, '자연적 인간'은 바로 자自에 해당될 것이다.

법칙이탈능력(Vom-Gesetz-abweichen-Konnen), 즉 '죄'를 지을 능력은 바로 자유의지이고 자아의식이라는 것을 알 수 있다. 왜냐하면 뒤에 이어지는바와 같이, 정신적인 발전 가능성은 결국 의식

작용에 달려 있기 때문이다. 뿐만 아니라 그것이 본능의 절대성마저도 억압한다는 것에서 더욱 분명해진다.

미트라스에서 황소의 희생이 오직 동물적인 충동성에 국한되어 있다면, 자연적인 인간으로서의 그리스도의 희생은 자아의식의 희생까지 기꺼이 일어난다는 점이다. 깨달아야 된다고 생각하는 그 주체가 바로 '의식된 의지'다.

그러나 무아의식이 출현하면 깨달음에 대한 '의식된 의지'조차 초월되어버린다. 깨달음도 깨달음 아님도 없다. 즉 소도 없고 사람도 없다. 의도된 의식성의 주체로서의 사람 그 자체마저 초월되는 것이다. 이것은 '의식된 의지' 역시 자아라는 것을 말해준다.

'의식된 의지마저도 초월한 것을 불교에서는 법신불이라고 부른다. "자연적인 인간을 희생함으로써 이러한 목적에 도달해보려는 시도가 이루어진다. 왜냐하면 희생을 한 다음에야 비로소 의식의 지배적인 관념이 전적으로 자신을 관철할 수 있게 되고 인간의 본성을 이런 뜻에서 형성하기 때문이다."[345]

깨달음이라는 궁극적 목적은 결국 자기 관조로서의 절대적 객관성의 출현이다. 그러므로 소와 자신을 나누어 보는 그 최소한의 분별의식조차 초월이 일어난다. 그것을 희생이라고 말하는 것은 더 이상 자아가 정신의 주체로서 자신을 주장할 수 없기 때문이다. 즉 자신이 소의 충동성을 넘어 그것으로부터 자유로워졌다는 생각의 주체가 없다는 것이다. 자아는 전체정신에 있어서 하나의 기능으로

345 『영웅과 어머니의 원형』, p.434.

서 본래의 역할로 돌아갈 뿐이다.

그러므로 저잣거리에서는 자아를 은폐할 어떤 방법도 존재하지 않는다. 그야말로 벌거벗은 자아는 그 자체를 고스란히 드러낼 수밖에 없다. 그것은 종種의 법칙에 속하는 동물적인 충동성뿐 만 아니라, 그러한 충동성의 본능적 토대와 분리시키고 자아구조를 강화하고 초월을 가능하게 했던 '의식된 의지'까지도 명료하게 드러나게 되는 것이다.

십우도에서 저잣거리로 돌아오는 것이 외부의 중생을 구원하는 것이라고 풀이한다면 그것은 화신불과 보신불의 이야기가 될 것이고, 내부의 중생을 구원하는 것으로 풀이한다면 법신불의 이야기가 될 것이다.

6) 후득지는 '근원적인 마음(original mind)'이 심각한 자기반성을 거치는 과정이다

중생은 외부에 있는 존재를 의미하는 것이 아니라 자기 내부의 존재들이라는 것은 아래 혜능의 법문에서 더 분명해진다.

> 중생이 끝이 없지만 맹세코 다 제도하기를 발원합니다. 번뇌가 끝이 없지만 맹세코 다 끊기를 발원합니다. 가르침이 끝이 없지만 맹세코 다 배우기를 발원합니다. 위없는 불도를 맹세코 다 이루기를 발원합니다. 여러분, 중생이 끝이 없지만 맹세코 다 제도하기를 발원한다고 한 것은 혜능이 제도하는 것이 아니다. 여러분들의 마음속에 있는 중생은 각자 자신의 몸에 있는 자성이 스

스로 제도하는 것이다. 무엇을 자성이 스스로 제도한다고 하는가? 자신의 색신 중에 있는 삿된 견해와 번뇌 그리고 우치와 미망은 스스로 본래 깨달음의 성품을 가지고 있기 때문에 정견으로서 제도해야 한다. 이미 정견인 반야의 지혜를 깨달아 우치와 미망을 제거하면 중생은 각자 스스로 제도한 것이다. 삿된 것은 바른 것으로 제도하고, 악은 선으로 제도하고, 번뇌는 보리로 제도한다. 이와 같이 제도하는 것이 참된 제도이다. 번뇌가 끝이 없지만 맹세코 다 끊기를 발원하는 것은 자신의 마음에 있는 허망을 제거하는 것이다. 가르침이 끝이 없지만 맹세코 배우기를 발원하는 것은 위없는 정법을 배우는 것이다. 위없는 불도를 맹세코 다 이루기를 발원한다는 것은 항상 자신을 낮추는 행동으로 일체를 공경하는 것이다. 미혹한 집착을 멀리 여의고 깨달으면 반야가 생겨난다. 미망을 제거하는 것이 곧 스스로 불도를 깨닫는 것이며, 서원의 힘을 이루어 행하는 것이다.[346]

내면에 있는 중생들은 '삿된 견해와 번뇌 그리고 우치와 미망'이다. 이것들이 어리석기만 한 것이 아니라 지혜의 싹을 동시에 가지고 있다는 점에 주목할 필요가 있다. 지혜는 어리석음을 깨우침으로써 얻어진다는 것이다.

'삿된 견해와 번뇌 그리고 우치'는 자아의 작용이다. 자아의 활동이 가장 활발하게 일어나는 곳이 저잣거리다. 그러므로 저잣거리로

346 『돈황본 육조단경 연구』, pp.248~249.

돌아오는 것은 자성이 스스로를 제도하기 위함인 것이다. 이것을 융의 언어로 바꾸면 '삿된 견해와 번뇌 그리고 우치와 미망'은 '근원적인 마음(original mind)'이다. 근원적인 마음은 무의식이다.

근원적인 마음이 심각한 자기반성을 거치지 않으면 '자연 그대로의 인간'이다. '자연 그대로의 인간'은 동물적 심리상태인 집단무의식을 말한다. 집단무의식은 집단정신을 낳는다. 집단정신은 집단의 일부일 뿐이다. 집단의 정신수준 상태는 비록 개별 존재이지만 자신의 개인성을 확신하지 못할 정도라고 융은 설명하고 있다.

고타마 붓다가 태어나면서 천상천하 유아독존을 외쳤다는 말은 정신기능의 가장 위대한 상징성을 나타내고 있다고 보여진다. 왜냐하면 천상천하 유아독존만이 유일한 개인성을 의미하기 때문이다. 유일한 개인성이란 정신의 고유성이다. 고유성은 오직 자신을 의식했을 때만이 가능하다. 그러므로 천상천하 유아독존이라는 위대한 고유성은 의식의 태양이 가장 찬란하게 빛날 때 나타나는 것이다.

부처가 말하는 천상천하 유아독존의 고유성과 융이 말하는 개성화는 '자연 그대로의 인간'에서 '고유한 인간'으로의 변환이다. 그러므로 동물적 집단 심리에서 벗어나게 할 수 있는 변환의 비의(Wandlungsmysterium)가 필요하고 그것이 바로 무아의식의 출현이다. 그런데 무아의식이 출현한다고 해서 모든 것이 단번에 변하는 것이 아니다.

정신은 의식이 추정 불가능한 엄청난 역사의 산물이다. 그렇기 때문에 혜능은 그것을 '천년의 어두움'이고, '만년의 어리석음'[346]이라고 표현한다. 정신의 역사를 관조하는 과정 또한 얼마가 걸릴지 모른다. 그러므로 혜능이 중생의 제도가 끝이 없다고 말하는 것이다.

그러나 시간과 공간을 초월해 있는 무아의식은 그 또한 아무런 상관이 없다. 다만 여기서 말하고자 하는 것은 '천년의 어두움'이고, '만년의 어리석음'을 구제하는 일은 인간정신에 숙명적으로 주어져 있는 것이다.

> 미트라스 희생제의는 아직 고태적인 동물 희생을 통하여 상징화되어 있고 오직 충동적인 인간을 길들이고 훈육하는 것을 목적으로 하는 데 비하여, 기독교적인 희생의 사상은 한 인간의 죽음을 통하여 구체화되어 전 인간의 헌신을 요구하는 것이다. 따라서 동물적인 충동들을 길들일 뿐 아니라, 오히려 그것들의 전적인 포기와 이를 넘어서 인간 특유의 정신적인 기능들을 초세계적인 정신적 목표들을 향해 훈련하는 것이다. 이러한 이상은 인간으로 하여금 그 자신을 자연(본능-역주), 그리고 자연 전체로부터 아주 멀어지게 하지 않을 수 없는 강한 훈련이다. 이러한 시도는 역사가 증명하고 있듯이 전적으로 가능했고, 세기가 거듭되면서 하나의 의식의 발전으로 인도했다. 의식의 발전은 이러한 수련이 없었다면 결코 불가능했을 것이다. 그러한 발전들은 결코 임의의, 혹은 지적인 고안과 환상들이 아니라, 나름대로의 내적 논리성과 필연성을 지니고 있다.…… 말의 희생이 생

347 『돈황본 육조단경 연구』, p.241.

물학적인 충동 성향의 포기를 상징화하는 반면, 영웅의 희생에는 인간의 자기희생, 단순한 자아성의 포기라는 더 심오하고 윤리적인 값진 의미가 있다.…… 그러므로 말의 죽음으로 묘사되고 있는 동물의 희생에서 인간의 희생으로 나아가는 것…… 그녀의 영웅, 즉 삶의 중대하고도 마술적인 행위를 수행하는 담지자…….[348]

미트라스의 희생제의가 단순히 동물적 충동성에 대한 훈육이었다면, 그리스도의 희생은 인간 특유의 모든 것, 즉 자아세계의 모든 욕망에 대한 희생이다. 미트라스의 희생에서는 소는 없고 사람은 있다. 그런데 그리스도의 희생에서는 소도 없고 사람도 없다. 그리스도의 부활은 무아의식으로서의 변환이다.

소(我)도 없고 사람(自)도 없는 공空이다. 드디어 무아의식이 나타났다. 소(我)를 더 이상 길들여야 할 필요가 없어 채찍을 더 이상 쓰지 않아도 될 상태의 성숙한 자아의식의 상태로서 이미 화신불, 보신불이라 부를 수 있다. 하지만 화신불, 보신불 또한 자아의 상대의식이다. 화신불과 보신불의 상대의식에는 여전히 부처와 부처 아님이 보이기 때문이다. 그러므로 그에게는 중생을 구제해야 한다는 사명감이 있기 마련이다.

팔정도는 모두 법칙이탈능력(Vom-Gesetz-abweichen-Konnen), 즉 '죄를 지을 능력'을 가지고 실현하는 '의식된 의지를 가진 자연

348 『영웅과 어머니의 원형』, pp.435~436.

적인 인간'에 의해서 이루어진다. 팔정도를 이루는 것도, 소를 찾아 나서는 것도 '의식된 의지를 가진 자연적인 인간'이다. '의식된 의지'에 의해서 '자연 그대로의 인간'은 희생되고, 의식의 지배적인 관념에 의해서 팔정도는 달성될 수 있는 것이다.

팔정도의 달성은 의식이 엄청나게 강화된 상태다. 의식의 강화는 의식의 협소한 결과로 일어나는 소심함이나 두려움을 극복할 수 있다는 의미이다. 깨달음에 있어서 강력한 의식성은 필수적으로 중요한 덕목이다. 나약한 자아의식으로는 무의식의 엄청난 힘을 견디어내지 못한다. 그러므로 무의식과 대면했을 때, 무의식의 위험한 심연으로 쉽게 빠져들게 된다. 심리적 현상=에 대한 올바른 이해나 무의식과의 대면에서 균형을 잡을 수 있는 정신적 성숙함은 필수적이다.[349]

그러나 팔정도를 얻는 것 또한 결국은 '의식된 의지'를 가진 '자연적인 인간'이다. 이 과정은 본능에 대한 이해가 아니라 억압이다. 이것은 '의식된 의지'를 가진 '자연적인 인간'이 자아의 상대의식의 범주 안에 있다는 것을 알게 한다. 말하자면 그것은 자신을 훈련시키는 과정이지 자신을 이해하는 과정은 아닌 것이다. 자기 자신에 대한 진정한 이해는 먼저 소를 잡아, 길들이고, 소도 없고 나도 없는 단계에서 출현하는 무아의식에 의해서 일어난다.

소도 없고 나도 없는 절대공絶對空의 단계에서는 중생과 부처가 더 이상 나누어지지 않는 하나다. 아니 그 하나라는 생각조차 없다.

349 『영웅과 어머니의 원형』, pp.442~446.

왜냐하면 무아의식이 정신의 중심이 되었기 때문이다. 무아의식은 소를 찾고 길들인 '의식된 의지를 가진 사람'이 희생됨으로써 재탄생된 것이다.

그러므로 무아의식은 밖에 있는 중생을 구제해야 한다고 거리로 나서고자 하는 의도된 생각조차 없다. 그가 저잣거리로 돌아온 것은 후득지를 위한 것이다. 후득지는 무아의식에 의해서 자기 자신에 대한 명료한 관조가 일어나는 과정이다. 즉 자기 내면의 집단무의식으로 남아 있는 수많은 인연의 흔적들, 혜능이 말하는 어두운 내면에서 기나긴 역사를 만들어왔던 생명들을 구제하는 과정이다.

그것은 끝이 있다고 말할 수 없다. 왜냐하면 집단무의식의 크기는 원효가 『대승기신론소』에서 밝힌 바대로 바다와 같아서 그 크기를 가늠할 수 없기 때문이다. 그러므로 융은 완전함이라는 말을 사용하지 않는다. 완전함이란 무결점의 모자람이 없는 것을 의미한다. 무결점이란 결점이라는 말을 전제로 하고 있다.

그러므로 완전이라는 말은 상대의식의 관점이다. 깨달음이란 상대의식을 초월하여 있기 때문에 완전함도 불완전함도 없다. 깨달음의 과정은 천상천하 유아독존의 개성화 과정이다. 이 과정은 의식과 무의식의 합일로 일어나는 한마음이다. 한마음은 완전함이 아니라 온전함이다.

열 번째 십우도가 타인을 구제하는 것으로 해석이 된다면 그는 부처와 조사가 말하는 성문의 목표에 지나지 않는다. 즉 성문의 목표점은 깨달음을 얻은 후에 고통의 굴레에서 해매고 있는 세상의 중생들을 구제하러 가야 하는 보신불과 화신불이다. 하지만 십우도에서는 이미 절대공이 나타났다. 절대공 안에서는 구제의 주체와 구제의 대상이 존재하지 않는다. 이것을 불교에서는 법신불이라고 말한다.

그렇기 때문에 소를 잡고 길들이고 소를 타고 집으로 돌아온 그 사람조차도 없다고 하는 것이다. 즉 경험의 주체로서 '나'가 존재하지 않는다. 다만 자아는 경험 이전의 자연인으로 돌아오지만 정신의 주체가 아니라 정신의 객체로서 기능한다. 정신의 객체란 정신의 주체인 무아의식에 의해서 관조된다는 것을 의미한다.

화신불과 보신불의 염원은 중생을 구제하는 것에 목표를 두지만, 법신불은 그 어떤 인위적인 목표도 없다. 그는 오로지 그일 뿐이다. 그에게는 앉고, 서고, 행동하고, 잠자는 모든 일상의 일들, 기쁘고, 노엽고, 슬프고, 즐거운 모든 감정들, 삶과 죽음의 미세한 움직임 하나조차도 모두 명상이다. 그러므로 그의 자아는 활발하게 움직인다.

자아의 작용은 깊은 어둠으로 있던 무의식의 내용들을 의식으로 끌어 올리는 중요한 역할을 하게 된다. 황벽은 자아의 이러한 작용이 없으면 무아의 절대의식은 드러나지 않는다고 말한다. 왜냐하면 무아의식은 자아의 움직임을 따라 일어나는 빛, 즉 의식성이기 때문이다. 무아의식은 자아의 모든 움직임을 절대적 객관성으로 인식하고 이해한다. 이 절대적 객관성에 의해서만이 본질에 대한 명료하고 진정한 이해가 일어나는 것이다.

다시 말해서 대지의 무거움과 동물적인 근원적 존재의 환상성을 그 자체에 지니고 있음에도 불구하고 그는 분명 정신적인 것과 남성적인 것에 대한 일종의 용인이다. 어머니 세계의 응답은, 그 세계를 아버지의 세계와 갈라놓는 틈이 극복 불가능한 것이 아님을 말해준다. 왜냐하면 무의식은 양자를 합일合一할 수 있는 싹을 그 안에 간직하고 있기 때문이다. 의식의 본질은 구별이다. 의식을 하기 때문에 대극은 서로 분리될 수밖에 없다. 더욱이 자연에 거슬러 그렇게 되는 것이다. 본래 대극은 서로를 추구한다. –'양극은 서로 통한다.' 무의식 속에서도, 특히 단일성(Einheit)의 원형인 자기 안에서도 마찬가지다. 신성의 내부에서 그러하듯 자기 속에서는 대극이 지양된다. 그러나 무의식이 표명되기 시작하자마자 마치 창조가 이루어질 때처럼 그것의 분열은 시작된다. 모든 의식화 행위는 일종의 창조행위이기 때문이다. 다양한 우주 진화론적 상징은 바로 그러한 심리학적 체험에서 나온 것이다.[350]

의식과 무의식은 근원적 존재 안에서 하나였지만 그 자체로는 혼돈이다. 그러므로 질서로 성장하기 위해 두 개의 정신으로 갈라진다. 그러나 그것을 다시 통합하는 것도 이미 근원에 존재하고 있다. 그것이 바로 무아의식이다. 그렇기 때문에 무아의식에 의해서만이 대극은 지양될 수 있다고 말하는 것이다.

350 『꿈에 나타난 개성화 과정의 상징』, p.38.

무아의식의 출현은 깨달음의 완성이 아니라 시작이다. 물론 자아의 상대의식의 관점에서는 인식주체라는 역할을 그만 두었기 때문에 완성이라는 의미를 쓸 수 있을 것이다. 물론 무아의식에서는 깨달음의 시작이나 끝이라는 생각조차 없다. 그러나 진정으로 자신이 누구인지를 알게 되는 것은 오직 무아의식에서만 가능하다. 그러므로 시작이라고 말할 수 있는 것이다.

성숙한, 독립적인 인격체로서 살기를 바라는 젊은이들은 스스로 자신의 삶을 개척해 나가야 한다. 정신의 세계도 이와 마찬가지다. 세상에 홀로 나서기를 두려워하는 자녀가 부모의 품을 떠나기 싫어하듯이, 나약한 자아일수록 평화와 휴식에 매달린다. 그러나 평화와 휴식에 오래 머무르는 것은 무감각이고 마비다.

개성화 과정은 평화나 고요함이 아니라 무의식과의 투쟁이다. 물론 이 투쟁이라는 말은 자아의식에게 해당한다. 그러나 한마음을 경험한 자아는 자연스러운 삶의 현장으로 돌아올 수 있다. 즉 무아를 경험한 자아는 자기에게 주어진 운명을 거부하지 않고, 있는 그대로 살아가야 한다는 것을 알고 있다. 왜냐하면 그것이야말로 절대의식인 부처가 자신을 관조할 수 있는 유일한 과정이기 때문이다.

후득지란 생멸문에서 본 무분별지라고 할 수 있다. 현대 심리학적으로 표현한다면, 정신현상 속에 은폐되어 있는(verborgen) 존재의미(der Sinn vom Sein)를 간파하고 체험하는 것이 후득지이다. 그 간파하고 체험하는 것은 자신의 존재가 드러남으로써 가능하고, 그 드러난 존재는 무분별지이다. 존재가 존재의 의미를 이해하게 되는 관계가 후득지이다. 그리하여 지止에 근거한 봄, 지止가 지止를 보는 주객일여, 즉 정관의 뜻으로 말하고 있는 것이다.[351]

여기서 생멸문은 자아다. 그러므로 무분별지라는 말 또한 자아의 입장에서 바라본 것이다. 무아의 입장에서는 그러한 분별조차 일어나지 않기 때문이다. 그러므로 심리학적으로 본다면 후득지는 자아의식으로는 알 수 없었던 존재의 의미를 인식하며 그것을 철저하게 체험하는 것이다. 자아의 상대의식은 무의식에 대한 깊은 두려움 때문에 정신의 현상을 있는 그대로 볼 수 없다. 그러므로 무아의 절대적 객관성이 드러나야만 정신은 더 이상 은폐되지 않고 있는 그대로의 모습이 드러난다.

무학대사가 이성계에게 했다는 것으로 전해지는 '돼지 눈에는 돼지만 보이고, 부처 눈에는 부처만 보인다'는 말이 있다. 모든 대상은 자아의 고정관념에 의해서 재단되고 있다는 것을 보여주는 전형적인 말이기도 하다. 그러므로 후득지는 자아가 자아를 보는 것이 아니라 부처가 부처를 보는 것이다. 그렇기 때문에 마음에서 일어나는 그 어떤 것도 버려야 할 것이 없다. 존재의 역사가 기록된 마음은 버려야 할 대상이 아니라 이해되어야 할 대상이다.

좀 더 상세하게 말한다면, 마음을 조용하게 만들 것이 아니라 시

351 『융 심리학과 동양사상』, p.147.

끄러운 마음을 있는 그대로 보아야 한다. 왜냐하면 자아가 움직여야 부처도 움직이기 때문이다. 즉 자아가 활동하지 않는다면 부처 또한 없다. 즉 인위적으로 마음을 고요하게 만들어버린다면, 자기 자신에 대해 알 수 있는 기회를 빼앗는 것이 된다.

고요함이 부처라면 모든 무기물은 부처여야 한다. 깨달음을 추구한다는 많은 사람들이 고요함에 대해서 잘못 이해하고 있다. 마음을 고요하게 만드는 것은 자아의 힘을 기르기 위한 집중수행을 위한 하나의 수단이다. 그러나 그것이 최종 목적지는 아닌 것이다. 최종 목적지는 무의식의 의식화를 위해서 다시 세상으로 돌아간다. 한마음이 되었을 때만이 진정한 자신의 삶을 살아낼 수 있기 때문이다.

자아는 세상이 만들어내는 자극에 의해서 가장 잘 드러날 수 있고, 체험되어질 수 있다. 자아를 무아의 절대적 객관성으로 명상하는 것이 바로 부처다. 자아가 고요함에 잠들어 있다면 부처도 역시 잠들어 있다. 자아와 부처는 둘이 아니라고 하는 것은 자아와 부처가 하나라는 것이다. 그러므로 자아를 잠들게 할 것이 아니라 자아를 활발하게 살려야 한다.

자아가 활발하게 움직인다고 하더라도 자아는 더 이상 팽창되지 않는다. 왜냐하면 견성한 자아는 자신이 정신의 주체가 아님을 알기 때문이다. 아니, 자아의 모든 활동이 관조되고 있음을 너무도 잘 인식하고 있는 것이다. 하지만 고요함에 대한 애착이 없듯이, 그와 같은 관조에 대한 애착마저도 없다. 그 모든 것이 저절로 일어난다.[351]

고요함에 대한 집착은 심각한 자기반성에 대한 거부다. 그는 살아 있지만 죽어 있는 것과 다르지 않다. 자아가 무엇인지를 안다는 것은 '근원적인 마음(original mind)'이 심각한 자기반성을 거치는 과정이다. '자연 그대로의 인간'은 '근원적인 마음'이 심각한 자기반성을 거침으로써 '고유한 인간'으로 갈 수 있는 것이다.

7) 온전성은 '있는 그대로'의 자신에 대한 경험이다

누가 누구를 구원할 수 없는 것은, 모든 개체는 고유한 존재이기 때문이다. 고유성에 대한 융의 설명은 '고유하고 유일무이한 것'으로 '진화과정이 빚어낸 놀라운 걸작'[353]이다. 유일무이하다는 것은 오직 자기 자신만이 가지고 있는 특성이다. 그것은 자기 자신을 이해할 수 있는 사람은 오직 자기뿐이기 때문에 자기 자신이 아닌 어느 누구도 구원할 수 없다는 말이다.

내가 부처로 살 것인지 중생으로 살 것인지는 자기 스스로의 의지에 달려 있다. 구제해야만 되는 중생은 밖에 있는 대중이 아니라 자기 자신의 어리석은 마음이다. 지혜는 자신의 어리석음을 아는 것이다. 그러므로 홍인의 『수심요론』에서는 "중생은 마음을 바로 앎으로써 스스로 구제한다. 부처님은 중생을 구제하지 못한다"[354]고 한 것이다. 중생의 마음을 바로 아는 일, 정확하게 아는 일은 오직 무아의식에 의해서만 가능하다.

352 『영웅과 어머니의 원형』, p.311.

353 『그런 깨달음은 없다』, p.195.

354 『육조단경』, p.98 주석.

'근원적인 마음(original mind)'이 심각한 자기반성의 과정을 거쳐야 한다[355]는 융의 말을 통해서도 후득지가 왜 필요한지를 알게 해준다. 견성을 한 후 다시 거리로 돌아오는 것은 '근본적인 마음'에 무아의식의 관조가 일어나는 과정인 것이다.

나약한 자아를 장악하고 있는 것은 불안이다. 이러한 자아의 마음이 '지금, 여기'를 회피하게 만든다. 그러므로 자아는 '지금 이 순간'에 사는 것이 아니라 과거의 추억이나 미래의 행복을 꿈꾸며 살고 있다. 자기 자신을 있는 그대로 본다는 것은 그 불안을 가중시키기 때문이다. 자아의 판타지는 불안한 자신을 보지 않으려는 필연적인 자기 방어기제다.

판타지 속에 사는 자아로서는 실재를 볼 수 없다. 실재를 보는 것은 오직 무아의식뿐이다. 소를 만나기 이전에는 소와 사람은 서로 분리되어 있었다. 즉 의식과 무의식, 감정과 사고는 정반대로 대립되어 있었다. 대립되어 있다는 것은 그것에 대한 정보나 가치에 대해서도 알지 못한다는 이야기다. 즉 본성을 대극으로 두고 있는 자아의식이 본성의 정동적 가치에 대해서 알 수 있는 방법이 없었던 것이다.

그러나 이제 대립된 것들이 하나로 통합되었다. 통합은 활발한 소통이다. 그러므로 본성에 있는 정동적 가치는 상실되지 않고 그대로 살아날 수 있는 것이다. 정동(emotion, 감정)은 신체적 사건과 삶을 연결시키는 정신의 중요한 요소다.[355] 그것을 상실하고 산다

355 『인간과 상징』, p.107.

는 것은 죽어 있는 것과 다르지 않다. 그러므로 후득지는 저잣거리로 나가서 정동적 요소를 놓치지 않고 그대로 명상한다. 그것은 무의식으로 남아 있던 정신적 내용들을 의식화하는 것이고, 고유성을 실현하는 최고의 가치를 지니고 있는 것이다.

"선과 악은 다르기는 하나 그 선악을 일으키는 본성에는 대립이 없다. 이 대립이 없는 본성을 일컬어 실성實性이라 한다. 이 실성 가운데 있으면서 선악에 물들지 않는 것, 이를 복덕원만의 보신불이라 일컫는다."[357] 실성은 있는 그대로의 참모습이라고 해석된다. 십우도에서 마지막 저잣거리로 나가는 것은 선과 악의 대립이 없는 상태, 즉 실성實性이다.

이 상태에서는 선과 악을 경험하지만 그것에 물들지 않는다. 아니 오히려 그것을 즐기는 경지가 된다. 자기 근원의 비밀이 하나씩 열리니 그것을 즐길 수밖에 없을 것이다. 이 경지를 보신불이라 부른다. 그러므로 보신불은 수용신이기도 하다. 왜냐하면 자신의 마음을 직접적으로 체득하고 수용하여 깨달음을 얻기(자내증自內證) 때문이다.

즉 복덕원만의 보신불 상태는 자기 자신을 있는 그대로 경험하는 과정이다. 보신불 상태에서는 자신의 실성을 그대로 경험하여 있는 그대로 인식하므로 본성이 전체적으로 드러나게 된다. 이 과정에

356 『인간과 상징』, p.110.

357 『육조단경』, p.104.

의해서 개성화가 일어난다.

소를 찾아 나서고 소를 발견하고 소를 타고 길들이고 소와 나가 하나가 되어 소도 없고 나도 없는 결과가 바로 무아의식 출현이다. 무아의식에 의해서 깊은 어둠으로 있던 중생들은 하나씩 빛의 세상으로 나오게 된다. 이것이 바로 깨달음 이후에 일어나는 후득지가 필수적인 과정이라는 사실을 알려주고 있다.

그러므로 십우도의 열 번째에서 세상으로 다시 돌아오는 이유는 자아를 진정으로 경험하기 위해서다. 자아를 경험한다는 것은 자아가 무엇인지를 정확하게 이해하는 것이다. 정확한 이해란 무아의식의 절대적 객관성에 의해서만 가능하다.

그렇다면 자아는 왜 절대적 객관성으로 관조되어야만 하는가? 자아가 바로 각 개체의 고유한 인격을 나타내고 있는 자성이자 법이기 때문이다. 즉 그것은 자아를 알았을 때 비로소 각 개체의 고유성은 드러날 수 있는 것이다.

> 제법에는 각자 확정된 자성이 있고 그것에는 어떤 혼란도 없다는 것이다. 제법에 각자 확정된 자성이 있다는 것은 단순히 정해진 본질이 있다는 것을 의미하는 것뿐만 아니라 다르마 그 자신과 그 본질은 항상한다는 항상성을 드러내고, 다르마의 동일성을 보여주는 것이다. 여기서 제법의 자성이라는 것은 각각의 고유한 성질로서 다른 것과 구별되는 원리이다.[358]

358 『불교의 언어관』, pp.107~108.

자성이 '고유한 성질로서 다른 것과 구별되는 원리'라면 그것은 곧 자아다. 무아는 고유성을 나타내지 않는다. 자아가 있음으로써 대상이 생긴다. 자아의 구별하는 성질에 의해서 자아는 무화無化되지 않을 수 있는 것이다. 여기서 다르마의 항상성이 바로 자아의 구조에 대한 것이다. 융은 왜 자아의 구조가 튼튼해야 하고 그것이 쉽게 변해서는 안 되는지 그 이유를 다음과 같이 밝힌다.

> 만약 인격의 무의식적 부분이 의식화되면 무의식적 부분이 이미 오래 전부터 존재해온 자아 인격에 단지 동화될 뿐 아니라, 오히려 자아 인격에 변화가 일어난다. 큰 어려움은 방식의 변화를 특징짓는 일이다. 자아는 일반적으로 확고하게 짜 맞추어진 콤플렉스이며 병적인 장해를 감수하지 않으려면 그것과 연결된 의식과 그 연속성은 쉽게 변화될 수도 없고 변화되어서도 안 된다. 왜냐하면 자아 변화와 가장 가까운 대비對比는 정신병리학의 영역에 있는데 그곳에서 우리는 신경증적 해리뿐만 아니라 정신분열증 분해, 심지어 자아의 붕괴까지도 볼 수 있다.…… 자아 콤플렉스 구조가 강해서 치명적인 와해를 입지 않고도 무의식적인 내용이 밀려들어오는 것을 감당할 수 있으면 동화가 이루어질 수도 있다.[359]

즉 후득지는 무의식의 의식화 과정이다. 의식화된 무의식의 내용

359 『원형과 무의식』, pp.91~92.

들, 즉 무명으로 있던 정신의 내용들이 밝게 드러나면 그것들은 자아 인격에 동화된다. 즉 자아의 내용이 되는 것이다. 이것은 자아의 인격에 변화를 가져온다. 말하자면 자기 자신에 대하여 알려지지 않는 것들을 알게 되는 것이다. 자신에 대하여 알면 알수록 그는 지혜롭게 변할 수밖에 없다. 이미 앞에서도 여러 차례 서술되어 왔듯이 '확고하게 짜 맞추어진 콤플렉스'로서 항상성을 유지해야 하는 자아의 역할은 아주 중요하다.

그러나 이 경우에는 무의식적 내용이 변화할 뿐만 아니라 자아도 변화한다. 자아는 비록 자신의 구조를 보존할 수 있지만 중심적이며 지배적인 위치에서 밀려나게 되고, 결국 자신의 위치를 어떠한 상황에서도 관철시킬 수 있는 필수적인 수단을 갖고 있지 않은, 고통을 감수할 수밖에 없는 관객이 되어버린다. 의지를 관철시킬 수 없는 이유는 의지 자체가 약해져서가 아니라 오히려 특정한 생각들이 의지를 방해하기 때문이다. 즉 자아는 무의식의 내용이 흘러들어감으로써 인격이 생기를 얻고 풍부해지며, 범위와 강도 면에서 자아를 넘어서는 형상(Gestalt)을 만들어내게 됨을 발견하지 않을 수 없기 때문이다. 이와 같은 경험은 지나치게 자기중심적인 의지를 마비시키고, 또한 비록 어렵기는 하지만, 자아가 두 번째의 위치로 물러나는 것이 어차피 질 것이 분명한 가망 없는 싸움보다는 더 낫다고 자아를 설득한다. 이러한 방법으로, 자유롭게 사용될 수 있는 에너지로서의 차츰 더 강한 요소, 즉 내가 자기(Selbst)라고 표현한 새로운 전체적 형상에

속하게 된다.[360]

무의식이 의식화되면 무의식은 더 이상 무명의 어리석음이 아니다. 그러므로 자아에 무의식의 내용이 수용되면 자아가 변화하는 것은 너무도 당연하다. 무의식을 알지 못했을 때, 자아의식에게 무의식은 두려운 대상이었다. 그러나 무의식이 밝게 드러나면 그것은 자신의 원천적 에너지가 된다. 그러므로 인격은 생기를 얻고 풍부해지는 것이다.

자아 자신의 결점과 어리석음을 인식해간다는 것이 자아에게는 고통이다. 그러나 자아는 그것이 자신에게 더 도움이 된다는 것을 이미 알고 있다. 의식의 확장은 자신이 무의식의 내용을 인식하는 만큼 커진다. 그러면서 자아 중심적 의지는 꺾이고 자기(Selbst)의 전체성 안으로 들어가게 된다.

그런데 여기서 분석심리의 경우와 깨달음의 경우와의 차이를 알 수 있다. 심리분석은 자아가 초월을 경험하지 않은 상태에서부터 시작한다. 분석을 받는 과정을 통해서 점차적으로 초월을 경험하는 과정을 밟을 것이다. 반면에 후득지는 이미 자아가 초월되어 있다.

초월이란 사고와 관점의 대전환이라고 융은 말한다.[361] 자아의식은 부분적 인식이지만 무아의식은 전체적 인식이다. 분석과정을 통해서 자아의식은 점진적으로 사고와 관점의 전환을 가져올 수

360 『원형과 무의식』, p.92.

361 『티벳 사자의 서』, p.167.

있다.

반면에 후득지에서는 사고와 관점의 전환이 이미 일어난 상태다. 자아는 이미 객관화되어 있는 것이다. 즉 무아의식이 인식의 중심에 있다. 무아의식은 자신의 실성實性을 경험하지만 그것은 고통이 되지 않는다. 오히려 즐긴다.

붓다가 왜 '자아만이 자신의 의지처'라고 했는지 여기서 그 뜻이 증명된다. 그렇다면 결론적으로 자아가 곧 자성이다. 그렇기 때문에 '제법에는 각자 확정된 자성이 있다'고 할 수 있는 것이다. 그러므로 자아가 무엇인지를 아는 것이 곧 각 객체의 고유한 성질을 아는 것이 된다.

자아를 알지 않고서는 '나'의 본질을 알 수 있는 방법이 없다. 무의식의 성질들은 결국 자아의 작용에 따라서 일어난다. 황벽의 '자아가 움직이지 않으면 무아도 움직이지 않는다'는 말은 여기서 다시 한 번 강조되어져야 한다. 왜냐하면 무아는 자아를 관조하는 객관화된 의식이라고 말하고 있기 때문이다.

불성은 중생의 본질을 파악하는 것이다. 스승에게 배울지라도 자기 자신에 대한 경험은 스스로 해야 한다. "그림의 떡으로는 배가 부를 수 없다. 사람들에게 음식에 관해서 가르쳐줄 수는 있어도 그것으로써 배를 부르게 해줄 수는 없다."[362] 이 말인즉슨, 무아의식의

362 『육조단경』, p.110.(송식불포誦食不飽: 『능가사자기』「혜가」장에서 이렇게 말한다.)

출현으로 이제 자아가 무엇인지를 제대로 경험하러 가야 한다. 그림으로 보는 떡이 아니라 실제로 떡을 먹어야 한다. 그래야만 떡 맛을 진정으로 알 수 있다.

자아는 관계 속에서 그 속성을 더 확연하게 드러낸다. 저잣거리는 관계를 형성시키는 무대다. 저잣거리에서 자아는 자극을 받아 움직이고, 자아의 움직임이 일어날 때 무아는 자아를 관조할 수 있다. 그것은 불성이 중생의 본질을 파악하는 본질적인 경험이 된다. 자기 자신을 있는 그대로 경험하지 않고서는 자기가 누구인지를 알 수 없다.

후득지는 무아의 절대적 객관성에 의해서 있는 그대로의 자기를 경험한다. 중도中道는 바로 절대적 객관성이다. 어느 쪽에도 치우치지 않는 중도야말로 참다운 수행의 길이다. 지눌이 돈오를 한 후에야 참다운 수행이 일어난다고 한 까닭이 여기에 있다. 견성은 중도를 이해하고 행하게 한다.

이미 성품이 밖으로 드러난다는 것은 자아행위의 모든 것을 명상한다는 의미이다. 의식과 무의식은 분명한 한계가 있는 것이 아니다. 의식의 내용은 의식적이면서 동시에 무의식적이기 때문이다. 그러므로 정신은 의식적이면서 무의식적 전체성을 표현한다고 융은 말한다. 무의식에는 본능의 토대와 밀접하게 연관된 태고의 잔재들과 원시적인 기능이 있음을 심층심리학에서 이미 증명하고 있다.[363]

363 『원형과 무의식』, p.63.

후득지는 집단무의식이 자아를 통해서 의식화되는 과정이다. 이 과정에서 자아가 집단무의식에 어떻게 영향을 받아 움직이는지를 관조하게 된다. 집단무의식은 인간본연이라는 전체성이다. 그러므로 집단무의식의 대한 관조는 전체성에 대한 이해다. 자신을 진정으로 이해한다는 것은 타인을 이해하는 것이고, 그것은 사회를 이해하는 것이며 또한 세계를 이해하는 것이다. 진정한 이타利他는 이러한 이해가 뒷받침되었을 때 일어난다.

본능의 토대는 사람의 심적 소질(Disposition)로서 개체에게 유전되어 삶을 지배한다. 사람은 유전된 심적 소질에 의해서 자유를 고도로 제약받는다. 즉 인간은 본능으로부터 결코 쉽게 자유로울 수 없다는 것이다. 그렇기 때문에 자아라는 개별적인 인간 의식이 자신이 세상 밖으로 투사한 그림자를 자신의 것으로 인정하고 자기 책임으로 거두어들이기에는 너무도 나약하다.[364]

그러나 무아의식의 출현은 더 이상 무의식의 어둠을 두려워하며 그것에 감금되어 있던 나약한 자아상태가 아니라는 것을 의미한다. 자아는 스스로 절대적 객관성으로 비추어낼 수 있을 만큼 성숙해졌다. 무아의식은 심적 소질(Disposition)을 정확하게 인식하여 의식화해낸다. 의식화의 중요성을 융은 다음과 같이 언급하고 있다. "이 존재는 어둠과 감금 상태에서 해방되었고, 마침내 부활의 축복을 누리게 되었다."[364]

364 『인간의 상과 신의 상』, p.132.

그러므로 십우도의 마지막 입전수수入廛垂手에서는 자아의식의 경계에 묶여 있음을 스스로 떨쳐버리고 본연의 삶을 살아간다. 무아의 삶은 더 이상 동물적 본성에 의해서 지배되지 않는다. 어둠으로 남아 있는 무의식을 밝음의 세계로 의식화하고 통합하는 일은 불성이 가진 특권이다. 소와 하나가 된 다음, 소도 없고 나도 없는 무아는 자아를 명상하는 기능이다. 그것은 부처가 부처 자신을 명상하는 일이다.

세상으로 가는 길은 부처가 자아를 진정으로 체험하는 과정이다. 자아가 세상이라는 자극을 만남으로서 그 작용이 더욱 뚜렷하게 드러나고 무아는 그런 자아를 있는 그대로 명상한다. 자아의 뿌리는 아뢰야식이다. 그러므로 자아를 명상한다는 것은 곧 집단무의식인 아뢰야식을 명상하는 것이고, 아뢰야식을 명상한다는 것은 생명의 근원을 명상하는 것이다.

무아는 조금도 과감 없이 '있는 그대로'의 자신을 만난다. 그것은 자신의 본성에 남아 있는 집단무의식의 중생들을 하나하나 구제하는 일이다. 그것은 분리된 정신의 진정한 통합이다. 이것이 바로 십우도의 마지막 단계가 세상으로 돌아오는 이유다.

자아가 사는 세상과 무아가 사는 세상은 근본적으로 달라진다. 세상으로 다시 돌아오는 이유는 '대극 사이의 화해'이자 '자기 자신과의 화해'를 위해서다. 의식과 무의식 사이의 진정한 화해는 무의식을 부정하는 자아로서는 불가능하다. 그것은 오직 자아를 초월했

365 『인간의 상과 신의 상』, p.141.

을 때만이 가능하다. 그것은 사고와 관점의 대전환이자 자기 자신에 대한 진정한 객관화이다.

무아 중심의 절대적 객관화가 필요한 이유는 '인간적으로 체험할 수 있는 모든 것을 남김없이 체험'할 수가 있기 때문이다. 자아 중심의 의식의 범주로서는 자연 상태의 있는 그대로의 정신을 수용할 수가 없다.

자기 자신을 객관화할 수 없다는 것은 자기 자신이 무엇을 하는지 알지 못한다는 것이다. 그러므로 융은 성경의 외전外典이 전하는 말을 되새기게 해준다. "자기가 무엇을 하는지 아는 자는 복되다. 자기가 무엇을 하는지 알지 못하는 자는 저주 받는다."[366] 이것은 불성이 중생의 본질을 파악하는 것이라고 하는 혜능의 말과 같다.

> 대사: "그대들은 잘 듣게나. 후대의 사람들이 만약 중생(의 본질)을 파악한다면, 그것은 불성을 알았다는 것이 된다. 만약 중생(의 본질)을 파악하지 못한다면 영원히 부처님을 찾아도 만나기는 어렵다. 어디 한번 그대들에게 자기 마음의 중생을 파악함으로써 자기 마음의 불성을 알아볼 수 있도록 가르쳐 주지. 자, 그대들에게 말하겠다. 후대 사람들이 부처님을 만나고 싶다면, 다른 것이 아니라 바로 중생을 파악하는 일이다. 왜냐면 중생이 부처님을 알아보지 못하기 때문이며, 부처님이 중생을 알아보지 못하는 것은 아니다. 자기 본성이 깨어 있다면 그 중생은 바로

366 『인간의 상과 신의 상』, p.116~117.

부처님이다. 자기 본성이 평등·솔직하다는 점에서 중생은 부처님이며, 자기 마음이 비틀려 있으면 부처님도 중생에 지나지 않는다. 그대들 마음이 비틀려 있으면 부처님은 중생 속에 파묻혀 버린다. 일념一念의 마음이 평등·솔직하게만 있는 것, 그것이 바로 중생이 부처님으로 되는 것이다."[367]

불성은 본성을 보는 것에 있어서 마음이 비틀려 있지 않은 일념一念이다. 또한 불성은 옳고 그름, 좋고 나쁨을 판단하지 않는 평등함이며, 있는 그대로 보는 솔직함이다. 중생이 어리석은 것은 불성이 자기 안에 있음을 인식하지 못하기 때문이다. 그러므로 부처는 중생의 본질이 무엇인지를 아는 것이다.

그렇다면 부처가 중생을 아는 것이 왜 중요할까? 그 이유는 절대적 객관성에 의해서만이 온전하게 자신의 모습을 볼 수 있기 때문이다. 개인의 진정한 변화는 자기 자신에 대한 완전한 이해로부터 시작된다. 지속적으로 개인적 변화가 일어날 때 정신의 집단적 문제는 해결될 수 있다. 집단성이 문제가 되는 것은 그것이 동물성이고 무의식성이기 때문이다. 반면에 의식성은 개인성에 있다.

그러므로 후득지는 진정한 의식성이고 진정한 독립적 인간으로 다시 태어남을 의미하는 것이다. 진정한 자기 인식, 자기 이해는 견성 이후에 일어난다. 이것이 바로 후득지가 구현되어져야 하는 필요불가결한 과정임을 나타내고 있는 것이다.

367 『육조단경』, p.183.

나가는 말

명상은 여러 가지 종류가 있고 그 종류마다 각각 기준으로 하는 내용들이 조금씩 다르다. 그러므로 명상을 어떤 것이라고 규정짓는 것에는 한계가 발생한다. 그럼에도 불구하고 명상을 하는 본질적 의미를 말해야 한다면 그것은 '나'가 누구인지를 아는 것이라고 말할 수 있을 것이다.

명상의 의미가 단순히 시끄러운 마음을 고요하게 만드는 것에만 있다면 명상은 단순한 기술적 범주에 머무르고 만다. 왜냐하면 진정한 명상은 자신에 대한 진정한 이해여야 하기 때문이다. 자신에 대한 진정한 이해는 '있는 그대로'의 자신과 마주할 수 있을 때 일어난다. 자신을 직시하여 성찰하지 않는 한 명상의 본질에 들어설 수 없는 것이다.

자아는 개인적 무의식뿐만 아니라 집단무의식에 대한 깊은 두려움을 가지고 있다. 자아의 이러한 특성에 대한 정확한 인식이 없는 한 정신적 건강과 발전은 요원하다. 정신은 의식적 측면만이 아니라 알려지지 않는 무한한 무의식적 측면을 가지기 때문이다. 여기서 말하는 무의식적 측면이란 단순히 개체의 현실적 삶의 인과적 경험으로 발생한 내용들만을 이야기하는 것이 아니다. 집단무의식은 유전적으로 전해지는 것으로서 개인적 한계를 넘어서는 정신적 내용들이다.

집단무의식은 불교의 아뢰야식阿賴耶識과 유비된다. 불교는 아뢰야식을 인간의 근본 의식意識으로 설명하고, 융 심리학에서는 집단무의식을 정신의 본질로 본다. 그러므로 의식만을 정신이라고 생각한다면 사람은 매우 부분적인 정신만을 이해하고 있는 셈이다. 전체성을 부정하는 부분정신으로는 건강한 삶을 영위할 수 없다는 것은 너무도 당연하다. 정신의 전체성에 대한 이해가 필수적인 이유도 바로 여기에 있다.

정신의 총체적인 문제를 가장 구체적으로 제시한 사람이 고타마 싯다르타Gautama Siddhārtha다. 싯다르타는 존재의 궁극적 본질에 침잠함으로써 정신의 전체성을 관조하는 깨달음에 이른다. 번뇌란 의식이 갖는 '도덕적 갈등'이다. 이것에 의해서 사람은 윤리적 딜레마에 빠지고, 자연의 정신인 무의식과 대립하게 된다.

그러므로 무의식에 대한 이해는 무엇보다도 중요하다. 자연적 성질은 합리주의적 논증으로 해결할 수 있는 것이 아니다. 합리적 논증이란 의식의 일방적 구조에 의해서 구축되어진 틀이다. 틀은 있는 그대로의 것을 이해하는 데 방해를 일으킨다.

정신은 인위적 훈련이 가능한 의식적 측면과 인위적 훈련이 불가능한 무의식으로 구성되어 있다. 의식과 무의식으로 분리되는 것은 의식 중심적 사고에서 일어난다. 분리된 정신은 갈등과 혼란의 소용돌이 속에 있다. 그러므로 '있는 그대로의 자기 인식'의 중요성은 두말할 필요가 없을 것이다.

불교가 말하는 깨달음이란 자기 자신에 대한 전체적 이해이다. 즉 분리된 마음이 아닌 한마음(一心)이다. 한마음은 모순적으로 뒤엉클어져 있는 무질서가 아닌 최고의 질서와 포괄적인 조화의 단일성이다. 이 단일성을 융은 원(圓, circle)으로 표현했고, 불교는 보리菩提만다라로 표현한다. 원 모양으로 그려지는 만다라Mandalas는 의식세계의 흐름을 나타낸다고 알려져 있다.

원은 완전성의 상징이다. 즉 분리된 정신의 통합이다. 만다라가 '완전한 세계'와 '치유능력'의 의미를 담고 있다고 하는 이유가 바로 여기에 있다. '완전한 세계'란 분리가 아니라 통합이고, 통합은 병이 아닌 치유이다. 바꾸어 말한다면 분리되어 있어서 하나로 통합되지 못한 정신은 불완전이자 곧 병이라는 것이다. 이것이 바로 석가모니 붓다가 깨닫게 된 정신의 근원에 대한 이해이다.

그런데 만다라의 특징을 나타내는 원, 혹은 나선형과 같은 조형작품은 아프리카, 유럽, 북미 대륙에서 생존했던 고대인들의 동굴벽화에도 있다고 알려진다. 이것은 융이 말하는 원형, 즉 집단무의식이 고대를 비롯한 전 인류에게 공통적으로 존재하고 있음을 의미하는 것이다. 만다라 주제에 나타나는 다양성을 연구했던 융은 원형 그 자체가 분명하게 드러나는 것은 아니었지만 그 작용에 대해서는 분명하게 관찰할 수 있었다고 말하고 있다.[368]

원형, 곧 집단무의식은 모든 사람들에게 공통적으로 있는 초개인적 성질이다. 이것은 깊은 무의식에서 상像으로 인간의 의식에게

368 『원형과 무의식』, pp.79~80.

전달된다. 그 상은 인간에게 원초적 관념이 되고, 세계적 신화의 기초가 되어 만다라의 형상이 세계적으로 동일하게 나타나게 만들었던 것이다.[369]

십우도가 말하는 '소'에 대한 상징을 융의 심리학에서 찾을 수 있는 것도 그러한 정신의 구조에 바탕하고 있기 때문이다. 즉 '소'의 상징성은 서양 고대의 문화에서도 동일한 상징성을 가졌던 것이다. 뿐만 아니라 이러한 현상은 모든 민족의 신화나 민담, 신화를 모르는 개인의 꿈에서까지 유사하게 나타난다.

불교가 말하는 한마음(一心)은 융이 말하는 전일성全一性이다. 이것은 모든 생명체의 근원이라고 말하여지는 불성佛性이 심리학에서 과학적으로 입증(역사적 방법, 경험-심리학적 방법)된 것이다.

이러한 경험 심리학적 이론의 틀 위에서 볼 때 자기 인식은 삶에 있어서 그 무엇보다도 중요하다. 자기 자신에 대한 근원적 이해가 바로 불교의 핵심이다. 그러므로 불교의 근본원리가 심리학적 언어로 전달되면 보다 쉽게, 보다 구체적으로 실재적 이해에 도움을 줄 수 있을 것이라고 보는 것이다.

369 『인간과 문화』, p.221.

참고문헌

1차 문헌

장순용 엮음, 『십우도』, 세계사, 2000.

C.G. 융 지음, 한국융연구원 C.G. 융 저작 번역위원회 옮김, 『정신요법의 기본문제』, 솔출판사, 2001.

C.G. 융 지음, 한국융연구원 C.G. 융 저작 번역위원회 옮김, 『원형과 무의식』, 솔출판사, 2002.

C.G. 융 지음, 한국융연구원 C.G. 융 저작 번역위원회 옮김, 『꿈에 나타난 개성화 과정의 상징』, 솔출판사, 2002.

C.G. 융 지음, 한국융연구원 C.G. 융 저작 번역위원회 옮김, 『인간의 상과 신의 상』, 솔출판사, 2002.

C.G. 융 지음, 한국융연구원 C.G. 융 저작 번역위원회 옮김, 『영웅과 어머니의 원형』, 솔출판사, 2002.

C.G. 융 지음, 한국융연구원 C.G. 융 저작 번역위원회 옮김, 『상징과 리비도』, 솔출판사, 2002.

C.G. 융 지음, 한국융연구원 C.G. 융 저작 번역위원회 옮김, 『인간과 문화』, 솔출판사, 2002.

C.G. 융 엮음, 이부영 외 옮김, 『인간과 상징』, 집문당, 2013.

U. G. 크리슈나무르티, 김훈 옮김, 『그런 깨달음은 없다』, 김영사, 2015.

이죽내, 『융 심리학과 동양사상』, 하나출판사, 2005.

파드마삼바바 저, 류시화 옮김, 『티벳 사자의 서』, 정신세계사, 2001.

유흥태, 『페르시아의 종교』, 살림, 2010.

六祖 慧能, 鄭性本 譯註, 『돈황본 육조단경』, 韓國禪文化硏究院, 2003.

나카가와 다카 주해, 양기봉 옮김, 『육조단경』, 김영사, 1993.

야나기다 세이잔, 一指 옮김, 『임제록』, 고려원, 1988.
정유진, 『전심법요・완릉록 연구』, 경서원, 2009.
『대열반경』(대장정 12권 648중)
서정형, 『금강삼매경론』, 서울대학교 철학사상연구소, 2006.
윤희조, 『불교의 언어관』, 도서출판 씨아이알, 2012.
백련선서간행회, 『조주록』, 장경각, 1991.
클라라사 에스테스 지음, 손영미 옮김, 『늑대와 함께 달리는 여인들』, 이루, 2013.
곽철환, 『시공 불교사전』, 시공사, 2003.

2차 문헌

최명희, 「융의 개성화 과정에 대한 연구-헤세의 『데미안』, 『황야의 늑대』, 『싯다르타』를 중심으로」, 서울불교대학원대학교 석사학위논문, 2012.
이부영, 「곽암의 십우도十牛圖: 분석심리학적 고찰」(『心性硏究』 25 No.1, 2010)
이유경, 「서양 중세 연금술에서의 '안스로포스Anthropos」(『心性硏究』 13, 1998).
네이버 문화원형백과. http://terms.naver.com/list.nhn?cid=4367&categoryId=4367
네이버 지식백과. http://terms.naver.com
두산백과. https://www.doopedia.co.kr/

최명희

1955년에 태어난 저자는 대학에서 철학을, 대학원에서는 자아초월상담심리학을 공부했다. 삼십대 초에 경험한 신비체험은 그 후 30여년간 무아의식의 절대적 객관성에 의해서 '자신'을 관조하게 만들었다. 그 경험의 결과로 '주인공 명상법'이 개발되었고, 노미(KnowMe)심리연구소를 통해 '나'를 알고자 하는 사람들을 돕고 있다. 또한 불교를 심리학으로 풀어내는 작업에 매진하고 있으며, 저서로 『자아와 깨달음, 심리학으로 통하다』가 있다.

상징의 심리학

초판 1쇄 인쇄 2017년 12월 18일 | **초판 1쇄 발행** 2017년 12월 27일

지은이 최명희 | **펴낸이** 김시열

펴낸곳 도서출판 자유문고

(02832) 서울시 성북구 동소문로 67-1 성심빌딩 3층

전화 (02) 2637-8988 | **팩스** (02) 2676-9759

ISBN 978-89-7030-117-4 93180 값 17,000원

http://cafe.daum.net/jayumungo (도서출판 자유문고)